저항하라!
세상의 벽을 향해 던진 연설 32

초판 인쇄 : 2012년 6월 22일
초판 발행 : 2012년 7월 2일

엮은이 : 유동환
펴낸이 : 유동환
펴낸곳 : 도서출판 푸른나무
주 소 : (413-756) 경기도 파주시 교하읍 문발리
　　　　파주출판문화정보산업단지 534-3
　　　　전화 : (031)955-0567 팩스 : (031)955-0566
　　　　서울 사무실 : (121-250) 서울시 마포구 성산동 232-4
　　　　성산빌딩 4층 402호
　　　　전화 : (02)322-8331   팩스 : (02)322-8332
전자우편 : prnamu@naver.com
홈페이지 : www.purunnamu.com

등 록 : 제10-188호
ⓒ 2012 푸른나무
ISBN 978-89-7414-058-8 03300

* 미처 저작권자를 찾지 못하여 게재 허락을 받지 못한 일부 사진에 대해서는
　저작권자가 확인되는 대로 저작권법의 해당 사항을 준수하겠습니다.

* 책값은 표지에 있습니다.

저항하라!
세상의 벽을
향해 던진 연설
32

유동환 엮음

푸른나무

이 책에 실린 연설문들 모두가 세상의 장벽을 깨고자 몸을 바친 사람들의 연설은 아니다. 오히려 정반대로 장벽의 편에 선 사람의 연설도 있다. 그 이유는 아직도 진행 중인 사건으로 선악의 판단을 떠나 극적인 대립을 독자들에게 보여 주려는 의도에서이다.

시대와 상황을 막론하고 벽을 깨려는 사람들의 연설에는 하나의 메시지가 담겨 있다. 국가와 민족, 나아가 인류라는 공동체의 평화와 안녕을 위해서는 '행동하라!'는 것이다.

20세기 말 사회주의라는 적이 스스로 자멸한 후로, 자본주의는 잠시 멈칫거리는 것 같았다. 그러나 곧 세계화라는 시스템을 도입하여 전 세계 각국의 1퍼센트만을 위한 네트워크를 만들고 새로운 자본주의를 만들어 냈다. 이 자본주의는 더 이상 국가와 민족을 중심으로 한 제국주의를 따르지 않는다. 뉴욕과 런던의 금융 회사 빌딩 꼭대기 층에 자리 잡은 1퍼센트가 여의도 금융 회사 꼭대기 층의 1퍼센트와 직접 손을 잡고,

독일의 벤츠와 울산의 현대가 소통한다. 국적에 상관없이 99퍼센트의 국민은 모두 착취의 대상이다. 2011년 아랍에서 시작된 '점령하라!' 운동이 서구 각국에 저항운동으로 번진 것도 그 때문이다.

그러나 기억하자. 99퍼센트의 행동 없이는, 1퍼센트는 양보는커녕 더욱 노골적으로 자신들의 힘을 키운다는 것을. 우리는 어쩌면 너무 멀리 비켜서서 피를 흘리며 저항했던 역사를 동화처럼 바라보고 있는지도 모른다.

유 동 환

점령하라, 이 시대의 불의를!

– 뉴욕 시민 총회 선언문
– 슬라보예 지젝

자본주의의 심장, 뉴욕에서
'월스트리트를 점령하라' 시위 현장.

자본주의의 위기는 어떻게 오는 것일까? 이 점을 가장 날카롭게 파헤친 사람들은 자본주의의 적으로 이름을 떨친 마르크스와 레닌이다.

그들은 자본주의가 태어나면서부터 안고 있던 문제를 분석했다. 정기적으로 공황이 닥치고, 그럴 때마다 힘 있는 자가 힘없는 자를 잡아먹고 독점자본주의로 나아갈 것을 예측했다. 그의 제자들은 그 결과로 돈을 끌어안고 대출을 해 주는 금융 자본이 물건을 생산하는 기업들을 좌지우지하는 금융 자본의 시대가 올 것이라고 예언하기도 했다. 또한 그들은 한결같이 그 거대 자본에 시달리다 못 견딘 99퍼센트의 노동자들이 1퍼센트의 자본가들을 뒤엎고 새로운 사회주의 사회를 만들어 갈 것이라고 희망했다.

그들의 예측과 실험은 20세기에 이루어졌지만, 결국 그 세기를 못 넘긴 채 실패하고 말았다. 대부분의 사회주의 국가들은 국민의 저항에 못 이겨 자본주의 체제로 변화했다. 자본주의의 적수는 없을 것 같았다. 자본주의의 종주국인 미국을 중심으로 한 자본주의 강대국들은 전 세계를 평정했고, 그들의 자본은 세계를 지배했다.

21세기 들어 자본주의는 거침이 없었다. 아프가니스탄을 침공하고, 이라크를 점령하여 석유를 빼앗았으며, 자유주의를 내세워 동네 빵가게와 두부공장까지 점령했다. 그런데 몇 년도 되지 않아 이상한 일들이 일어나기 시작했다. 별다른 이상도 없었는데 2007년, 세계 자본주의의 심장인 월스트리트의 금융사들이 잇따라 망하기 시작한 것이다. 결국 2008년 미국 정부의 채권을 주로 거래하던 '리먼 브라더스'라는 회사까지 무너지자 전 세계는 금융 회사들뿐만 아니라 국가마저 부도가 날 위기에 처했다.

기세등등하게 아프가니스탄과 이라크를 점령한 세계의 경찰 미군은 수렁에 빠져 허우적거리기 시작했다. 2011년에는 자본주의의 연료 창고이자, 서구의 지원으로 철권통치 하에 있던 아랍에서 자유를 외치는 민중들의 함성이 터져 나왔다. 마침내 미국에서 시작된 경제 위기가 유럽으로 번졌다.

이것은 단순한 경제적 위기가 아니었다. 99퍼센트의 국민이 '주인은 바로 우리'라고 외치며 행동에 나섰기 때문이다.

그리고 2011년 가을, 99퍼센트의 국민이라고 주장하는 사람들이 뉴욕 중심부에 있는 주코티 공원을 점령했다. 그들은 탐욕스런 1퍼센트의 금융 자본가들을 비난하며 "월스트리트를 점령하라!"고 외쳤다. 이 물결은 삽시간에 전 세계로 번졌다. 이들의 문제 제기는 부의 독점, 자유와 민주주의의 훼손, 환경 파괴, 돈에 눈이 먼 의료와 제약 회사들, 그리고 자원과 기업의 이익을 위해서 벌이는 전쟁 등 다양하지만, 이들이 돌을 던지는 곳은 똑같은 방향, 바로 1퍼센트의 독점 자본가들과 권력 집단이었다. 우리가 사는 한국도 예외는 아니다.

다음은 시위에 참여한 시민들이 토론을 거쳐 작성한 선언문과, 슬로베니아 출신의 유명한 철학자 슬라보예 지젝의 연설문이다.

슬로베니아 출신의 철학자이자
문화비평가 슬라보예 지젝.

'월스트리트를 점령하라'의 선언문.

월스트리트를 점령하라!

- 뉴욕 시민 총회 선언문
시위 현장 뉴욕 주코티 공원에서

우리는 광범위하게 벌어지고 있는 불공정함에 대한 감정을 표현하기 위해 함께 단결해 모였기에, 우리가 이 자리에 온 이유를 밝히고자 한다. 우리는 자본에 의해 부당하게 취급받는 전 세계 국민들이 우리 모두의 동지라는 것을 알리며 다음과 같이 기록한다.

우리는 하나의 인민으로서 단결하여 다음과 같은 현실을 확인한다.

인류의 미래는 사람들의 협력에 달려 있다. 인류가 만든 사회체제는 인간의 권리를 보호해야 한다. 그러나 이제 그 체제는 타락하여, 각자 자신과 이웃의 권리를 지켜야 하는 지경에 이르렀다. 민주적 정부의 권력은 국민들로부터 나온다. 그러나 기업들은 부를 긁어모으면서 국민과 세계의 동의를 구하려는 시도조차 하지 않는다. 민주적 절차가 경제력을 가진 자들에 의해 좌지우지된다면, 진정한 민주주의는 얻을 수 없다. 하지만 우리가 처한 이 시대는, 국민보다 이익을 우선하고, 공정함보다 사리사욕을 앞세우며, 평등보다 억압을 내세우는 기업들이 우리의 정부를 좌지우지하고 있다. 우리는 우리의 권리에 따라 이러한 현실을 알리고자 평화적으로 이 자리에 모였다.

- 그들은 근본적으로 저당권이 없는데도 불법적인 과정을 통해 우리의 집들을 빼앗아 갔다.
- 그들은 자신들의 잘못에 대해 처벌도 받지 않고 국민들의 세금으로 긴급 구제 대출을 받고도, 경영진들끼리 엄청난 보너스 잔치를 계속 벌이고 있다.
- 그들은 나이와 인종, 성별, 그리고 성적인 취향에 따라 직장에서 차별하는 짓거리를 아직도 계속하고 있다.
- 그들은 무신경하게 음식물을 오염시켜 왔고, 독점을 통해 농업 생산 체제를 무너뜨렸다.
- 그들은 수많은 동물들을 가두고 잔인하게 취급해 고통을 주며 막대한 이익을 벌어들이면서도 이러한 행동을 적극적으로 감추려고 한다.
- 그들은 더 나은 보수와 노동 조건을 협상할 노동자의 권리를 끊임없이 빼앗으려 한다.

- 그들은 인간의 권리인 교육 때문에 학생들을 수만 달러의 빚쟁이
  로 내몰고 있다.
- 그들은 작업 과정을 끊임없이 외부에 하청을 주면서, 그걸 이용해
  노동자의 복지와 임금을 깎아내리는 수단으로 삼아 왔다.
- 그들은 죄의식이나 책임감은커녕 자신들도 국민이라며 권리를 주
  장하기 위해 사법부에 영향을 끼쳐 왔다.
- 그들은 건강 보험 계약서에 있는 자신들의 의무를 피하는 방법을
  찾기 위해 엄청난 돈을 변호사들에게 퍼부어 왔다.
- 그들은 우리의 개인 정보를 상품으로 취급한다.
- 그들은 군대와 경찰을 언론의 자유를 막는 데 사용해 왔다.
- 그들은 이익을 위해 문제가 있는 제품들의 리콜을 줄여서 사람의
  목숨을 위험에 내몰아 왔다.
- 그들은 경제 정책을 좌지우지한다. 그 정책들의 실패로 재앙이 닥
  쳤음에도, 그 정책들은 계속되고 있다.
- 그들은 자신들을 규제할 책임을 가진 정치인들에게 엄청난 돈을
  기부해 왔다.
- 그들은 국민들이 석유에 의존하지 않을 수 없도록 만들기 위해 대
  체 에니지 개발을 계속 막아 왔다.
- 그들은 자신들의 투자에서 이미 엄청난 이익을 거두고도, 사람의 생
  명을 살리거나 구제할 수 있는 복제 의약품 생산을 계속 막아 왔다.
- 그들은 자신들의 이익을 위해 기름 유출 사고, 회계 부정부패, 불
  량 성분 등을 일부러 은폐해 왔다.
- 그들은 여론 매체들을 손아귀에 넣고 잘못된 정보를 흘려 국민들

을 의도적으로 협박해 왔다.

– 그들은 죄수들의 죄에 심각한 의심이 가는 경우에도 그들을 죽이
도록 비밀 계약을 맺어 왔다.

– 그들은 해외와 국내에서 식민지주의를 고집해 왔다.

– 그들은 해외에서 죄 없는 시민들을 고문하고 죽이는 데 참여해
왔다.

– 그들은 정부와 계약을 따 내기 위해 계속 대량 파괴 무기를 만들고
있다.

이러한 문제들은 일부에 불과하다.

전 세계의 사람들에게,

우리, 리버티 광장에 모인 '월스트리트를 점령하라' 운동의 뉴욕 시민
총회는 당신들도 힘을 보여 줄 것을 요청한다.

평화적으로 모여, 공공장소를 점령하고, 우리 앞에 닥친 문제들을 토
론하여 모두가 받아들일 수 있는 해결책을 찾자.

우리는 직접 민주주의의 정신으로 뭉쳐 행동에 나서는 모든 집단들에
게 지지를 보내면서 우리의 모든 문서와 자료를 제공할 것이다.

함께 참여하여 당신들의 목소리를 세상에 울리게 하라!

문제는 민주주의야!

- 슬라보예 지젝
2011년 10월 8일, 뉴욕 시위 현장에서

저들은 우리 모두를 패배자라고 말합니다. 그러나 진정한 패배자는 월스트리트에 앉아 있는 그들입니다. 그들은 수십 억 달러에 달하는 국민들의 돈으로 금융 위기를 넘겼습니다. 저들은 우리더러 사회주의자라고 하지만, 이 땅에는 항상 부자의 편을 드는 사회주의만 있습니다. 저들은 우리가 사유 재산을 존중하지 않는다고 말합니다. 그러나 2008년에 있었던 금융 위기 사태 한 번으로 부자들보다 훨씬 더 어렵게 번 우리의 사유 재산이 날아가 버렸습니다. 우리 모두가 몇 주 동안 밤낮으로 여기 모여 사유 재산을 파괴하려 했더라도 그만큼 날려 버리지는 못했을 것입니다. 저들은 우리에게 몽상가라고 말합니다. 그러나 진정한 몽상가는 세상이 이제껏 굴러 온 것처럼 무한정 계속해서 돌아갈 것이라고 생각하는 사람들입니다. 우리는 몽상가가 아닙니다. 우리는 악몽으로 뒤바뀐 꿈에서 깨어나고 있습니다.

우리가 파괴한 것은 아무것도 없습니다. 그저 이 체제가 어떻게 스스로 파괴되어 가는지 지켜볼 뿐입니다. 고전이 된 만화에 이런 장면이 있습니다. 고양이 한 마리가 절벽에 도달했지만 계속 걷고 있습니다. 밑에

2008년 금융 위기
2008년 9월 15일, 미국의 4대 투자 은행 가운데 하나인 리먼 브라더스가 파산 신청을 했다. 2006년부터 미국 내 주택 값이 내려감에 따라 이 회사들이 과도하게 투자했던 증권 부문에서 너무나 큰 손실을 봤기 때문이다. 이를 시작으로 서서히 붕괴 조짐을 보이던 금융 시장은 본격적으로 무너졌다.

아무것도 없는데도 말입니다. 고양이는 아래를 내려다본 뒤에야 그 사실을 깨닫고 바닥으로 떨어집니다. 우리가 하고 있는 일입니다. 우리는 저 월스트리트에 있는 친구들에게 이렇게 말하고 있습니다. "이봐! 아래를 좀 보라고!"

2011년 4월 중반에 중국 정부는 텔레비전과 영화, 소설 등에 현실에 대한 대안이나 시간 여행 같은 이야기들을 쓰지 못하게 금지했습니다. 그나마 나은 셈입니다. 중국 인민은 아직도 새로운 대안을 꿈꾸고 있다는 뜻이니까요. 그래서 정부는 그 꿈을 표현할 수 없게 금지했던 것입니다. 하지만 이 땅에서는 딱히 금지시킬 필요도 없습니다. 이미 우리는 지배 체제에 억눌려 꿈꿀 능력마저 빼앗겼기 때문입니다. 우리가 항상 보는 영화들을 생각해 보십시오. 아주 쉽게 세상의 종말을 보여 줍니다. 소행성 때문에 모든 생명이 파괴되는 것같이 말입니다. 그러나 거기서 자본주의의 종말은 생각할 수도 없습니다.

그렇다면 우리는 여기서 무엇을 하는 것입니까? 옛날 공산주의 시절의 재미있는 농담을 들려 드리죠. 한 사람이 동독에서 시베리아로 파견되었습니다. 그는 편지가 검열된다는 것을 알고 가기 전에 친구에게 말했습니다.

"암호를 만들자. 만약에 내 편지가 파란 잉크로 쓰였다면 사실이고, 빨간 잉크로 쓰였다면 거짓말이라고 알면 돼."

한 달 후 그 친구는 첫 편지를 받았습니다. 모든 것이 파란 색으로 쓰여 있었죠. 이 편지에 따르면 "여기는 모든 게 훌륭해. 가게는 좋은 음식들이 그득하고, 영화관에서는 서유럽의 영화도 볼 수 있어. 아파트도 크고 훌륭해. 그런데 여기서 살 수 없는 게 딱 하나 빨간 잉크야."

이것이 지금 우리가 사는 삶입니다. 우리에게는 모든 걸 하고 싶은 자유를 가지고 있다면서, 정작 그 빨간 잉크가 없는 것입니다. 자유가 아니라고 분명히 말할 수 있는 그 표현 수단을 말입니다. 우리는 테러와의 전쟁이 자유를 위해서라고 배웁니다. 자유를 왜곡하도록 가르치는 것입니다. 그래서 여기에 여러분이 모인 것입니다. 여러분은 우리 모두에게 그 빨간 잉크를 나눠 주고 있는 것입니다.

한 가지 위험은 있습니다. 자기 자신을 너무 사랑하지는 마십시오. 우리는 여기서 즐거운 시간을 보내고 있습니다. 그러나 기억하세요. 축제는 쉽습니다. 문제는 그 다음 일상생활로 돌아갈 때입니다. 그때 무슨 변화가 일어날까요? 그냥 지금 이 순간을 되돌아보며 "아! 그때 우리는 젊었지. 그땐 참 아름다웠어." 하는 데 그쳐서는 안 됩니다. 우리의 기본 메시지는 '대안을 생각할 수 있는 자유를 얻는 것'임을 기억하십시오. 지금의 지배 체제가 무너지더라도 좋은 세상이 그냥 오지는 않을 것입니다. 갈 길은 멉니다. 우리 앞에는 정말 어려운 문제들이 있습니다. 우리는 원하지 않는 것이 무엇인지도 압니다. 그러나 우리의 목표는 무엇입니까? 자본주의를 대신해서 다른 사회 조직을 만들 수 있을까요? 우리기 원히는 새로운 지도자는 어떤 유형일끼요?

기억하십시오. 문제는 부패나 탐욕이 아닙니다. 문제는 체제 자체입니다. 그것이 당신을 부패하게 만듭니다. 적만 조심하지 말고, 이 운동을 흐트러뜨리기 위해 이미 행동에 들어간 친구들 역시 조심하기 바랍니다. 카페인 없는 커피, 알코올 없는 맥주, 무지방 아이스크림처럼 그들은 이 운동을 별로 해가 안 되는 도덕적 저항 정도로 만들고자 할 것입니다. 카페인 제거 과정과 비슷한 것입니다. 그러나 우리가 여기에 있는 이유는 그게 아닙니다. 캔을 재활용하고, 자선 기금 얼마를 내고, 어린 아이들이 굶주리고 있는 제3세계에 수입금의 1퍼센트를 원조하는 스타벅스 카푸치노를 사 마시며, 좋은 일했다고 흐뭇해하며 사는 세상은 이미 신물 나게 겪었지 않습니까? 힘든 일은 남들을 시키고, 결혼 전문 업체에게 우리의 사랑마저 맡겨 버린 것도 모자라, 우리는 아주 오랫동안 정치마저 남들에게 맡기고 나 몰라라 했습니다. 우리는 이것을 되돌려 놓아야 합니다.

우리는 1990년에 붕괴된 그런 식의 공산주의 체제를 말하는 것이 아닙니다. 그때의 공산주의자들은 오늘날 가장 잔인하고 효율만 따지는 자본가가 되었습니다. 중국에서는 오늘날 민주주의가 없어도 미국보다 더 힘차게 자본주의가 움직이고 있습니다. 자본주의를 비판하면 종종 민주주의를 반대하는 거냐며 협박을 합니다. 그걸 그냥 내버려 두어서는 안 됩니다. 민주주의와 자본주의의 결혼 생활은 끝났습니다. 이제 변할 수 있습니다.

우리는 오늘날 무엇이 가능하다고 생각하고들 있습니까? 언론을 봅시다. 기술과 성생활이라는 분야에서는 모든 것이 가능해 보입니다. 달을 여행할 수 있고, 생물 유전학의 도움으로 영원히 살 수도 있고, 동물이나 다른 그 어떤 것과도 섹스를 할 수도 있습니다. 그러나 사회와 경제의 영역을 보십시오. 여기서는 거의 모든 게 불가능합니다. 여러분은 부자에게 세금을 조금 올리라고 합니다. 저들은 불가능하다고 합니다. 경쟁력이 떨어진다는 거죠. 의료 보장에 더 돈을 쓰라고 하면, 저들은 "불가능해. 그건 전체주의 국가나 하는 짓이야!"라고 말합니다. 여러분에게 영원히 살 수도 있다고 말하면서 의료 보장을 위해서는 돈을 조금 더 쓸 수 없다고 하는 세계는 뭔가 잘못된 것입니다. 무엇이 우선순위인지 여기서 정해야 할지도 모르겠군요. 우리가 바라는 것은 더 높은 생활수준이 아니라 더 올바른 생활의 기준입니다. 우리는 다만 '공동의 것'을 위해 노력합니다. 그런 의미에서라면 공산주의자라고 해도 좋습니다. 공동의 자연, 지적 재산권으로 사유화된 지식을 함께 나누는 것, 생물 유전학을 공동의 것으로 나누는 것! 이런 것을 위해서, 오직 이런 것들을 위해서 우리는 싸워야만 합니다.

공산주의는 완전히 실패했습니다. 그러나 공동의 것에 대한 문제가 사라진 것은 아닙니다. 저들은 여기에 있는 우리가 진짜 미국인이 아니라고 합니다. 그러나 스스로 진짜 미국인이라고 주장하는 근본적 보수주의자들에게 이것 하나만은 묻고 싶습니다. 기독교가 무엇인가? 그것은 신성한 정신입니다. 신성한 정신은 무엇인가? 그것은 자유와 책임을 바탕으로 서로 사랑으로 맺어진 교인들의 평등한 공동체입니다. 이러한 의미에서 신성한 정신은 지금 여기 우리에게 있습니다. 그리고 저기 월스트리트에 있는 자들은 불경스러운 우상을 섬기는 이교도들입니다. 정의는 우리 편이니 우리에게 필요한 것은 인내심입니다. 걱정스러운 것이 하나 있다면, 우리가 언젠가는 집으로 돌아갈 것이고, 일 년에 한 번씩 만나 맥주나 마시며 '그때가 참 좋았지'라고 추억하며 향수에 빠져서는 안 된다는 것입니다. 여러분 그런 일은 없을 것이라고 약속해 주십시오. 사람들은 종종 무언가를 소망하다가도 현실에서는 원하지 않기도 합니다. 여러분, 소망이 현실에서 이루어지는 것을 두려워 마세요.

2011년 봄 아랍의 민주화 시위에 영향을 받은 뉴욕의 '월스트리트를 점령하라' 운동은 즉각 호응을 얻어 전 세계로 퍼져 나갔다. 영국 런던, 브라질 상파울로, 뉴욕 월스트리트, 캐나다 몬트리올, 스위스 취리히, 독일 프랑크푸르트 등.

99퍼센트의 저항이 시작되다

2007년부터 시작된 미국의 금융 위기에 대한 원인은 무엇일까? 누구나 말하는 공통적인 답은 이렇다.

"은행이 부동산을 담보로 잡아 무분별한 대출을 해 주고, 은행은 다시 담보로 잡은 부동산들을 다른 투자 회사에 맡기고 돈을 빌려 썼다. 또한 투자 회사는 투자자를 모아 돈을 긁어모았다. 그 결과 부동산 거품이 일어났지만, 돈을 빌려 간 시민이 이자를 부담하지 못하면서 과도한 부동산 거품이 붕괴됐다. 자연스럽게 돈을 회수하지 못한 금융 회사도 부도 위기에 몰렸다."

한마디로 말해서 폭탄을 안고 돌리다가 결국 펑 터져 버렸다는 것이다. 그렇다면 그 똑똑한 사람들이 모여 있다는 금융 회사는 왜 그렇게 위험한 폭탄 돌리기를 한 것일까?

그 안에는 '테러와의 전쟁'을 명분으로 걸고 아프가니스탄과 이라크에 엄청난 돈을 퍼부으며 전쟁을 벌인 미국의 고민이 숨어 있다. 요즈음 대부분의 나라들은 전쟁 비용을 대기 위해 국가가 채권을 발행하고 그것을 팔아 돈을 마련한다. 그 채권을 사 주는 가장 큰 고객은 바로 투자 회사와 같은 금융 기관이다. 종종 이 과정에 국가가 금융 기관의 이익을 보장하는 뒷거래가 숨겨져 있다. 대표적인 예가 금융 기관에 대한 규제를 완화해 주는 것이다. 금융 기관은 이 틈을 타 엉터리 상품을 만들어 국민에게 판다. 그 결과 돌리고 돌리던 폭탄은 어느 한 곳에서 펑하고 터지는 것이다.

2008년 폭탄이 터졌을 때 미국 국민은 '변화와 개혁'을 약속한 버락 오바마를 새로운 대통령으로 선택했다. 그러나 변화는 없었다. 정부는 7,000억 달러를 여섯 개 금융 기관에 지원금으로 퍼부었고, 이들 금융 기관은 바로 그해에 그중 10퍼센트인 700억 달러를 보너스로 나누어 가지려고 했다. 이 사실이 여론에 알려져 대대적인 비난이 일자 보너스의 금액을 약 200억 달러로 줄여서 나눠 가졌다.

2010년에는 이미 금융 위기 전의 수준을 넘는 수익을 내고 보너스 잔치를

자본주의에 있어 지금의 위기들은 다시 한 번 '1930년대 경제 대공황'을 불러올지도 모른다.

계속하고 있지만, 이를 규제하겠다는 오바마 대통령의 개혁은 어디로 갔는지 찾을 길이 없다. 아니, 어쩌면 이미 금융 자본이 지배하는 이 세상에서 금융 자본의 중심인 미국을 감히 오바마 따위가 바꾸는 것이 불가능한 것일지도 모른다.

이제 지치고 지친 미국 국민은 묻는다. 이 나라가 누구의 것인지, 왜 99퍼센트가 1퍼센트를 위해 희생해야 하는지를. 그 모습은 저항의 강도만 다를 뿐 2011년 아랍권에서 정치적 민주주의를 요구하며 터져 나온 민중의 모습과 다를 바 없다.

묘하게도 2011년에 미군 특공대 네이버실에 의해 살해된 오사마 빈 라덴은 아프가니스탄과 이라크전쟁과 관련하여 2004년에 이렇게 경고했었다.

"당신들의 탐욕스런 지도자 때문에 결국 진정한 패배자는 바로 당신들, 미국 국민들과 당신들의 경제다."

1

반전과 평화

원자력 시대의 평화

- 아인슈타인
1950년 2월 12일, 텔레비전 방송에서

1950년 2월 12일 텔레비전 방송을 통해 연설 중인 아인슈타인.

제2차 세계대전을 끝낸 원자폭탄은 20세기를 대표하는 과학자 아인슈타인에게서 시작됐다. 그가 직접 만든 것은 아니지만, 그의 새로운 이론인 '상대성 이론' 없이는 불가능했기 때문이다.

전쟁은 끝났지만 평화가 찾아오지는 않았다. 제2차 세계대전에서 이긴 연합국은 서유럽 진영과 소련으로 갈라져 대립했다. 동유럽에 소련의 지원을 받은 사회주의 정권들이 들어서며 자본수의의 멸망을 목표로 삼아 세계는 사회주의 대 자본주의라는 구도로 갈라졌다.

살얼음판 같은 분위기로 다시 전쟁의 기운이 감돌던 1950년 2월 12일, 하얗게 센 머리에 코 끝에 안경을 걸친 아인슈타인이 텔레비전 화면에 등장했다. 그리고 평화를 위해 준비한 원고를 읽기 시작했다.

이렇게 정치적으로 중요한 문제에 대해서 제 소신을 발표할 기회를 주신 여러분께 감사드립니다.

군사력을 통해 국가의 안전을 보장받을 수 있다는 생각은 현재 군사 기술 수준으로 볼 때 재앙을 불러올 환상에 불과합니다. 특히 미국은 처음으로 원자탄을 만드는 데 성공했다는 사실로 이런 환상을 키워 왔습니다. 군사력에서 결정적인 우위를 차지할 수 있다는 믿음이 퍼진 것입니다.

그렇게 되면 그 어떤 적도 겁먹을 것이며, 마침내 그토록 바라던 안전이 우리를 포함한 온 인류에게 다가온다는 것입니다. 지난 5년 동안 우리가 믿고 따라왔던 격언은 한 마디로 '어떠한 비용을 치르더라도 우월한 군사력을 통해 안전을 보장받자'는 것이었습니다.

애초에 전쟁 방지 효과가 있을 것이라고 예상했던 미국과 소련의 군사력 경쟁이 지금은 거의 히스테리적인 성격까지 띠고 있습니다. 양쪽 모두는 열띤 증오심으로 가득 찬 대량 파괴 무기들을 몰래 각자의 벽 뒤에 완성해 놓았습니다. 수소폭탄은 대중의 눈에도 달성 가능한 목표로 보이고 있습니다.

수소폭탄
중수소의 핵융합을 이용하여 만든 폭탄으로, 효과는 원자폭탄의 수천 배에 이른다.

이것이 성공한다면, 대기 전체가 방사능에 오염되고 그로 말미암아 지구의 생명체가 전멸하는 사태가 기술적으로 충분히 가능합니다. 발전이라는 것이 갖는 이 무시무시한 측면은 분명히 점점 더 피할 수 없는 흐름이 될 것입니다. 앞 단계가 진행되면 그 필연적인 결과로서 그 다음 단계가 등장합니다. 결국 점점 더 전면적인 파멸이 다가올 것이 분명합니다.

인간이 스스로 만들어 낸 이 막다른 골목에서 빠져나올 수 있는 길이 있을까요? 모든 사람들, 특히 미국과 소련의 태도에 책임을 지고 있는 사람들은 이걸 깨달아야 합니다. 외부의 적을 물리쳤는지 모르지만, 전쟁이 불러온 심리 상태에서는 벗어나지 못했다는 점입니다.

앞으로 일어날지도 모를 전쟁을 생각하며 행동하는 한, 평화는 달성될 수 없습니다. 따라서 모든 정치적 행동에 앞서 다음과 같은 관점에서 생각해야 합니다. '국가 간의 평화적 공존과 평등하고 성실한 협력을 이루기 위해 우리는 무엇을 할 수 있을까'라는 것입니다.

가장 중요한 것은 상호간의 공포와 불신을 없애는 일입니다. 대량 파괴의 수단뿐만 아니라 무력을 진정으로 포기해야 합니다. 그리고 각 나라가 폭력을 포기하도록 하려면, 각 나라를 뛰어넘는 초국가적인 사법·행정체계가 설립되어 각 나라의 안전에 직접적으로 관련된 문제를 결정할 수 있어야만 합니다. 각 나라들이 이러한 '제한된 세계 정부'를 만드는 데 성실히 협력하겠다는 선언만 해도 당장 닥친 전쟁의 위험은 상당히 줄어들 것입니다.

세계 정부
세계의 모든 국가가 주권과 군비를 폐지하고 그 기초 위에 수립되는 세계 전 인류의 공동 정부.

요컨대 인간들 사이의 평화적 협력은 우선 서로에 대한 믿음을 바탕으로 하며, 그 다음 법원과 경찰 같은 기관에 의지할 때 가능합니다. 이것은 개인은 물론 국가 간의 평화적 협력에서도 마찬가지입니다. 그리고 상호 믿음의 기초는 정직하게 주고받는 데 있습니다.

반전·반핵을 외치다

제2차 세계대전 당시 궁지에 몰린 히틀러는 전세를 역전시킬 강력한 방법을 찾는다. 바로 원자폭탄이었다! 독일에서 살다가 유대인 탄압을 피해 미국으로 건너간 아인슈타인은 독일 과학자들이 원자폭탄 개발에 들어갔다는 정보를 접하고 루스벨트 미국 대통령에게 편지를 썼다.

조심해야 합니다. 그리고 어쩔 수 없다면
우리가 먼저 서둘러 개발해야 합니다.

루스벨트는 뛰어난 과학자들로 구성된 '맨해튼 프로젝트 팀'을 꾸리고 물리학자 오펜하이머(1904~1967년)에게 책임을 맡겨 원자폭탄을 만들었다.

마침내 1945년 7월 16일 '트리티니(삼위일체)'라는 작전명으로 인류 최초의 원자폭탄 실험이 이루어졌다. 결과는 예측을 서너 배나 뛰어넘었다. 20킬로톤짜리 폭탄은 깊이 3미터, 폭 330미터의 거대한 구덩이를 만들었고, 버섯구름은 12킬로미터 상공까지 솟구쳤다. 이 광경을 바라본 실험 책임자 케네스 바이브릿지 박사는 옆에 있던 오펜하이머에게 이렇게 말했다. "이봐, 이런 걸 만들어 낸 우리는 이제 개자식 소리를 듣게 됐네."

며칠 후 그 폭탄들은 일본의 히로시마(14만 명 사망)와 나가사키(7만 명 사망)에

7만 명의 사망자를 낸 나가사키. 이 사진을 보도한 일본 기자는 "비석 하나 남지 않은 공동묘지 같다."고 말했다.

아인슈타인과 오펜하이머. 20세기 최고의 물리학자들로 원자폭탄의 이론적 토대와 실질적 공식을 만들어 낸 두 사람은 죽는 날까지 안타까움과 죄의식 속에 살았다.

떨어졌다.

　제2차 세계대전 이후 소련은 미국에 맞서 독일에서 연구 자료와 과학자들을 확보하고 서둘러 원자폭탄 개발에 나섰다.

　곧이어 원자폭탄보다 몇십 배나 위력이 강한 수소폭탄이 개발되었다는 소식이 들려왔다. 그 무시무시한 위력에 세상은 놀라움으로 가득 찼다. 원자폭탄 개발을 주장한 아인슈타인과 개발 책임을 맡았던 오펜하이머도 놀라기는 마찬가지였다. 공산주의와 자본주의로 갈린 세계에서 타협은 불가능했고, 이미 '냉전'이라는 총도 없고 보이지도 않는 전쟁이 진행되고 있었다. 다시 세계대전이 일어나 양측에서 원자폭탄을 서로 퍼붓는다면, 양쪽 다 살아남을 길이 보이지 않았다.

　핵폭탄이 가져온 참혹한 피해에 충격을 받았던 아인슈타인과 오펜하이머는 원자폭탄을 만든 것을 후회하며 여러 지식인들과 함께 원사폭탄과 수소폭탄의 개발 포기를 호소했다. 그러나 매카시즘의 열풍에 휩싸여 있던 미국 사회에서 그들은 공산주의자로 낙인찍혀 공격당했다.

　인류 전체의 파멸을 피하는 목표는 그 어떤 목표에 우선되어야 한다고 강조하던 아인슈타인은 눈을 감는 순간까지 세계 평화에 대한 노력을 기울였다. 1955년 아인슈타인은 '20세기의 지성'이라

매카시즘
극단적이고 초보수적인 반공주의로는 정적이나 체제에 비판적인 사람을 공산주의자로 몰아 처벌하려 했다. 1950년대 초 미국의 정치인 매카시의 선동정치에서 유래했다.

일컫는 영국의 철학자 러셀과 함께 핵무기의 위험성을 경고하고 전쟁을 피해야 한다고 강조하는 역사적인 선언을 준비했다. 이 선언은 아인슈타인이 세상을 떠난 직후인 1955년 7월 9일 미국, 영국, 프랑스, 캐나다, 중국 등 여섯 나라 대표에게 전달되었고, 러셀에 의해 런던에서 발표되었다. 이후 이 성명에 자극받은 10개국 22명의 과학자들이 1957년 7월 캐나다 퍼그워시에 모여 '과학과 국제 정세에 관한 퍼그워시 회의'를 열어 핵실험의 중지를 요청하였고, 그 후 세계 곳곳에서는 핵무기 포기, 전쟁 반대, 세계 평화를 요구하는 반전·반핵 단체가 증가하기 시작했다.

러셀–아인슈타인 반전 반핵 선언 (일부 발췌)

"… 우리 대부분은 감정적으로 중립을 지킬 수는 없지만, 인간으로서 이 점을 기억해야 한다. 공산주의든 반공산주의든, 아시아든 유럽이든 아메리카든, 백인이든 흑인이든 그 누구에게든 동서의 문제가 만족스럽게 해결되려면 전쟁을 해서는 안 된다는 점이다. 우리는 동과 서 양측이 이 점을 깊이 이해하길 바란다.

우리의 선택에 따라 앞으로도 행복과 학문과 지혜가 계속 진보할 것이다. 그런데도 싸움을 버리지 못해 죽음을 택할 것인가? 우리는 인간 대 인간으로 호소한다. 당신 역시 인간임을 기억하라. 나머지는 잊어라. 그렇게 할 수만 있다면, 새로운 낙원을 향한 길은 열릴 것이다. 그렇지 못하면, 이 세계의 종말이 우리 앞에 닥칠 것이다."

벽과 달걀

– 무라카미 하루키
2009년 2월 15일, 이스라엘 문학상 수상식에서

STOP
THE
WAR
IN
GAZA

이스라엘의 침공으로 아비규환으로 변한 팔레스타인 가자 지구. 한 어린이의 주검을 소재로 만든 반전 예술 작품이 가슴을 울린다.

    올리브 나뭇잎이 시푸르게 사라는 5월 15일, 이날은 이스라엘의 건국 기념일이다. 반대로 팔레스타인 사람들은 이날을 '대재앙'을 뜻하는 '나크바'라고 부른다. 1948년 영국군이 팔레스타인 땅을 떠나고 이스라엘이 독립을 선포하자 아랍 국가들은 일제히 전쟁으로 맞섰다. 그러나 미국과 영국의 후원을 받는 이스라엘은 이들을 물리치고 전쟁 전 영토의 두 배가 넘는 새로운 땅을 점령했다. 그리고 90만 명이 넘는 팔레스타인 사람들을 죽이거나 쫓아냈다.

그 후 네댓 차례의 전쟁 끝에 이스라엘은 근처 아랍 국가들의 영토인 동예루살렘, 요르단 강 서안 및 가자 지구, 시나이 반도, 골란 고원을 차례로 점령했다. 시나이 반도는 훗날 이집트와 평화 협정을 맺고 돌려주었지만, 여러 차례의 전쟁으로 많은 사람들이 살 곳을 잃었다. 무려 750만여 명의 팔레스타인 사람들이 고향을 잃고 팔레스타인 자치 지구나 이웃 국가들에 마련된 난민촌을 떠돌고 있다.

제대로 된 교육도 못 받고, 직업도 없으며 할 수 있는 것이 아무것도 없는 팔레스타인 난민 청년들은 지금도 폭탄을 안고 이스라엘군을 공격한다. 그리고 이스라엘은 이들을 소탕한다는 이유로 탱크와 비행기를 앞세워 무차별적인 공격을 가하고 있다. 1982년 이스라엘은 레바논의 난민촌을 공격해서 2만 명에 가까운 사람들을 죽였는데, 그 대부분이 민간인이었다. 또한 그해 8월에는 베이루트를 포위하고, 상수도마저 끊어 버렸다.

2008년 12월에도 똑같은 일이 벌어졌다. 이스라엘은 팔레스타인 자치정부의 영토인 가자 지구를 침공해서 사망 1,216명, 부상 5,200여 명이라는 상처를 남기고 3주 후 물러났다. 사상자 대부분은 아이들과 부녀자들을 포함한 민간인이었다. 이스라엘 측의 사상자는 군인 8명과 민간인 5명뿐이었다. 전 세계는 이스라엘의 피에 젖은 학살을 규탄했다.

그로부터 며칠 후 이스라엘은 자신들이 주최하는 예루살렘 문학상에 일본의 소설가 무라카미 하루키가 선정되었다고 발표했다. 하루키는 피로 젖은 손이 주는 상을 받을 것인지 말 것인지 고민 끝에 이스라엘로 날아가 시상식장의 연단 위에 섰다.

저는 오늘 소설가로서 예루살렘을 방문했습니다. 흔히 소설가는 거짓말 전문가라고들 합니다.

물론 소설가만 거짓말을 하는 것은 아닙니다. 모두 잘 아시다시피 정치인도 거짓말을 합니다. 외교관이나 군인도 경우에 따라 그들 나름의 거짓말을 하곤 합니다. 중고차 판매원, 정육점 주인, 건축업자가 그러듯이 말입니다. 하지만 소설가의 거짓말은 다른 거짓말과 다릅니다. 소설가가 거짓말을 한다고 비도덕적이라며 비난하는 사람은 아무도 없으니까요. 사실은 오히려 더 커다란, 또 더 훌륭하고 독창적인 거짓말을 만들어 낼수록 독자나 비평가에게 더 많은 찬사를 받습니다. 왜 그럴까요?

저는 이렇게 답하겠습니다. 소설가는 뛰어난 거짓말을 함으로써, 즉 허구를 사실처럼 보이도록 만들어 진실을 새로운 장으로 끌어내서 새롭게 조명합니다. 사실상 진실을 그 원래 모습대로 잡아내서 정확하게 묘사하기란 불가능합니다. 그래서 우리는 숨어 있는 진실을 끌어내 가상의 장소에 옮겨 놓고 소설의 형태로 바꾸어서 진실의 끝자락이라도 붙잡아 보고자 노력하는 것입니다. 그렇게 하려면 먼저 자기 자신이 생각하는 진실이 무엇인지 명백해야 합니다. 이것은 뛰어난 거짓말을 만드는 데 중요한 자격 조건입니다.

그러나 저는 오늘 거짓말을 할 생각이 없습니다. 최대한 정직하려고 합니다. 제가 거짓말을 하지 않는 날이 한 해에 며칠 되지 않는데, 어쩌다 보니 오늘이 그런 날 중 하루가 되었습니다.

그럼 진실을 말씀드리겠습니다. 일본에서 꽤 많은 사람들이 제게 이

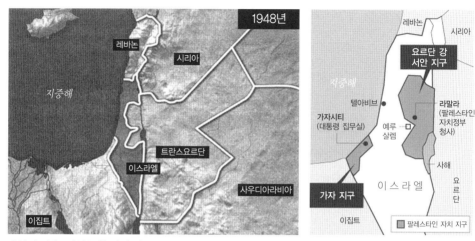

유엔의 팔레스타인 분할 안에 따른 1948년 이스라엘의 영토. 1947년 유엔은 현재의 가자 지구와 요르단 강 서안 지구를 팔레스타인 독립국가의 영토로 상정했다. 이에 유대인은 환영했지만, 팔레스타인 사람들은 분노했다. 올리브 농장과 곡창 지대의 80퍼센트, 아랍인 공장의 40퍼센트가 유대인에게 배정되었기 때문이다. 현재는 팔레스타인 자치 지구가 되었으나, 끊임없는 이스라엘의 공격에 시달리고 있다.

예루살렘 문학상을 받지 말라고 충고했습니다. 심지어 어떤 사람들은 제가 예루살렘에 가면 제 책에 대해 불매 운동을 하겠다는 경고까지 했습니다. 물론 그 이유는 가자 지구에서 벌어지고 있는 참혹한 전투 때문입니다. 유엔은 봉쇄되어 있는 가자 지구 내에서만 천여 명이 목숨을 잃었으며, 그중의 많은 사람들이 어린이와 노인 등 무장하지 않은 일반 시민이라고 보고했습니다.

저는 상을 받게 되었다는 소식을 듣고 스스로에게 수없이 물었습니다. 이럴 때 이스라엘을 방문해서 문학상을 받는 게 옳은 일일까? 그런 행동이 내가 이 싸움에서 한쪽을 지지하는 모습으로 보이지는 않을까? 압도적인 군사력을 퍼붓는 나라의 정책에 내가 찬성하는 인상을 주지는

않을까? 물론 저는 이런 인상을 주는 것을 바라지 않습니다. 또한 어떤 전쟁도 찬성하지 않습니다. 또 어느 한편의 나라를 지지하지도 않습니다. 물론 제 책들이 불매 운동의 대상이 되는 것 또한 바라지 않습니다.

심사숙고 끝에 결국 저는 여기에 오기로 결심했습니다. 한 가지 이유는 너무 많은 사람들이 가지 말라고 충고했기 때문입니다. 아마도 다른 많은 소설가들처럼 저도 남들이 하는 말과 반대로 행동하는 경향이 있는 것 같습니다. 사람들이 "그곳에 가지 마."라거나 "그렇게 하지 마."라고 말하거나 심지어 경고까지 하면, 그곳에 가 보고 싶고 그것을 해 보고 싶습니다. 제가 소설가라서 그렇다고 할지도 모르지만, 그게 저의 타고난 성향입니다. 소설가란 독특한 사람입니다. 자기 눈으로 직접 보지 않거나 자기 손으로 직접 만져 본 것이 아니라면 아무것도 진심으로 믿지 못하는 습성이 있습니다.

이것이 제가 여기 있는 이유입니다. 멀리 떨어져 있기보다는 한번 가 보기로 한 것입니다. 멀리서 외면하기보다는 직접 보기를 선택했습니다. 아무 말을 하지 않기보다는 여러분께 말하기로 선택했습니다.

매우 개인적인 메시지 하나를 전하고 싶습니다. 제가 소설을 쓰면서 항상 마음속에 품고 있는 것입니다. 종이에 써서 벽에 붙여 놓지는 않았지만, 제 마음에 깊이 새겨져 있는 말입니다.

높고 단단한 벽과 그 벽에 부딪혀 깨지는 달걀이 있다면, 나는 언제나 달걀 편에 설 것이다.

분리 장벽에 돌진하며 분을 푸는 팔레스타인 어린이들. 이스라엘은 팔레스타인 자치 지구에 높이 8미터, 총 길이 700킬로미터의 장벽을 둘러쌓아 가두어 놓았다. 팔레스타인 사람들에게 그 장벽은 고통과 분노의 상징이다.

그렇습니다. 벽이 아무리 옳고 달걀이 아무리 잘못했더라도 저는 달걀 편에 설 것입니다. 무엇이 옳고 그른지 결정해야만 하는 사람도 있을 수 있습니다. 아마 시간이나 역사가 결정할 수도 있을 것입니다. 만약 어떤 이유로든 벽의 편에 서서 작품을 쓰는 소설가가 있다면 그 작품의 가치는 어떤 것이겠습니까?

이런 비유가 무슨 뜻일까요? 어떤 경우에는 간단하고 명확합니다. 폭격기, 탱크, 로켓, 조명탄은 높고 단단한 벽입니다. 달걀은 그 무기들에 의해 짓눌리고, 불타고, 총알을 맞는, 무장하지 않은 보통 사람들입니다.

그러나 이게 다는 아닙니다. 좀 더 깊은 의미가 있습니다. 이렇게 생

각해 봅시다. 우리 각자를 달걀에 비유해 볼 수 있습니다. 각자 깨지기 쉬운 껍질 속에 담긴, 다른 것과 바뀔 수 없는 고유한 영혼입니다. 저도 그렇고 여러분도 마찬가지입니다. 그리고 우리는 각자 정도의 차이는 있을지언정 어떤 높고 단단한 벽을 마주하고 있습니다. 그 벽에는 이름이 있습니다. 그것은 '시스템'입니다. 시스템은 우리를 보호해야 합니다. 하지만 가끔 이 시스템이 제멋대로 움직이면서 우리를 죽이거나 우리가 남을 죽이도록 만듭니다. 잔인하게, 효과적으로, 또 체계적으로 말입니다.

제가 소설을 쓰는 이유는 단 하나입니다. 그것은 각자의 영혼의 존엄성을 끌어내서 조명을 받게 하려는 것입니다. 소설의 목적은 그 시스템이 우리의 영혼을 올가미에 묶어 비참하게 만들지 못하도록 경고음을 울리고 감시의 불빛을 비추기 위함입니다. 저는 이야기를 통해 각자의 독특한 영혼을 드러내도록 노력하는 것이 소설가의 일이라고 굳게 믿습니다. 삶과 죽음의 이야기, 사랑 이야기, 사람들을 울리고 공포로 떨게 하거나 웃게 만드는 그런 이야기들 말입니다. 이것이 우리가 매일 심각한 모습으로 현실이 아닌 이야기를 만드는 이유입니다.

제 아버지는 작년에 90세의 나이로 돌아가셨습니다. 그분은 학교 선생님도 하셨고 또 불교 승려로도 활동했습니다. 대학원에 다닐 때 전쟁에 동원되어 중국 전쟁터에 군인으로 나갔습니다. 저는 전쟁이 끝난 후 태어났는데, 아버지가 매일 아침 집 안에 마련된 제단에서 오랜 시간 기도하는 모습을 보곤 했습니다. 한번은 왜 그러느냐고 물어봤더니, 전쟁

터에서 죽은 사람을 위해 기도하는 것이라고 하셨습니다. 적이건 동료건 모든 사람을 위해서 말입니다. 저는 제단 앞에 무릎을 꿇고 있는 아버지의 뒷모습을 바라보며 그 주위를 맴도는 죽음의 그림자를 느꼈던 듯싶습니다.

아버지가 돌아가시자, 아버지의 기억도 사라졌습니다. 저는 절대 알 수 없을 기억들 말입니다. 하지만 아버지 주변을 맴돌던 죽음의 존재는 제 기억 속에 남아 있습니다. 그것은 제가 아버지에게 물려받은 몇 가지 중에 하나이자 가장 중요한 것이기도 합니다.

제가 오늘 여러분에게 전하고 싶은 것은 단 한 가지입니다. 우리는 국적, 인종, 종교를 뛰어넘어 모두 인간이며, 각 개인은 시스템이라는 벽을 마주한 깨지기 쉬운 달걀이라는 것입니다. 겉으로 보기에는 우리가 이길 희망이 없습니다. 벽은 너무나 높고 단단하며 또 너무나 냉혹합니다. 승리에 대한 작은 희망이라도 있다면, 그것은 우리가 자신이든 다른 사람이든 각자의 영혼은 절대로 독특하고, 다른 것으로 대신할 수 없다는 믿음, 그리고 영혼이 결합할 때 느끼는 그 따뜻한 마음에서 나올 것입니다.

잠시 생각해 봅시다. 우리 각자는 느낄 수 있고 살아 숨 쉬는 영혼을 가지고 있습니다. 시스템은 절대 가지지 못한 것입니다. 시스템이 우리를 좌지우지하도록 내버려 두어서는 안 됩니다. 시스템이 제멋대로 움직이게 해서는 안 됩니다. 시스템이 우리를 창조한 게 아닙니다. 우리가 그 시스템을 만든 것입니다. 이 말이 제가 할 수 있는 전부입니다.

고립된 지상의 섬, 가자 지구

1993년 9월과 1995년 9월 두 차례에 걸쳐 팔레스타인해방기구(PLO)의 지도자 아라파트와 이스라엘의 새로운 수상 라빈은 클린턴 미국 대통령의 초청을 받아 백악관에서 만났다. 그리고 여기서 이스라엘과 팔레스타인은 서로를 인정하고 가자과 예리코 일대인 일부 구역에 팔레스타인 자치 구역을 설치하자는 오슬로 협정을 맺었다. 동시에 이스라엘은 무력으로 점령하고 있던 골란 고원과 요르단 강 서쪽에서도 군대를 철수하기로 했다. 이 자리에는 아랍권의 대표들을 비롯해 각국의 대표단 3,000여 명이 증인으로 함께 했다.

그러나 협상을 이끌어 낸 이스라엘의 라빈 수상은 1995년 12월 강경파인 불만 세력에게 암살당했고, 그 뒤를 이은 강경파 네탄야후 수상은 모든 것을 뒤집었다. 군대 철수는커녕 오히려 곳곳에 이스라엘 마을을 새로 건설하여 영토를 확장했다. 팔레스타인 자치 지구나 이웃 나라의 난민촌에 살던 아랍인들은 그에 반발해 테러 공격에 나섰고, 이스라엘군은 탱크와 비행기로 더욱 가혹한 공격을 퍼부었다.

마침내 2002년부터는 최소한으로 인정된 자치 지구에는 높이 8미터, 둘레 700킬로미터의 장벽이 둘러졌다. '안전을 위한 격리'라는 명목이었다. 분리 장벽은 사람과 자원의 이동을 원천적으로 차단해 바다를 뒤에 두고 있는 가자 지구를 고립무원의 상태로 만들었다. 2004년 7월 20일 국제사법재판소는 명백한 국제법 위반인 분리 장벽을 당장 철거하라는 판결을 이스라엘에 내렸다. 유엔도 장벽 철거를 이스라엘에 요구하는 결의문을 채택했다. 그러나 2007년 이후 이스라엘은 오히려 장벽 설치 구간을 늘리고 아랍인 거주 지역으로 들어가는 식량, 물, 전기 공급을 원천 봉쇄했다. 그 결과 폭 5~7킬로미터, 길이 약 50킬로미터의 가자 지구의 땅에서 100만 명이 넘는 인구가 외부와 차단된 채 시도 때도 없이 이스라엘군의 공격으로 무너진 도시에서 살아가고 있다.

이러한 상황에서 투투 대주교와 촘스키 등의 후원을 받은 옛 팔레스타인 인권기구와 활동가들이 '자유 가자 운동(http://www.freegaza.org)' 이라는 단체를 결성해 가자 지구에 대한 실상을 알리고 봉쇄를 풀고자 노력하고 있다. 자유 가자 운동은 2008년 8월, 첫 구호선을 가자 항구에 입항시킨 후 이스라엘의 봉쇄와 방해를 뚫고 구호품과 의사 등을 실은 배를 계속 가자 지구로 보내고 있다. 2010년 5월, 6척의 배에 1만 톤의 구호품과 40여 개국 인권운동가들을 실은 자유 가자 운동의 배들이 이스라엘군의 공격을 받아 10여 명이 숨지는 비극이 일어나기도 했다.

이스라엘의 공격으로 폐허가 된 가자 지구.

2001년 팔레스타인 사람들의 자살 폭탄 테러로 파괴된 예루살렘의 피자 가게. 쥐가 고양이를 물듯이 팔레스타인 사람들도 이스라엘을 공격한다. 가슴에 폭탄을 품고 이스라엘 중심가에서 터트리는 것이다. 그러나 이스라엘은 폭격기와 탱크를 동원해 그 몇백 배의 보복을 한다.

3 테러와의 전쟁

- 조지 워커 부시
2001년 9월 19일, 미국 의회에서

비행기가 돌진한 세계무역센터 건물이 불타고 있다.

2001년 9월 11일 아침 미국의 중심 뉴욕. 그곳에 있는 세계무역센터 쌍둥이 빌딩에 대형 여객기 두 대가 차례로 돌진했다. 뒤이어 워싱턴 D.C.에 있는 국방성 건물인 펜타곤에 또 다른 비행기가 충돌했다. 백악관을 목표로 했다는 네 번째 비행기가 펜실베이니아 주에 추락했다는 소식도 들려왔다.

미국인은 물론 전 세계가 경악했다. 미국은 비상경계령이 내려진 가운데 마비되었다. 며칠 뒤 미국 정보 당국은 이 공격이 최근 몇 년 동안 미국 관련 시설에 테러를 벌여 왔던 이슬람 게릴라 조직인 알카에다의 소행이라고 발표했다. 알 카에다는 1979년 소련이 아프가니스탄을 침공하자 해외 이슬람 의용군들로 결성된 조직으로 소련군을 물리치는 데 결정적인 역할을 했다. 결국 소련은 이 전쟁의 패배를 계기로 해체되고 만다. 현재 알 카에다는 세계 곳곳에서 반미 투쟁을 이끌고 있다.

2001년 당시 알 카에다의 지도자는 사우디아라비아 왕족 출신인 오사마 빈 라덴으로, 부시 일가와 함께 미국 칼라일 그룹의 대주주일 만큼 부유한 아랍인이었다. 그는 팔레스타인 난민과 아랍 세계에 대한 이스라엘의 공격이 계속되는 한, 이스라엘을 미국이 싸고 돌며 계속 지원하는 한, 아랍의 자유를 위한 성스러운 전쟁이 계속될 것이라고 선언했다.

8일 뒤인 9월 19일, 부시 대통령은 이제는 하나의 고유명사가 된 '테러와의 전쟁'을 선포하는 연설을 한다.

미국의 아프가니스탄 침공에 미국기를 불태우며 규탄하는 팔레스타인 국민들(좌). 부시 미국 대통령과 도널드 럼스펠드 국방장관(우). 럼스펠드는 딕 체니 부통령과 함께 강경 보수파의 상징 인물로 모든 '테러와의 전쟁'을 이끌었다.

··· 9월 11일, 자유의 적이 우리나라에 대해 전쟁을 도발했습니다. 지난 136년간 미국은 전쟁을 치러 왔지만, 1941년의 어느 일요일(하와이 진주만 폭격)을 제외하면 모두 외국 영토에서 벌어진 전쟁이었습니다. 미국은 전쟁으로 무수한 피해를 입었지만 평화로운 아침에 대도시 한복판에서 이런 피해를 당한 적은 없었습니다. 하루아침에 우리는 다른 세계를, 자유가 공격받는 세계를 보았습니다.

미국인은 수많은 의문을 품고 있습니다. 우리 국민은 묻습니다. "누가 우리나라를 공격한 것인가?" 우리가 다양한 정보원에서 모은 자료들을 보면 범인은 알 카에다로 알려진 테러리스트 조직으로 결론이 내려집니다. 저들은 탄자니아와 케냐의 미국 대사관을 폭파한 혐의로 기소된 바 있으며, 미 해군 구축함 콜 호를 폭파한 전력도 있습니다. 마피아가 범죄 조직이라면 알 카에다는 테러 집단입니다. 하지만 알 카에다의 목표는 돈이 아니라, 세계를 재편하고 자신들의 급진적인 믿음을 세계 모든 이들에게 강요하는 것입니다.

···중략···

이 조직과 그 지도자인 오사마 빈 라덴은 여러 국가의 무수한 조직과 연결되어 있습니다. 그중에는 이집트의 이슬람 지하드와 우즈베키스탄의 이슬람 운동 등도 포함되며, 60여 개국에 수천 명의 테러리스트가 퍼져 있습니다. 이들은 자기 나라나 아프가니스탄 등지의 캠프에서 테러 전술 훈련을 받고 다시 돌아가거나 세계 각지로 보내져 그곳에 잠복한 채 악랄하고

지하드
'성스러운 전쟁'이라는 뜻으로, 이슬람교의 신앙을 전파하거나 방어하기 위해 벌이는 이교도와의 전쟁을 이르는 말이다.

파괴적인 테러를 계획합니다.

　알 카에다 지도자는 아프가니스탄 내에서 막강한 영향력을 발휘하며 탈레반 정권을 지지합니다. 아프가니스탄에서 우리는 세계에 대한 알 카에다의 비전을 볼 수 있습니다. 아프가니스탄 국민은 짐승 취급을 받습니다. 대다수가 굶주리며 많은 사람들이 나라를 떠났습니다. 여성은 학교에 다니지 못합니다. 텔레비전을 갖고 있다는 이유만으로 감옥에 갈 수도 있습니다. 종교는 오로지 그들의 지도자가 지시하는 대로 따르는 것입니다. 턱수염을 기르지 않은 남성은 감옥에 갇히기도 합니다.

탈레반 정권
1994년 아프가니스탄 남부에 있는 칸다하르 주에서 결성된 이슬람 정치 단체로 1996년부터 2001년까지 아프가니스탄을 지배했다.

　미국은 아프가니스탄 국민을 존중합니다. 현재 우리는 아프가니스탄에 가장 큰 인도주의적 원조를 하는 나라입니다. 하지만 우리는 탈레반 정권을 규탄합니다. 탈레반 정권은 국민을 탄압할 뿐만 아니라 국민에게 테러리스트에 대한 후원과 피신처 제공, 물자 지원 등을 강요하고, 스스로 살인을 저지르면서 선동하고 있습니다.

　오늘, 우리나라는 탈레반 정권에게 요구합니다. 당신의 나라에 숨어 있는 알 카에다의 모든 지도자를 우리 정부로 넘기십시오. 미국 시민을 비롯해 부당하게 감금하고 있는 외국인을 모두 석방하십시오. 당신의 나라에 있는 외국 언론인과 외교관, 구호 요원을 보호하십시오. 아프가니스탄에 있는 테러리스트 훈련 캠프 모두를 지금 즉시 영원히 폐쇄하고, 모든 테러리스트와 테러 조직에 가담한 이들을 적절한 정권에 인도하십시오. 미국이 테러리스트 훈련 캠프에 접근하도록 허가해 확실히

폐쇄했는지 확인할 수 있게 하십시오. 이 요구 사항들은 협상이나 논의가 불가능합니다. 탈레반 정권은 반드시, 지금 즉시 이 요구에 따라야 합니다. 테러리스트를 인도하지 않으면 탈레반은 테러리스트와 운명을 같이하게 될 것입니다.

아울러 전 세계의 이슬람교도에게 직접 말씀드리고자 합니다. 우리는 여러분의 신앙을 존중합니다. 이슬람교는 수백만 미국인을 비롯해 미국의 여러 우방국에서 자유롭게 전파되고 실천되었습니다. 이슬람교의 가르침은 훌륭하고 평화롭습니다. 그러나 알라신의 이름으로 악을 범행한 자들은 신을 모독한 것입니다. 테러리스트들은 이슬람교 자체를 손에 넣으려고 자신의 신앙을 배반했습니다. 수많은 이슬람교도는 우리의 친구이지 적이 아닙니다. 수많은 아랍 친구도 그렇습니다. 우리의 적은 테러리스트 집단이라는 과격한 네트워크, 그리고 이들을 지원하는 모든 정부입니다. 우리의 테러에 대한 전쟁은 알 카에다와의 전쟁으로 시작합니다. 하지만 우리의 전쟁은 여기서 끝나지 않을 것입니다. 전 세계에 퍼져 있는 모든 테러리스트 집단을 찾아내, 그들의 만행을 끝장내고 타도하기 전에는 끝나지 않을 것입니다.

미국인들은 묻습니다. "그들은 왜 우리를 싫어하는 것인가?" 그들이 싫어하는 것은 지금 우리 눈앞에 보이는 것, 즉 민주적으로 선출된 정부입니다. 그 지도자들은 스스로 그 지위에 올랐기 때문입니다. 그들이 싫어하는 것은 우리의 자유입니다. 우리가 누리는 종교의 자유, 연설과 투표의 자유, 집회의 자유, 서로 다른 의견을 말할 수 있는 자유를 그들은

싫어합니다. 그들은 이집트와 사우디아라비아, 요르단 등 여러 이슬람 국가에 존재하는 모든 정부를 전복시키려 합니다. 이스라엘을 중동 지방에서 추방하려 합니다. 그들은 드넓은 아시아와 아프리카에서 기독교도와 유대교도를 몰아내려 합니다. 이들 테러리스트들이 살인을 일삼는 것은 단순히 생명을 앗아가는 것이 아니라 삶을 파멸시키고 두려움을 주려는 것입니다. 그래서 미국이 우애를 저버리고 세계의 우방국들을 지키는 전선에서 물러나기를 바랍니다. 그들은 우리를 적대시합니다. 우리가 그들의 길을 가로막고 있기 때문입니다.

우리는 경건한 체하는 가식에 속지 않습니다. 그런 식의 속임수는 전에도 경험한 바 있습니다. 그들은 20세기의 온갖 살인적인 이데올로기를 모두 물려받았습니다. 자신들의 급진적인 이상을 위해 사람의 목숨을 희생시키고, 권력을 향한 의지를 빼고는 모든 가치를 저버렸습니다. 그들은 과거의 파시즘과 나치즘, 전체주의를 따르고 있습니다. 결국 그들은 그 길을 따르다가 종말을 맞이했던 경험을 되풀이할 것입니다. 역사 속에서 폐기된 거짓말이라는 이름 없는 무덤에 묻히고 말 것입니다. 미국인들은 묻습니다. "이 전쟁에서 어떻게 싸워 승리할 것인가?" 우리는 장악하고 있는 모든 군사력을 동원할 것입니다. 모든 외교 정책과 모든 정보력, 법에 관한 모든 집행 수단과 모든 자금력, 전쟁에 필요한 모든 무기를 동원해 전 세계적인 테러 조직을 파괴하고 타도할 것입니다.

이 전쟁은 십 년 전, 신속하게 결단을 내려서 쿠웨이트 영토를 해방시킨 이라크전쟁과 같지 않을 것입니다. 2년 전,

이라크전쟁
흔히 '걸프전쟁'으로 불리는 이 전쟁은 이라크가 쿠웨이트를 침공한 것이 계기가 되어 1991년 1월에 33개 다국적군이 이라크를 상대로 벌인 전쟁이다.

지상 부대 하나 없었으며 전투 중 단 한 명의 미군 사상자도 내지 않았던 코소보에서의 공중전과도 같지 않을 것입니다. 우리의 대응은 즉각적인 보복이나 단발성 공격을 넘어설 것입니다. 단 한 번의 전투가 아니라 장기간에 걸친 군사 작전을 벌일 것이며, 지금까지 보았던 그 어떤 전쟁과도 다를 것입니다. 텔레비전에서 볼 수 있는 극적인 공격이나 성공적인 비밀 작전도 포함될 것입니다. 우리는 테러리스트의 돈줄을 차단하고 서로 반목시키고, 그들의 은신처가 남아 있지 않을 때까지 몰아붙일 것입니다. 또한 테러리스트에게 원조와 피난처를 마련해 주는 국가를 추적할 것입니다. 모든 국가는 이제 결정을 내려야 합니다. 우리 편에 서지 않는 국가는 테러리스트 편이 되는 것입니다. 지금 이 순간부터 테러리스트를 보호하고 지원하는 국가는 모두 미국에 대한 적대 정권으로 간주될 것입니다. …

아프가니스탄을 침공하는 미 공수부대와 영국 기동타격대. 영국은 미국의 작전에 적극 가담하여 당시 토니 블레어 영국 수상은 '부시의 푸들'이라는 별명을 얻었다.

'악의 축'을 몰아내야 한다?

미국은 9.11테러 이후 한 달도 채 지나지 않은 10월 7일, 전격적으로 아프가니스탄을 침공한다. 몇 달 후 미국은 CIA 특수요원들의 지원을 받은 아프가니스탄 지방 군벌들을 앞세워 정권을 몰아냈다. 그리고 수도 카불로 들어가 친미 꼭두각시 정권을 세웠다. 미국이 가장 먼저 한 것은 중앙아시아에서 나는 석유를 아프가니스탄을 거쳐 아라비아 해로 운반하기 위한 송유관 건설이었다.

'우리 편에 서지 않는 국가는 테러리스트 편이 되는 것이다.'

이 무시무시한 협박에 전 세계 국가들은 숨을 죽였다. 미국은 136년 동안 멀리 떨어진 하와이에 단 한 번의 공격을 받은 걸 제외하면 자기 영토에서 전쟁을 한 적이 없었다. 그런 미국이 몇 천 명의 민간인이 죽은 사건을 계기로 전 세계에 선전포고를 한 것이다. 미국의 영원한 동맹국인 영국을 시작으로 한국을 비롯한 40여 개 나라가 그 협박에 못 이겨 아프가니스탄에 군대를 보냈다.

미국은 국내에서도 테러 대책을 전담하는 '국토안전부'와 애국자 법이라고 부르는 '테러 대책 법'을 만들었다. 법원의 허가 없이도 민간인을 도청할 수 있고, 재판 없이도 사람을 감옥에 가둘 수 있는 법이었다. 이 법으로 수천 명의 아랍계 미국인 이슬람교도는 졸지에 체포되어 감옥으로 끌려갔다. 아프가니스탄에서 전투 중에 잡힌 포로는 물론, 세계 곳곳에서 테러 용의자라는 명분으로 체포된 수많은 이슬람교도는 미국 영토 밖의 쿠바 관타나모 해병대 기지의 수용소로 끌려갔다. 그들은 제네바 협정에 따른 군사 재판은 물론 미국 법에 따른 재판도 받지 못했고 생사를 확인할 수도 없었다.

관타나모 해병대 기지의 수용소에서 이슬람 포로를 학대하는 동영상 장면. 이곳은 쿠바 남동쪽 끝부분에 위치한 관타나모 만의 미국령 해군기지에 있는 악명 높은 수용소로, '테러와의 전쟁'을 치르면서 '가장 처참한 인권 유린이 일어나는 비밀 감옥'으로 알려졌다.

관타나모로 끌려간 사람들이 당한 고문과 비인도적 행위에 대한 증거가 알려지기 시작했다. 어떤 이슬람교도는 벌거벗긴 채 개줄에 묶여 여군에게 끌려다니기도 했고, 어떤 이들은 서로의 항문을 핥아야만 했다. 이런 증거들이 기사와 동영상으로 퍼지면서 전 세계는 미국을 향해 비난의 화살을 보냈다.

아프가니스탄에 주둔한 연합군은 아프가니스탄 전사들의 게릴라전에 휘말려 허우적거렸고, 세계 곳곳에서 터지는 테러 공격에 못 이겨 점차적으로 군대를 철수했다. 이제 아프가니스탄에는 일부의 미군만 남아 있다.

2011년 5월 미군 특공대 네이비 실은 파키스탄으로 침투해 국경 근처 마을의 은신처에 숨어 있던 오사마 빈 라덴을 잡았다. 그리고 그 자리에서 죽인 뒤 바다에 던져 버렸다. 이 긴 전쟁 동안 미군과 연합군은 2,300여 명이 죽었고, 1조 3,000억 달러(약 1,500조 원)를 퍼부었다. 아프가니스탄 피해자는 2만여 명이지만, 대부분 민간인이다. 2011년 12월, 미국은 전쟁이 끝났음을 선언했지만, 아직도 전쟁은 계속되고 있다.

그러나 2003년 아프가니스탄을 성공적으로 점령했다고 착각한 미군은 다시 이라크로 눈길을 돌려 전쟁을 선포했다.

미군의 폭격으로 사망한 아프가니스탄 주민들. 미군에 의해 죽은 사람들은 저항군보다 일반 주민들이 더 많다.

제가 여러분이 죽이려는 바로 그 아이입니다

- 샬럿 앨더브런

2002년 10월 26일, 미국 메인 주에서 열린 평화행진에서

이라크전쟁으로 죽어가는 자식을 끌어안고 오열하는 어머니.

아프가니스탄을 침공했던 조지 부시 미국 대통령은 불과 1년만에 이라크로 공격의 화살을 돌렸다. 그러자 유엔을 비롯한 국제기구에서는 전쟁의 정당성을 따지는 논란이 빌어졌지만, 미국은 허위 정보를 만들어 침략의 정당성을 내세우며 야욕을 숨기지 않았다.

전 세계에서는 미국을 규탄하는 시민들의 시위가 이어졌다. 미국 내에서도 예외는 아니었다. 영화배우, 정치인, 학자 등 수많은 사람들이 전쟁 반대 메시지를 발표했지만, 사람들의 마음을 사로잡은 것은 13살짜리 여자 아이의 호소였다.

"제가 여러분이 죽이려는 바로 그 아이입니다. 저를 죽이고 싶으세요?"

사람들은 이라크 폭격이라고 하면, 군복을 입은 사담 후세인이나 검은 콧수염을 기른 군인들이 총을 들고 있는 모습, 또는 알라시드 호텔 로비 바닥에 '범죄자'라는 글씨와 함께 새겨진 조지 허버트 워커 부시 전 대통령의 얼굴을 떠올립니다. 하지만 이 사실을 아시나요? 2,400만 명의 이라크 주민 중에서 절반 이상이 채 열다섯 살도 안 된 아이들이라는 걸 말이에요. 그렇습니다. 아이들이 1,200만 명이나 된답니다. 바로 저와 같은 아이들이죠. 저는 열세 살이니까 어떤 아이들은 저보다 나이가 좀 많거나 훨씬 어릴 수도 있겠네요. 또는 남자 아이거나 저처럼 붉은 머리가 아닌 갈색 머리일 수도 있겠죠. 하지만 그들은 저처럼 그냥 아이일 뿐입니다. 저를 한번 찬찬히 보세요. 여러분이 이라크 폭격을 생각할 때, 머릿속에 바로 제 모습이 떠올라야 합니다.

저는 여러분이 죽이려는 바로 그 아이입니다.

1991년 2월 16일, 바그다드의 공습 대피소에 숨어 있던 300명의 아이들은 여러분이 떨어뜨린 '스마트 폭탄'으로 그 자리에서 죽었습니다. 저도 그렇게 죽는다면 그건 운이 좋은 편일 겁니다. 그 폭발로 인해 엄청난 불길이 일어났고 벽에 몰려 있던 아이들과 어머니들은 형체도 없이 타 버렸습니다. 어쩌면 여러분은 승리를 기념하기 위해서 콘크리트 더미에 붙어 있는 시커먼 살 조각을 떼어 낼지도 모르겠습니다.

스마트 폭탄

1991년 걸프전쟁에서 대활약한 폭탄이다. 일반적인 폭탄에 레이저 장치를 포함한 유도 장치를 단 폭탄으로, 목표물을 한 번에 정확하게 제거한다.

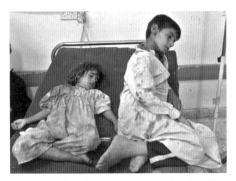

이라크전쟁에서 희생당한 어린이들. 미국의 의약품 수입 금지 조치로, 이 아이들은 속절없이 죽어갔다.

하지만 제가 운이 없다면 바로 열네 살짜리 알리 파이잘처럼 천천히 죽게 되겠죠. 그 아이는 이 순간 바그다드 어린이병원에 있는 '죽음의 병실'에 누워 있습니다. 알리는 걸프전에서 사용한 열화우라늄탄이라는 것 때문에 악성 림프종이라는 암에 걸렸습니다.

18개월 된 무스타파처럼 죽어갈 수도 있을 겁니다. 그 아이는 '모래파리'라는 기생충이 내장을 갉아먹는 병에 걸렸지만 손도 못 쓰고 고통스럽게 죽어 가고 있습니다. 믿기 어렵겠지만, 무스타파는 단돈 25달러밖에 안 되는 약만 있으면 완전히 나을 수 있다고 합니다. 하지만 여러분이 이라크를 봉쇄하는 바람에 그 약이 없답니다.

아니면 저는 죽지 않고, 살만 모하메드처럼 겉으로는 보이지 않는 심리적 상처를 안고 살아갈지도 모릅니다. 1991년 여러분이 이라크를 폭격했을 때, 살만은 여동생과 함께 간신히 살아남았지만 아직도 그 공포에서 벗어나지 못하고 있습니다. 살만의 아버지는 같이 살든지 아니면 같이 죽자면서 온 가족이 한 방에서 자자고 했답니다. 살만은 아직도 공습 경보가 울리는 악몽을 꾸고 있다고 합니다.

아니면 저는 알리처럼 고아가 되었을 겁니다. 그 아이는 세 살 때 걸프전에서 여러분의 손에 아버지를 잃었습니다. 알리는 3년 동안 매일같이 아버지 무덤에 덮인 먼지를 쓸며 아버지를 찾았습니다. "아빠, 이제

괜찮아요. 이제 나오세요. 아빠를 여기에 묻은 사람들은 다 가 버렸어
요."라고 말하면서 말이죠. 하지만 알리는 틀렸습니다. 그 사람들이 다
시 돌아올 것 같으니까요.

아니면 루아이 마예드처럼 걸프전이 벌어져서 학교에 가지 않아도 되
고 늦잠을 자도 된다며 좋아할지도 모릅니다. 하지만 루아이는 지금 학
교에 가지도 못하고 길에서 신문을 팔면서 살아가고 있습니다.

이 아이들이 바로 여러분의 아이이거나 조카이거나 이웃집 아이라고
생각해 보세요. 여러분의 아들이 사지가 잘려서 고통 속에 몸부림치고
있는데 그 고통을 덜어 줄 수도 없고 편안하게 해 줄 수도 없다고 생각
해 보세요. 여러분의 딸이 무너진 건물 더미에 깔려서 울부짖고 있는데
구해 줄 수 없다고 생각해 보세요. 여러분의 아이가 여러분이 죽는 모습
을 눈앞에서 본 뒤, 굶주린 채로 거리의 여기저기를 외롭게 떠돌아다닌
다고 생각해 보세요.

이건 액션 영화도, 공상 영화도, 비디오 게임도 아닙니다. 바로 이라
크 아이들의 현실입니다. 최근에 한 국제 조사단이 이라크를 찾아가서
전쟁이 벌어질 가능성에 대해 아이들은 어떤 생각을 하고 있는지 알아
보았습니다. 그들이 만난 아이들 중 절반은 이제 더 이상 살 수 없을 거
라고 말했답니다. 아주 어린애들도 전쟁이 어떤 건지 알고 있으며 두려
워한다고 합니다.

다섯 살짜리 아셈에게 물었더니 "전쟁은 총과 폭탄 같은 것이고, 너무
춥거나 덥다가 불에 타서 죽는 거예요."라고 말했답니다. 열 살인 아에
사는 부시 대통령에게 이렇게 전해달라고 했습니다. "수많은 이라크 아

이들이 죽을 거예요. 텔레비전을 통해 그걸 보면 후회할 거예요."

　제가 초등학생일 때, 다른 아이들과 문제가 생기면 때리거나 욕하지 말고 '그 애가 나'라는 입장에서 말해 보라고 배웠습니다. 그 애가 '나'라고 생각해 보면, 자기 행동 때문에 상대방이 어떤 기분이 들었는지 이해할 수 있고 내 행동을 멈출 수 있기 때문입니다. 여러분, 지금 그게 '나'라고 생각해 보세요. 그게 '우리'가 될 수도 있습니다. 지금 뭔가 끔찍한 일이 벌어지는 걸 속수무책으로 기다리고 있는 이라크의 모든 아이들이 '우리'라고 말이에요. 세계의 다른 아이들처럼 '우리'는 아무것도 결정할 수 없지만, 그 결과로 인해 고통받아야 합니다. 지금 '우리'의 목소리는 너무 작고 너무 멀리 떨어져 있어서 잘 들리지 않습니다.

　우리는 우리가 내일도 살아남을 수 있을지 모를 때 두렵습니다.

　우리는 사람들이 우리를 죽이려 하거나 다치게 하거나 미래를 빼앗아 가려 할 때 화가 납니다.

　우리가 바라는 것이 내일도 그저 엄마와 아빠가 곁에 있는 것이기 때문에 슬픕니다.

　마지막으로, 우리는 스스로 뭘 잘못했는지도 모르기 때문에 혼란스럽습니다.

2002년 런던에서 벌어진 이라크전쟁 반대 시위. 이라크전쟁은 이미 시작 전부터 아무런 명분 없는 침략 전쟁이었다.

두 번의 이라크 전쟁

1991년 '사막의 폭풍 작전'에서 이라크군을 공격하기 위해 출격한 미군 F16 전투기들.

1차 이라크전쟁(걸프전)의 비밀

이 전쟁은 상대의 미사일을 요격하는 패트리어트 미사일, 레이더망에 잡히지 않는 스텔스 폭격기 등 그동안 개발만 해 놓고 실전에서 사용하지 못하고 있던 최첨단 무기의 실험장이었다. 다국적군은 378명의 전사자를 내는 데 그친 반면, 이에 대항한 이라크군은 42개 사단 중 41개 사단이 무너졌고, 약 20만 명의 사망자를 낸 끝에 졌다.

미군이 사용한 포탄 껍데기에는 '염화우라늄'이라는 방사능 물질이 있어 그 침투력이 대단했다. 지금도 쿠웨이트와 이라크 국경 여기저기에 널브러져 있는 파편들은 그곳 주민들의 생명을 위협하고 있다.

1991년 걸프전 승리 후 미국은 후세인을 내버려 두며 이중적인 태도를 취했다. 그 당시 미군이 그대로 바그다드까지 진격하여 이라크 정권을 바꾸어 버리는 것은 그다지 어려운 일이 아니었지만, 아버지 부시(조지 허버트 워커 부시) 대통령은 오히려 그들의 운명은 그들 스스로 해결하라고 말했다. 남부의 쿠르드족은 그것을 '정권에 대항하여 봉기하라'는 뜻으로 받아들였다. 그리고 1991년 4월 이를 행동에 옮기면서, 이라크에 주둔 중이던 미군의 도움을 기대했다. 그러나 결과는 정반대였다. 미군은 지원은커녕 봉기군이 탈취하려 했던 이라크군의 후방 병기 창고에서 무기를 모두 빼돌려 버렸다. 게다가 당시는 미군이 이라크 공군의 비행을 금지하고 있었음에도 불구하고, 반군을 공격할 수 있도록 이라크군의 무장 헬기 투입까지 허락했다. 훗날 이라크군이 쿠르드족에게 독가스를 사용하도록 방관했음을 밝혀 주는 새로운 문서들도 발견되었다.

미국 정부는 이 전쟁을 치르면서 여론을 조작하기 위해 어떠한 속임수도 마다하지 않았다. 텔레비전으로 공습 장면을 생중계하고, 바그다드 폭격으로 방공호 속의 민간인 수백 명이 죽자, 그 벙커가 군사기지였다고 거짓말도 했다.

당시 미국 법무장관 램지 클라크는 이 '사막의 폭풍 작전'에 대해 이렇게 말했다.

"걸프전쟁은 쿠웨이트의 주권 회복이 아니라, 페르시아 만에 대한 미국의 지배권을 유지하고 그 지역의 풍부한 석유 자원을 확보하기 위해 일으킨 것이다."

걸프전쟁에서 미국은 국제법을 어기고 이라크의 교량과 발전소, 급수 시설 등을 파괴했다. 그로 인해 전쟁이 끝난 뒤 무더위가 지속된 몇 달 동안 50만 명에 이르는 사람들이 전염병으로 죽었다. 또한 1991년부터 2003년까지 미국은 유엔을 압박해 이라크를 완전히 봉쇄하고 의약품 수입까지 막았다. 유엔 추산에 따르면 이 제재로 50만 명의 어린이와 노인, 병자가 죽었다고 한다.

당시 미국 국무부 장관이었던 매들린 올브라이트는 1996년 한 인터뷰에서 이 희생자 수에 대해 "그것은 '힘든 결정'이었지만 그 정도의 희생을 치를 가치는 있다고 생각한다."고 말했다.

본격적인 전쟁을 시작하다

- 조지 워커 부시

2003년 3월 19일, 백악관에서

2003년 미국과 영국군의 공습에 절규하는 바그다드의 한 가족.

미국이 이라크를 침략한 공식적인 이유는 '이라크 정부는 알 카에다와 내통했으며, 세균 폭탄이나 독가스는 물론 핵무기와 같이 대량으로 살상할 수 있는 무기를 가지고 있다'는 것이었다.

미국은 이미 1991년 아버지 부시(조지 허버트 워커 부시) 대통령이 이라크를 침략했고, '이라크 내의 모든 무기를 사찰한다'는 조건으로 이라크의 항복을 받아들인 적이 있다. 그 후 미국은 이라크를 철저히 봉쇄하고 식량 수입을 위한 일정 양의 석유 수출만 허용한 채 의약품 거래를 막았다. 1998년 이라크의 독재자 사담 후세인은 자국 경제가 파탄에 이르자, 봉쇄를 풀기 전에는 더 이상 미국의 무기 사찰에 협조할 수 없다고 선언했다. 4년이 지난 2002년에 미국은 이라크를 군사 공격으로 위협하며 압박했고, 이라크는 이에 다시 굴복해 무기 사찰을 받아들였다. 그러나 대량 살상 무기는 발견되지 않았다.

미국은 이 결과를 받아들이지 않고, '숨겨 놓은 것이 분명하니 직접 찾아야 한다'면서 2003년 3월 침략을 단행했다.

이라크 침공 준비가 한창이던 2003년 1월 3일 텍사스 미군기지를 찾아 병사들을 선동하는 부시 대통령.

  친애하는 국민 여러분, 지금 이 시각 미국과 국제연합군 (유엔군)은 이라크 국민을 해방하고 세계를 심각한 위협으로부터 지키기 위해 이라크를 무장 해제시키는 군사 작전에 돌입했습니다.

연합군은 제 명령에 따라 사담 후세인의 전쟁 수행 능력을 무너뜨리기 위해 이라크의 주요 군사 시설 중 선택한 목표물에 대해 공습을 시작했습니다. 이 공습은 광범위한 연합 작전의 시작에 불과합니다. 이번 작전에 전 세계 35개국이 해군 기지와 공군 기지를 제공하거나, 정보와 물자를 지원하고, 전투 부대의 배치를 허용하는 등 중요한 도움을 주었습

니다. 이 전쟁에 동참하는 모든 국가는 함께 책임을 지고 공동 방위에 참여하는 명예를 누리기로 결정했습니다.

중동에 있는 모든 미군에게 말합니다. 어려움에 부닥친 세계 평화와 압제에 시달리는 이라크 민중의 희망은 이제 여러분의 어깨에 달려 있습니다. 저는 믿습니다. 여러분이 마주칠 적들은 여러분의 능력과 용맹을 깨닫게 될 것이고, 여러분이 해방시킬 이라크 국민은 명예롭고 훌륭한 미군의 정신을 직접 보게 될 것입니다. 이 전쟁에서 미국은 전쟁 협약이나 도덕률은 안중에도 없는 적들과 맞닥뜨릴 것입니다. 후세인은 군 병력과 시설을 민간 지역에 배치함으로써 여자와 어린이 등 무고한 민간인을 인간 방패로 사용하려 하고 있습니다. 이는 후세인이 국민에게 저지르는 마지막 잔학 행위가 될 것입니다.

연합군은 이번 전쟁으로 민간인이 피해를 입지 않도록 모든 수단을 동원하겠다고 미국과 전 세계에 알립니다. 캘리포니아 주 정도의 크기인 이라크에 대한 전쟁은 예상보다 어렵고 길어질 수도 있습니다. 그리고 이라크 국민이 단합되고 안정된 자유 국가를 재건하기 위해서는 우리의 도움이 계속 필요할 것입니다.

우리는 훌륭한 문명과 종교적 신념을 지닌 이라크 국민에 대해 존경심을 가지고 여기에 왔습니다. 위협을 없애고 이라크 국민의 손에 권력을 돌려주는 것 외에 우리에게 다른 야망은 없습니다.

모든 장병의 가족이 하루 빨리 장병들이 무사한 몸으로 돌아오기를

기도하고 있다는 것을 압니다. 수많은 미국인도 그들이 안전하기를, 또 무고한 민간인이 안전하기를 함께 기도하고 있습니다.

사랑하는 이들을 전장으로 떠나보낸 당신들의 희생에 모든 미국인은 경의를 표합니다. 우리 장병들은 임무를 마치는 대로 곧 무사히 귀환할 것입니다.

미국은 어쩔 수 없이 이 전쟁에 뛰어들었지만 목표는 분명합니다. 미국 국민과 동맹국들은 대량 살상 무기로 평화를 위협하는 무법 정권을 내버려 두지 않을 것입니다.

우리는 이제 우리의 육·해·공군과 해병대를 총동원해 그 위협에 맞섬으로써, 이후 이 나라의 거리에서 소방관과 경찰과 의사들이 이들에 맞서 싸울 일이 없도록 할 것입니다.

일단 전쟁이 시작된 만큼 전쟁 기간을 줄이기 위해서는 단호한 공격만이 있을 뿐입니다. 또한 단언컨대, 이번 전쟁을 적당히 끝내지는 않을 것이며 오직 승리만이 있을 것입니다.

친애하는 국민 여러분, 미국과 세계가 처한 위협은 곧 극복될 것입니다. 이 위기의 시기를 극복하고 곧 평화의 과업을 달성할 것입니다. 우리는 우리의 자유를 수호하고 다른 이들에게도 자유를 가져다줄 것입니다. 우리는 승리할 것입니다.

우리의 조국과 조국을 수호하는 모든 이들에게 신의 가호가 있기를!

전쟁의 목적은 무엇이었나

　미국과 영국을 비롯한 연합군의 이라크 침공은 아프가니스탄전쟁과는 달라도 많이 다르다. 아프가니스탄의 경우 미국은 본토 중심부에 직접 테러 공격을 받았고, 그 공격 세력인 오사마 빈 라덴과 알 카에다가 아프가니스탄에 머물고 있다는 증거가 있었다. 그러나 이라크의 경우 알 카에다가 관련되어 있다는 증거도, 대량 살상 무기가 있다는 증거도, 설사 있더라도 그것이 서구를 겨냥하고 있다는 증거도 없었다.

　이미 1991년 아버지 부시가 이라크를 짓밟은 이래 유엔의 무기 사찰단이 이라크를 계속 조사해 왔고, 사찰단장 한스 브릭스는 공개적으로 "그런 무기를 찾지 못했고, 비밀리에 개발하려 한다는 계획도 찾지 못했다."고 공개적으로 밝혔다. 그에 따라 이 전쟁 계획은 유엔총회와 안전보장이사회에서도 승인을 받지 못했다. 전 세계에서는 죄 없는 이라크 민간인을 희생시킬 전쟁에 반대하는 시위가 번지고 있었다. 이 전쟁의 목적은 '이라크의 석유를 노리는 서구의 자본과 결탁한 부시 일가의 욕심'이라는 분석이 쏟아져 나왔다.

　그러나 미국은 기어코 이라크에 발을 들여놓았다. 그리고 20여 일만인 5월 1일 부시 대통령은 '점령 완수'를 선언하고 이라크에 꼭두각시 정권을 세웠다. 그러나 그것은 시작에 불과했다. 이 전쟁은 무려 9년을 더 끌어 2011년 12월에야 오바마 대통령이 전쟁 종료를 선언했다. 그러나 오바마의 선언도 말뿐으로, 지금도 전투는 계속되고 있다.

거짓말을 명분으로 삼지 마라

– 오사마 빈 라덴
2004년 10월 29일, 인터넷 동영상으로 올린 연설

　미국은 아프가니스탄에서 시작해서 이라크까지의 전쟁에서 대성공을 거둔 듯했다. 미국의 부시 대통령은 의기양양했고, 2004년 대통령 선거에서 거뜬히 재당선되어 다시 한 번 미군 최고 사령관의 자리를 지켰다.

　그러나 시간이 흐르면서 이라크와 아프가니스탄은 물론 세계 곳곳에서 미국은 궁지로 몰렸다. 이라크에서는 백악관이 주장하던 대량 살상 무기가 발견되지 않았다. 세계는 물론 미국인조차 전쟁의 이유가 무엇인지 의문을 던지기 시작했다. 미국은 미국식 민주주의 선거를 통해 친미 정권을 새로 구성한다는 목

알 카에다 지도자, 오사마 빈 라덴.

표를 세웠지만, 이라크와 아프가니스탄 국민의 선택은 미국의 의도와는 달랐다.

　그때 미국의 딱한 처지를 조롱하듯, 알 카에다 지도자 오사마 빈 라덴의 연설 동영상이 인터넷에 떠돌기 시작했다. 미국의 지도부가 아닌 시민을 향한 그 연설은 결코 인정하기 싫지만 인정할 수밖에 없는 내용으로 가득 차 있었다.

 알라를 찬양하라. 알라께서는 이 세상을 창조하셨고, 그의 창조물들에게 정의를 수호하라 명하셨으며, 불의를 당한 사람들이 압제자들에게 똑같은 방식으로 보복하는 것을 허락하셨다.

알라의 가르침을 따르는 자에게 평화가 있을지어다. 미국인들이여, 오늘 나는 그대들에게 또 다른 맨해튼 사태를 막기 위한 최상의 방법은 무엇인지, 또 이 전쟁의 원인과 결과에 대해 말하고자 한다.

먼저, 나는 안전이 인간의 삶에서 필수 불가결한 것이며, 자유인은 안전할 권리를 빼앗겨서는 안 된다고 믿는다. 우리가 자유를 증오한다는 부시의 주장은 사실이 아니다. 우리가 자유를 증오한다면 왜 스웨덴 같은 나라를 목표로 삼지 않았는가를 설명해 보라. 자유를 증오하는 자들은 맨해튼을 공격한 열아홉 명의 영웅적인 전사들과 같은 저항 정신을 가질 수 없다. 그들에게 알라의 가호가 있기를.

자유로운 인간은 억압을 당한 채 편히 잠잘 수 없기에 우리는 싸운다. 우리는 우리의 조국에 자유가 회복되기를 바란다. 당신들이 우리의 조국을 파괴했듯이 우리도 당신들의 조국을 파괴할 것이다.

타인의 안전을 가지고 장난치고도 자기는 안전할 거라고 믿는 자는 멍청한 도둑놈일 뿐이다. 생각이 있는 사람은 재난이 닥치면 또 다른 재난을 막기 위해 가장 먼저 그 원인을 찾는다.

하지만 난 당신들에게 놀랄 뿐이다. 9월 11일의 사건이 있은 지 벌써 4년이 지났지만, 부시는 아직도 진정한 원인을 당신들에게 숨기려고 왜

곡하며 기만하고 있다. 따라서 과거의 일이 반복될 수밖에 없는 이유가 남아 있는 셈이다. 따라서 난 당신들에게 그 사태 뒤에 숨은 이야기와 그런 결정이 내려진 순간에 대해 진실을 말하고자 한다. 잘 듣고 생각해 주길 바란다.

알라가 아시듯 우리는 원래 그 빌딩들을 공격할 생각이 없었다. 하지만 미국과 이스라엘 연합군이 팔레스타인과 레바논의 우리 동포들에게 가한 독재와 억압의 참상을 보고, 나는 참을 수가 없어 그 생각을 떠올렸다.

내 영혼에 직접 영향을 미친 사건들은 1982년 미국이 이스라엘의 레바논 무력 침공을 허락하고, 미 제6함대가 이스라엘군을 실어 나르는 것에서 시작되었다. 폭격이 시작되자 수많은 사람들이 죽거나 다쳤고 살아남은 이들은 공포에 떨면서 집 없이 떠돌게 되었다.

그 장면들은 평생 잊을 수 없을 것이다. 잘린 팔다리와 피, 곳곳에 쓰러져 있던 어린이와 여자들. 안에 사람들이 있던 집들이 파괴되고 고층 건물은 사람들의 머리 위로 무너져 내렸다. 가정집에까지 로켓포가 비처럼 쏟아져 내렸다.

마치 아이가 악어와 마주쳐 비명을 지를 뿐 아무것도 할 수 없는 상황 같았다. 악어가 폭력 대신 대화라는 것을 알까? 전 세계가 이 광경을 보고 들었지만 아무도 반응하지 않았다. 이 어려운 시기에 내 영혼에서는 표현하기 어려운 생각들이 들끓었다. 그리고 독재에 대한 강렬한 저항심과 압제자를 응징해야 한다는 결심을 하게 됐다.

나는 레바논의 무너진 건물들을 보면서, 압제자들도 똑같은 식으로

1982년 이스라엘은 레바논에서 활동하는 팔레스타인 게릴라를 소탕한다는 명목으로 레바논을 침공하여 수도 베이루트까지 점령했다. 이 작전에서 미군은 적극적으로 이스라엘을 도왔다.

처벌해야 한다는 생각을 떠올렸다. 미국의 건물을 파괴해서 우리가 맛본 것을 저들도 똑같이 맛보게 하고, 다시는 우리 아이들과 여자들을 죽이지 못하게 하리라. 그날 죄 없는 남의 나라 여자와 아이들을 죽이고 억압하는 것이 계획적인 미국의 정책이라는 것이 확인되었다. 그들은 자신들의 파괴는 자유와 민주주의이고, 우리의 저항은 테러리즘과 불관용이라 한다.

아버지 부시는 이라크에 억압과 봉쇄 조치로 인류 역사상 최악의 아동 학살을 저질렀고, 그 아들 부시 역시 이라크에서 수백만 톤의 폭탄을 수백만 명의 어린이들에게 퍼부었다. 이 모든 것은 늙은 대리인을 새로운 꼭두각시로 바꾸어 앉혀 놓고 이라크의 석유를 계속해서 빼돌리며 폭력을 저지르고자 함이었다.

이런 상황들이 배경이 되어 커다란 불의에 대한 반작용으로 9·11 사태가 일어난 것이다. 왜 누가 자신의 성지를 지킨다는 이유로 비난받아야 하는가? 스스로를 지키기 위해 침략자에게 똑같은 방식으로 응징하는 것이 왜 테러리즘으로 비난받아야 하는가? 만약 그렇다면 우리로서는 할 수 없다.

이것이 9·11 이전에 몇 년 동안 당신들에게 말로 또 행동으로 계속 전달하려고 했던 메시지다. 1996년 타임지의 스콧, 1997년 CNN의 피터 아넷, 1998년 존 와이너와의 인터뷰를 보면 이를 알 수 있을 것이다.

케냐, 탄자니아, 아덴에서는 이러한 메시지를 행동으로

알 카에다가 케냐, 탄자니아, 아덴에서 미 대사관과 미군 함정을 공격한 사건을 말한다.

보여 주었다. 압둘 바리 아트완이나 로버트 피스크와의 인터뷰에서도 마찬가지다. 로버트 피스크는 당신들의 동포이며 기독교인이지만, 나는 그가 중립적이라고 믿는다. 백악관에서 자유의 수호자인 척하는 자들과 그들이 통제하는 언론들은 로버트 피크스의 목소리를 들으려 해 보았는가? 우리가 왜 당신들과 싸우고 있는지 그를 통해 미국인에게 전달할 기회를 주었는가?

만약 당신들이 그 이유를 듣고 막으려 했다면, 올바른 길을 찾아 미국을 9·11 사태 이전 누렸던 안전을 향한 길로 이끌었을 것이다. 이것이 바로 전쟁의 원인이었다.

어쨌든 결과는 알라의 은총으로 엄청났고, 모든 기준에서 기대를 훨씬 뛰어넘었다. 그 공격을 하게 된 데는 많은 요인들이 있지만 그중에서 가장 큰 것은 부시 행정부와는 도저히 협상을 할 수가 없었다는 것이다. 이슬람 국가들 중 반은 군사 정권에 지배를 받고 있고, 나머지는 제 아비들에게 국왕이나 대통령 자리를 물려받은 아들들이 지배하고 있다. 그런 점에서 부시 행정부는 그들의 통치체제와 아주 닮았다.

우리는 이미 오랫동안 그들을 겪어 보았다. 그 정권들은 우월감과 자만심, 탐욕과 남용으로 가득 찬 자들로 가득하다. 미국과 이들 정권의 닮은꼴은 아버지 부시가 중동 지방을 수차례 방문하면서 시작되었다.

한때는 미국에 현혹되어 아버지 부시의 방문이 이슬람 국가들에 변화를 가져오리라 기대한 이슬람 동포도 있었다. 하지만 아버지 부시는 오히려 중동의 왕족과 군사 정권에 영향을 받아, 그들이 수십 년간 자리를

차지하고 나랏돈을 아무런 감시 없이 마음대로 쓴다는 사실에 시기하기 시작했다.

그래서 아버지 부시는 아들에게 권력을 물려주기로 하고 자유를 억압하는 독재를 택했다. 또 '테러와의 전쟁'이라는 명분으로 애국 법을 만들었으며, 아들들을 주지사 자리에 앉혔다. 한편으로는 중동에서 각종 불법 선거 조작 기술을 플로리다로 수입하여 권력이 위태로운 시기에 쓰도록 하는 것도 잊지 않았다.

그 덕택에 우리는 부시 현 정부가 쉽게 도발이라는 미끼를 물게 할 수 있었다. 그저 이슬람 전사 두 명을 동쪽 끝으로 보내 알 카에다라고 써진 깃대를 흔들기만 하면, 미국의 장군들이 즉시 쫓아왔다. 그 결과적으로 미국은 아무런 성과 없이 정치, 경제 및 인명 피해만 겪고 있으며, 그저 몇몇 이익을 쫓는 기업들만 이득을 볼 뿐이다.

미 대통령 조지 부시(시니어)의 두 아들 조지 부시(주니어)와 젭 부시는 아버지의 후광으로 각각 텍사스와 플로리다에서 주지사를 지냈다. 특히 젭 부시는 형 조지 부시(주니어)의 대통령 선거 당시 승부가 엇갈릴 수 있는 플로리다의 주지사로서 부정 선거 시비를 일으키며 형의 대통령 당선에 결정적 역할을 했다.

우리는 이미 이슬람 전사들과 함께 게릴라 전술로 지루한 소모전을 펼쳐 10년 동안 최강 러시아를 괴롭힌 경험이 있다. 그들은 피를 흘리다가 패배하여 철군할 수밖에 없었으며, 결국 나라는 파산하고 말았다. 알라를 찬양하라. 우리는 미국이 파산할 때까지 계속 피를 흘리게 하는 정책을 계속할 것이다. 알라의 뜻대로. 알라는 위대하다.

알 카에다가 백악관에 있는 미국 정부와 싸워 이겼다는 사람도 있고, 미국 정부가 이 전쟁에서 패배했다고 하는 사람도 있다. 하지만 그것은 정확한 표현이 아니다. 결과를 잘 살펴보면 이렇게 훌륭한 성과를 거둔

데는 알 카에다 외에도 다른 요인이 있기 때문이다.

　백악관은 전선을 확장해 무기, 석유, 재건 사업 등 여러 분야의 산업체들이 돈벌이를 할 수 있도록 정책을 폈고, 그 때문에 알 카에다가 이처럼 굉장한 성과를 거둘 수 있었다.

　그러다 보니 정치 분석가와 외교관들 중에는 백악관과 알 카에다가 그 의도는 달라도 미국의 경제적 목표를 위해 한 팀이 되어 일하는 것 같다고 말하는 사람들도 있다. 영국의 외교관 같은 사람들은 왕립 국제 문제 연구소의 강의를 통해 비슷한 지적을 한 바 있다. 예를 들어 알 카에다는 9·11 사태에 50만 달러를 썼지만, 미국은 그 사건과 이후 후속 조치들로 인해 지금까지 최소 5,000억 달러를 썼다는 것이다.

　이 말은 알라의 뜻에 따른 알 카에다의 1달러가 적의 100만 달러를 물리치고 있으며, 게다가 엄청난 실업까지 일으킨다는 의미를 담고 있다. 미국의 경제 적자는 천문학적인 기록을 세우며 총 1조 달러를 넘어선 것으로 추정되고 있다.

　미국인에게 더욱 위험하고 쓰라린 것은 최근 부시가 아프가니스탄과 이라크에서 전쟁을 계속하기 위해 긴급 예산을 편성할 수밖에 없었다는 것이다. 이는 알라의 뜻에 따라 파산할 때까지 피를 흘리게 할 것이라는 우리의 작전이 성공을 거두고 있다는 증거다.

　이는 알 카에다가 많은 것을 얻었다는 것을 보여 주지만, 동시에 부시 정부도 얻은 것이 있음을 보여 준다. 부시 정부와 긴밀한 관계를 맺고 있는 핼리버튼 같은 대기업들이 정

핼리버튼
조지 부시 대통령 정권에서 부통령을 지냈던 딕 체니가 5년간 경영했던 세계적인 석유 가스 기업이다. 핼리버튼은 쿠바 관타나모에 포로 수용소를 짓고, 이라크 석유 시설 복구 사업을 독점하는 등 많은 돈을 벌어들였다.

아프가니스탄 저항군의 매복에 당한 미군들. 미국은 베트남전 이후 스스로 벌인 전쟁의 수렁에 빠져 허우적거리고 있다.

부와 맺은 수상쩍은 계약의 규모만 봐도 누구나 알 수 있는 일이다. 결국 진정한 패배자는 바로 당신들, 미국 국민이다.

가장 큰 패배는 미국 국민과 그들의 경제에 있다. 분명히 말해 두는데, '부시와 그의 정부가 알아차리지 못하도록 20분 만에 9·11 작전을 모두 마쳐야 한다'고 총사령관 무하마드 아타 장군과 합의를 했었다.

우리는 미국 군대의 총사령관이 그를 가장 필요로 하던 바로 그 순간에 쌍둥이 빌딩에 있던 5만 명의 사람들을 그 참상 속에 내버려 둘 것이라고는 상상도 못했다. 하지만 미군 통수권자는 비행기가 초고층 건물

을 들이받는 사태에 대처하기는커녕 어린 소녀와 염소가 머리를 들이
받은 얘기나 하면서 노닥거리고 있었다. 그 덕분에 우리는 예상보다 세
배나 더 되는 작전 수행 시간을 얻을 수 있었다. 알라를 찬양하라.

이미 전쟁 전에 미국인들 중 생각과 지각이 있는 사람들이 부시에게
경고했다는 것은 당신들도 다 아는 사실이다. 그들은 미국인에게 '안전
을 보장하는 게 목표라면, 실제로 있을지도 모를 대량 학살 무기를 제거
하는 게 목표라면, 그것은 가능하다. 전 세계 모든 국가가 무기 사찰을
도울 것이다. 그러나 미국은 국익을 위해 결과가 불투명하고 정당화될
수도 없는 전쟁에 빠져들지 않는 것이 좋을 것이다'라고 경고했다.

하지만 검은 황금(석유) 빛깔은 부시의 눈과 통찰력을 흐려 놓았고, 그
는 국가의 이익보다 자신의 이익을 우선시했다. 결국 전쟁은 시작되었
고 사상자가 발생하고 미국 경제는 피를 흘리기 시작했다. 그러나 부시
는 아직도 자신의 앞날을 위협하는 '이라크'라는 늪에 빠져 허우적거리
고 있다. 그의 모습은 마치 '발굽으로 땅을 파헤쳐 땅에 묻힌 칼을 끄집
어내는 망측한 암염소'와 같다.

미국인들에게 고한다. 지금까지 1만 5,000명의 이슬람교도가 죽고
수만 명이 다쳤다. 또한 1,000명이 넘는 미국인이 죽고, 1만 명이 넘는
미국인이 다쳤다. 부시의 손을 물들이고 있는 양측의 피는 모두 석유를
노린 사기업의 욕심 때문이다. 명심하라. 미국은 돈 때문에 한 명의 시
민을 죽인 힘없는 사람은 처벌하지만, 돈 때문에 1,000명이 넘는 당신
들의 아들을 죽이는 권력자는 내버려 두는 사회라는 것을.

당신들의 동맹국들이 팔레스타인에서 하는 짓도 마찬가지다. 그들은 어린이와 여자들을 공포에 떨게 하고, 집에서 가족과 함께 자고 있는 남자들을 잡아가고 죽인다. 모든 행동에는 반작용이 따르게 마련이라는 것을 기억하라.

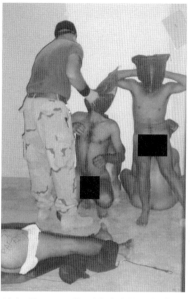

마지막으로 당신들은 9월 11일, 절망의 손짓을 하며 당신들 곁을 떠난 수천 명의 사람들이 남긴 것을 돌이켜봐야 한다. 그들이 남긴 것은 아주 중요하며 곰곰 생각해 보아야 할 것이다.

내가 읽어 본 것들 중 중요한 몇 곳에서는 빌딩이 무너지기 직전 사람들의 몸짓을 이렇게 말하고 있다. '백악관이 약자를 상대로 아무런 통제도 없이 공격적인 정책을 쓰도록 내버려

아라크군 포로 고문. 이슬람에서는 알몸을 보이는 것이 최대의 수치다. 아프가니스탄과 이라크에서 보여 준 미군의 모습은 '자유의 수호자'가 아니었다.

둔 것이 우리의 커다란 실수다.' 이들은 당신들 미국 국민들에게 다음과 같이 말하고 있는 것이다. '우리의 목숨을 앗아간 근본 원인을 제공한 사람에게 그 책임을 물어야 한다. 타인의 실수에서 배우는 자는 복이 있을지어다.'

이들의 몸짓에 담겨 있던 짧은 말은 다음과도 같다. '불의는 결국 불의를 저지른 민족을 쫓아온다. 독재는 얼마나 위험한가!'

'한 움큼의 예방약이 한 보따리의 치료약보다 낫다'는 속담이 있다. '잘못을 고집하는 것보다 진실로 돌아가는 것이 낫다'는 말을 기억하라.

현명한 사람이라면 백악관에 있는 위선자를 위해 자신의 안전과 재산, 그리고 자식들을 함부로 희생하지 않을 것이다.

마지막으로 미국인들에게 진심으로 고한다. 당신들의 안전은 케리나 부시, 또는 우리 알 카에다의 손에 달린 것도 아니다. 당신들의 안전은 바로 당신들 자신의 손에 달려 있다. 이슬람 세계의 안전을 가지고 함부로 장난치지 않는 모든 국가는 자동적으로 안전을 보장받을 것이다.

알라는 우리를 보호하고 돕는 위대한 분이시다. 당신들에게는 그런 분도 없다. 알라를 따르는 자에게 평화가 있을지어다.

2011년 9월 30일 월가에 모여든 '점령하라' 시위대. 오사마 빈 라덴은 2011년 5월 2일 미군 특공대에 의해 사살되었다. 그러나 불과 3개월 후에 경제 위기에 몰린 99퍼센트의 미국인들은 1퍼센트의 가진 자들에 대항하는 시위에 나선다. 그의 분석과 예언은 정확히 맞았던 것이다.

전 세계가 경악한 9·11의 진실

경제가 침체에 빠지면 전쟁이 돌파구 노릇을 한다는 말이 있다. 전쟁 물자 생산을 위해 전 사회가 온 힘을 다해 침체에서 벗어나기 위해 노력하기 때문이다. 하지만 여기에는 두 가지 전제 조건이 필요하다. 첫째, 전쟁으로 얻는 경제적 대가가 있을 것. 둘째, 전쟁 물자 생산에 대다수 국민이 참여해 그 대가를 나눌 수 있을 것.

미국이 아프가니스탄과 이라크에서 벌인 전쟁에서 위의 첫째 조건은 어느 정도 충족되었다. 석유와 석유 수송로를 확보한 것이다. 하지만 둘째 조건은 없었다. 미국 정부는 달러화를 마구 찍어 내 전쟁 비용을 댔지만, 전쟁에 쓰이는 무기와 군수품은 대부분 특정 회사와 특정 자본의 것이었다. 경제적 이익은 특정 집단만 본 셈이었다. 확보된 석유도 몇몇 회사의 잇속을 채우는 데 그쳤다.

전쟁이라는 특수 상황 때문에 모든 것은 비밀리에 결정되고, 권력자와 자본 사이에서는 검은 거래도 이루어진다. 이 검은 돈은 은행과 금융 회사들의 통장으로 들어간다. 금융 회사들은 각종 금융 상품을 개발해 세계 금융 시장에 팔고, 일반 국민을 유혹해 부동산 개발을 부추긴다. 그리고 국민이 감당할 수 있는 최대한의 이자를 다 받아 낸다. 그러나 이런 악순환으로 부풀려진 풍선은 결국 터지기 마련이고, 제국은 몰락하기 시작한다.

오사마 빈 라덴이 이 연설을 한 지 4년이 지난 뒤, 실제로 미국에서 그런 일이 일어났다. 터진 곳은 '리먼 브라더스'라는 엉뚱한 금융 회사였지만, 그 영향은 전 세계로 퍼져 나갔다. 미국의 99퍼센트 국민은 이에 항의했다.

  오사마 빈 라덴은 2011년 미군 특수부대에 의해 사살되었다. 그러나 아프가니스탄전쟁은 아직 끝나지 않았다. 그러면 이 전쟁의 승자는 누구일까? 미국일까? 오사마 빈 라덴일까? 분명한 것은 99퍼센트의 미국 국민은 아니라는 점이다.

  이 전쟁으로 인해 9년 동안 미군과 연합군 4,800여 명이 죽었으며, 미국은 전비로 8,000억 달러(940조 원)를 퍼부었다. 이라크인은 11만여 명이 죽었지만 대부분 민간인이다. 당시 부시를 보좌하던 측근들과 유엔 관계자들은 전쟁을 벌인 모든 이유가 근거 없이 조작된 거짓이라고 증언했다. 그리고 거짓된 미국을 바꾸겠다며 부시의 뒤를 이어 대통령이 된 버락 오바마는 2011년 12월 14일 전쟁 종료를 선언하며 미군 장병에게 이렇게 말했다.

  "당신들의 희생으로 이라크 국민은 스스로의 운명을 개척할 기회를 맞았다. 미국은 과거의 어떤 제국과 달리 영토와 자원을 위해서가 아니라, 그것이 옳기 때문에 전쟁을 치렀다."

  그러나 부시와 오바마 등 전쟁을 저지르고 이끌었던 일부의 미국인을 제외하면, 전 세계 어느 누구도 이 말을 인정하지 않는다. 이 전쟁은 거짓말을 명분으로 삼아 노골적으로 석유라는 자원과 중동에서의 영향력을 노린 '가장 추악한 전쟁'으로 기록되었다.

  오바마의 전쟁 종료 선언에도 불구하고 이 전쟁은 아직도 끝나지 않았다. 이라크 국민과 이슬람 전사들은 아직도 이라크 국내와 세계 곳곳에서 미국을 공격하고 있다.

내가 파병을 반대하는 이유

- 리영희
2003년 3월 28일, 대한민국 여의도 국회 앞

부시 미국 대통령은 테러와 의 전쟁을 선포하면서 "우리 편에 서지 않는 국가는 테러리스트 편이 되는 것이다."라고 선언하고 아프가니스탄을 침공했다. 자신감을 얻은 미국은 2003년 3월 영국, 오스트레일리아군과 함께 이라크 공격을 시작했고 추가로 세계 각국에 동참할 것을 압박했다. 더욱이 참여하지 않는 나라에게는 석

사회 각계 인사들과 이라크 파병 반대 집회에 나선 리영희 선생(좌측에서 두 번째).

유 시설 등 이라크 재건 사업에 끼어들 수 없다는 엄포까지 놓자 하나 둘 군대를 보내기 시작했다.

전쟁이 한창 진행 중인 3월 28일. 우리나라의 노무현 정부 역시 국회에서 파병 동의안을 통과시키려 했다.

당시 양심적 지성인의 상징이었던 리영희 교수는 국회 앞 파병 반대 집회에서 '내가 파병에 반대하는 이유'라는 연설을 했다.

평화 국가의 위상이 위기에 처해 있는 이 시각, 며칠 동안 계속 민주주의의 승리를 위해 싸우고 있는 여러분에게 경의를 표합니다. 나는 모처럼 갖지 못했던 귀중한 이 기회에 노무현 대통령과 박관용 국회의장과 여야 국회의원들에게 경고하고, 아울러 간곡히 부탁하겠습니다. 대한민국 군대를 이라크에 절대 보내지 말아야 할 이유를 분명하게 알아야 합니다. 대통령과 정치인들은 분명히 다음과 같은 사실을 인식하고 행동해야 합니다.

첫째, 그동안 미국이 이라크 공격을 정당화·합법화하려고 선전한 사항이 모두 거짓임이 드러났습니다. 이라크에서는 '대량 살상 무기'도 발견되지 않았고, 화학 무기와 그 밖에 유엔 안전보장이사회가 결정하고 제재를 가할 만한, 미국의 주장을 뒷받침할 만한 아무런 근거도 발견되지 않았습니다.

둘째, 따라서 유엔 안전보장이사회에서 미국의 거짓된 주장과 요구를 몇 달에 걸쳐 심의한 결과도, 그리고 현지에 파견된 조사단의 철저한 조사 결과도 아무런 증거를 발견하지 못한 이번 전쟁은 침략 전쟁을 구성하게 되는 것입니다. 제2차 세계대전 이후 세계 국가들의 행농 규정을 결정한 유엔 안전보장이사회, 유엔 헌장, 이 모든 것을 미국은 위반하고 있습니다. 미국의 이라크 군사 공격은 명백한 침략 전쟁입니다.

또 파병은 대한민국 헌법의 근간이 되는 유엔 헌장 정신에 위배되는 것입니다. 우리 헌법은 국제 관계에서 국제 행동은 유엔 헌장 정신에 입각해야 한다는 것을 분명하게 밝히고 있습니다. 또 우리 헌법에는 침략

전쟁을 부정하는 명백한 조항이 있습니다. 파병은 이것에 대한 위반입니다. 대한민국이 유엔의 결정에 의해 탄생한 국가인 만큼 유엔 정신과 유엔 안전보장이사회의 행동 결의가 없는 미국의 불법적 전쟁 행위에 군대를 파병하는 것은 유엔 헌장 위반이며, 대한민국의 법적 뒷받침이 되고 있는 기반을 파괴하는 겁니다. 따라서 노 대통령과 국회의장, 여야 국회의원들은 분명히 대한민국의 헌법이 정한 바에 따라서 행동해야 할 것이며, 대한민국 헌법을 위반하는 것은 국가와 국민의 대표임을 스스로 부정하는 것으로 간주해야 합니다.

넷째, 우리 대통령과 국회의원들, 그리고 파병 지지 세력들은 파병이 한미 동맹 관계에 바탕하는 것이라 말합니다. '대한민국과 미합중국 간의 상호방위조약'은 1954년 발효된 것으로, 이 방위조약에는 분명하게 군사 행동에 대한 제한이 있습니다. 단순하게 동맹이라 해서 모든 군사 행동이 허용되는 것이 아닙니다. 여러분이 대학생이나 그 연배 분들인 것 같아서 대한민국의 군사 행동에 관한 한미방위조약에 관한 강의를 할까 합니다. '대한민국과 미합중국 간의 상호방위조약'은 그 전문에서 상호 군사 행동을 분명하게 제한하고 있습니다.

우리가 알아야 할 것은 두 가지입니다. 한국이 미국을 도와도, 미국이 한국을 도와도, 그것은 외부의 무력 공격이 있어야만 정당화됩니다. 또한 그 지역은 태평양 지역에만 해당하는 것입니다.

노 대통령과 국회의원들은 분명하게 외쳐야 합니다. 외부로부터의 명백한 군사 행동이 없었는데도 대한민국이 한미방위조약에 입각했다고 착각하고 미국의 군사 공격에 지지를 보낸다면 한미방위조약에 위배되

는 것입니다. 그리고 한미방위조약은 평화적 수단에 의해서 해결하게 돼 있습니다. 우리가 무슨 평화적 수단을 다했습니까?

또 국제 관계에서 유엔에 배치되는 방법으로 무력 위협이나 무력 공격을 삼가한다고 돼 있습니다. 따라서 유엔에 위배되는 이라크 공격은 한미방위조약에도 위배되는 것입니다.

지금 이라크가 무력 공격을 해 왔습니까? 이라크 국민이 한국 국민에게 손가락질 한번 한 일이 있습니까? 이라크가 아시아에 있습니까? 극동 지역에 있습니까? 이라크가 선제공격을 했습니까?

그렇다면 우리 대한민국은 미국의 군사 공격을 지지할 이유가 하등 없습니다. 노무현 대통령과 박관용 국회의장과 여야 국회의원들은 이제 미국과의 동맹 관계라는 허황된 논리로 파병을 결정하려 하는 이유를 국민에게 설명해야 합니다.

다섯째, 여러분은 젊어서 베트남전쟁 당시 상황을 잘 모를 겁니다. 대한민국 군인 35만 명이 베트남에 갔고 상시적으로 5만 명이 주둔해 있었습니다. 대한민국 군대가 미국을 지원하기 위해 베트남에 갈 때도 한미방위조약에 근거해 간 것이 아닙니다. 미국은 이 조약에 근거해 대한민국 군대를 베트남까지 끌고 갈 근거가 없었습니다. 그래서 어떤 형식을 취했냐 하면 남베트남 정부로 하여금 대한민국에 독자적으로 군대 파병을 요청하게 하는 군색한 방식을 썼습니다. 미국의 요청으로 베트남에 간 것이 아니라고 주장하는 멍청한 한국 사람들이 많은데, 한국이 미국 요청 없이 자발적으로 갔다고 하는 엉터리들이 있는데, 미국은 한미방위조약에 근거가 없으니까 남베트남 정부가 한국에 요청하도록 한

것일 뿐입니다. 아주 교활하고 못된 방법을 쓴 것입니다.

여섯째, 그렇다면 동맹 국가는 다른 동맹 국가의 전쟁에 무조건 참전해야 하는가? 베트남전쟁 때 영국은 군대를 포함해 아무것도 보내지 않았습니다. 그런데 미국이 하도 요청하니까 급기야 의장대 여섯 명을 보냈습니다. 사이공 공항에 의장대를 세워 놓고 마치 영국이 미국을 돕기 위해 참전한 것인 양 쇼를 한 겁니다. 영국이야말로 제2차 세계대전 이후 멸망할 것을 마셜 플랜을 비롯한 미국의 원조로 살아난 나라입니다. 미국과 같은 앵글로색슨 핏줄인 영국은 우리나라보다도 더욱 대대적으로 미국의 베트남전을 지원해야 했습니다. 그러나 의장대 여섯 명만을 보냈다는 사실은 굉장히 인상적이지 않습니까?

일곱째, 국가 이익은 중요합니다. 그러나 국가 이익을 획득하는 방법은 도덕적이어야 합니다. 살인·강도의 방법으로, 남의 나라를 침범하고 남의 선량한 국민들을 해치면서 돈을 벌고, 시장을 개척하고, 석유 이권을 챙기는 것을 원하는 극우 반공주의 세력이 있습니다. 그러나 돈을 벌더라도 남을 해치지 않고 도덕적으로 해야 합니다. 강도, 살인, 절도, 강간, 파괴, 방화, 이런 방법으로 번 돈이 얼마나 유익하고 국가 이익에 도움이 된단 말입니까?

여덟째, 노무현 대통령은 북한 핵 문제를 평화적으로 풀기 위해 전략적으로 미국을 지지했다고 고통스럽게 말했습니다. 그러나 한반도 전쟁 위기를 해결하고 북한에 대한 미국의 군사 위협을 해소하기 위해 전쟁을 지지했다면 이것이야말로 한심한 작태입니다.

미국이라는 나라, 특히 부시를 비롯한 공화당 세력에게는 미국의 이

익이 행동 규범입니다. '동맹 국가의 희망이 무엇인가' 하는 것은 부시 정권의 고려 사항에 들어가지 않습니다. 한국 정부가 아양과 아첨을 떤 다고 부시 정부가 전쟁을 하지 않는다고 생각한다면 착각도 이만저만한 착각이 아닙니다. 미국은 오로지 미국의, 부시 정권의 철학과 정책과 이 익만을 위해 행동하는 집단입니다.

아홉째, 한국 국민은 민주화 운동 과정을 거쳐 높은 민주 의식과 도덕 성을 갖췄습니다. 세계인들의 존경을 얻기 위해서는 파병하지 말아야 합니다. 한국은 이제 자주적이어야 합니다.

열째, 대한민국의 전투병을 이라크 포로수용소 경비병으로 보내 달라 는 요구가 있었습니다. 이 포로수용소 경비병이야말로 훗날 전범 재판 에 회부될 가장 위험한 직책입니다. 제2차 세계대전 때 일본이 연합군 병사들을 포로수용소에 가두었고 조선인들은 경비병 노릇을 했습니다. 전쟁이 끝난 뒤 이 가련한 조선인들이 일본의 앞잡이로 몰려서 전범 재 판에 회부되어 사형당했습니다. 포로수용소 경비는 1급 전범입니다. 아 무런 죄가 없다고 생각하면 안 됩니다.

열한째, 우리가 왜 12억 아랍 인구를 적으로 만들어야 합니까? 그럴 이유가 무엇이 있습니까? 나라의 적을 새로 만들어서 국세 외교에 지장 을 입을 이유가 없습니다.

열두째, 국내 반공 수구 세력, 미국의 말이라면 뭐든지 무조건 따르는 일부 수구 세력을 그대로 두어서는 안 됩니다.

열셋째, 노 대통령 자신이 취임 전과 취임 후에 미국에 대해서 할 말 은 한다, 대한민국은 앞으로 미국과의 관계에서 자주적인 태도를 가지

겠다고 해서 여러분은 아마 이 정권에게 표를 찍었을 것입니다. 그런데 지금 이게 미국에 대해서 할 말을 하는 노 대통령의 모습입니까? 이것은 자기 자신을 배신하고 대한민국 국민을 배신하고 국가 위신을 떨어뜨리는 일입니다.

열넷째, 이번에 파병하고, 미국이 하라는 대로 하게 되면 우리 국민은 미국에 더욱 예속될 겁니다. 그렇지 않아도 대한민국은 미국의 보호국처럼 취급받아 왔는데, 이번 파병은 이런 상황을 심화시킬 겁니다.

끝으로, 미국의 이라크 침공을 지지해 놓고 미국의 한반도 정책과 대북 적대 정책에 무슨 근거로 대항할 수 있습니까? 미국은 우리의 요구와는 반대로 행동할 겁니다.

노무현 대통령에게 묻겠습니다. 이러한 상황에도 미국의 이라크 침략 전쟁을 지지하고 군대를 파병해야 할 비밀 협약이 있는가? 한미방위조약 외에 그것을 백지화하는 미국과의 비밀 조약이 있는가? 그렇다면 우리 헌법과 한미방위조약에 근거해 마땅히 그것을 무효화해야 합니다. 그리고 국민에게 그 사실을 밝혀야 합니다. 국민은 알 권리가 있습니다.

이라크전쟁과 우리나라의 미묘한 관계

심장부에서 테러를 당한 미국은 테러와의 전쟁을 선언하며 세계를 협박했다. 세계 각국은 납작 엎드려 서슬 퍼런 미국의 눈치를 보지 않을 수 없었다. 유엔에서도 미국의 주장이 일사천리로 통과되어, 아프가니스탄 공격을 인정하지 않을 수 없었다. 9·11 테러가 일어난 지 한 달이 지난 2001년 10월, 드디어 미국은 아프가니스탄에 발을 들여놓았다. 그 후 한 달만에 미국은 전쟁이 끝났다고 선언하고 친미 임시정부를 세웠다.

한국도 미국의 요청과 협박에 못 이겨 2002년 2월부터 아프가니스탄에 군대를 보냈다. 하지만 당시 노무현 대통령은 실질적 전쟁이 끝났다는 이유로 의료(동의부대)와 건설(다산부대)을 지원하는 군대만 보냈다. 그러나 전쟁은 끝난 것이 아니었다. 아프가니스탄에 발을 들여놓은 외국군은 곳곳에서 저항 세력의 반격에 허우적거리다가 차례차례 그곳을 떠났다.

한국 역시 예외는 아니었다. 2007년 한국 기독교 선교단이 이슬람 국가인 아프가니스탄을 찾았다가 저항 세력에게 납치되어 두 명이 살해되는 사건이 일어났다. 한국은 군대를 철수하겠다는 약속을 하고 인질을 찾은 뒤 그곳에서 물러났다.

이라크전쟁에도 노무현 정부는 2003년 국내의 반대 여론을 무릅쓰고 군대를 보냈다. 이번에는 문제가 있었다. 미국은 그곳에 위험한 무기가 있을 거라며 이라크를 침공했지만 아무것도 찾지 못했고, 그것은 미국이 이라크의 석유를 노린 전쟁이었다는 것을 아마 모르는 이가 없을 것이다. 유엔의 동의도 받지 못한 명백한 침략 전쟁이었기에 세계 각국도 이 전쟁에 발을 담그기를 꺼려 했다. 그리고 이라크가 미군에 점령된 후 각종 조사에서도 이 전쟁은 전혀 명분이 없는 것으로 결론을 내렸다.

한국은 한국군 철수를 요구하는 저항 세력에게 한국인 근로자가 체포되어 목이 잘리는 처형을 당한 후에도, 2004년 해병대와 특전사 특공부대원을 대규모로 파견했고, 이명박 정권이 들어서서도 추가 파병이 이어지고 있다.

이라크에 파병돼 작전 중인 자이툰 부대. 이 부대는 특전사령부와 해병대 병력으로 이라크인들을 상대로 경비와 전투 작전을 수행한다.

당시의 노무현 대통령은 취임 후 '일방적으로 미국에 끌려다니지 않겠다'고 선언했지만, 대한민국 역사상 처음으로 미국의 불법적 침략 전쟁에 가담한 전쟁 범죄를 저지른 셈이다.

2004년 10월 이라크에 파견된 한국군 자이툰 부대를 방문한 럼스펠드 미국 국방장관. 이 전쟁에서 한국군은 세 번째로 규모가 큰 부대다.

한국군의 이라크 파병을 결정한 노무현 대통령도 2004년 12월 자이툰 부대를 찾았다.

비극을 국민 화합으로 승화시키다

– 옌스 스톨텐베르그

2011년 7월 24일, 노르웨이 오슬로 시청 앞

오슬로의 하늘에 폭탄 연기가 뒤덮히고 있다.

2011년 7월 22일 오후 3시 30분, 노르웨이의 수도 오슬로에 있는 정부 청사 앞에서 차량에 실린 폭탄이 터지면서 일곱 명이 죽고 열다섯 명이 부상당하는 등 폭탄 테러가 발생했다.

그로부터 2시간 후인 오후 5시 30분경, 오슬로 폭탄 테러에 관한 뉴스로 사람들이 혼란스러워하고 있을 때 오슬로에서 북서쪽으로 약 35킬로미터 떨어져 있는 우토야 섬에서 또다시 테러가 발생했다. 당시 우토야 섬에서는 노동당이 주관한 청소년 캠프가 진행 중이었다. 이 캠프에 경찰 복장을 한 백인 남자 한 명이 나타나 청소년들을 향해 총을 난사하기 시작했다. 그 남자는 1시간 30분 동안 무려 70명 이상을 죽이는 학살극을 벌였다.

두 테러 사건의 범인은 백인 기독교인으로 같은 인물이었다. 범인은 노르웨이의 집권 노동당이 아랍인을 대거 받아들이는 이민 정책을 펼친 탓에 노르웨이가 잘못되어 가고 있다면서, 테러를 저질렀다고 말했다. 노르웨이는 충격에 빠졌고 사람들은 당혹스러워했다.

이틀 뒤인 2011년 7월 24일 저녁 무렵, 오슬로 시청 앞 광장에 20만 명의 추모객이 모여들었다. 그리고 노르웨이 국민과 지도자들은 이 국가적인 비극을 오히려 국민 화합으로 승화시키는 지혜로움을 보여 주었다. 당시 노르웨이 옌스 스톨텐베르그 총리는 다음과 같이 연설했다.

노르웨이 사람들이 테러로 숨진 이들을 위해 꽃을 들고 행진하며 추모했다.

국왕 폐하, 에스킬 페데르센 노동당 청년조직 대표님, 그리고 여러분!

우토야 섬과 수도 오슬로에서 노르웨이가 제2차 세계대전 이후 최악의 참사를 맞은 지 이틀이 되어 갑니다. 마치 영원한 시간처럼 느껴집니다. 지난 시간 동안 우리의 밤낮은 충격과 절망, 분노와 통곡으로 채워졌습니다.

오늘은 추도하는 날입니다. 오늘 우리는 잠시 스스로를 멈추고 죽은 이들을 기억하며 더 이상 우리 곁에 있지 않은 그들을 추모할 것입니다.

92명이 목숨을 잃었습니다. 몇몇 사람들은 여전히 실종 상태입니다. 이들의 죽음 하나하나는 모두 비극입니다. 이들이 모여 국가적인 비극이 됐습니다. 우리는 아직도 이번 비극이 얼마나 더 있는지 파악하기 위해 노력하고 있습니다. 우리 중 많은 이들이 목숨을 잃은 사람들을 알고 있습니다. 간접적으로 아는 이들은 더 많을 것입니다. 저도 몇몇을 알고 있습니다.

그중 한 명은 모니카입니다. 그는 노동당 청년조직 건물이 있는 우토야 섬에서 20년 정도 일했습니다. 우리에게 우토야 섬은 곧 그를 의미했습니다. 그러나 지금 그는 죽었습니다. 전국에서 모인 젊은이들의 안전을 보장해 주고 보살피다가 총에 맞아 목숨을 잃었습니다. 그의 딸 빅토리아와 헬렌, 남편 존은 오늘 드람멘 교회에 있습니다. 이게 얼마나 부당한 일입니까. 이 점을 아시기 바랍니다. 우리도 당신들과 함께 울고 있다는 것을 말입니다.

또 다른 이는 토어 아이클란드입니다. 그는 호르달란 주의 노동당 청년조직의 지도자였고 가장 주목받는 젊은 정치인 중 하나였습니다. 저는 그가 지난 노동당 전국대회에서 유럽연합의 우편 시장 완전 개방안에 대한 감동적인 반대 연설로 논쟁에서 승리하며 박수갈채를 받았던 것을 기억합니다. 지금 그는 죽었습니다. 영원히 떠났습니다. 이해할 수 없는 일입니다.

이들이 우리가 잃은 사람 중 두 명입니다. 우토야 섬과 정부 청사 건물에서는 더 많은 이들을 잃었습니다. 우리는 곧 그들의 이름을 알게 될 것이고 사진도 보게 될 것입니다. 그리고 이번 악행의 공포스러운 전모가 드러날 것입니다.

이는 새로운 시련이 될 것입니다. 그러나 우리는 이를 이겨 내야 합니다. 이 비극의 한가운데에서, 저는 위기의 상황에서도 고개를 떨구고 의기소침해하지 않는 나라에 살고 있다는 것이 자랑스럽습니다. 저는 사람들을 만나며 그들의 존엄성과 동정심, 결의에 감명받았습니다.

우리는 작은 나라이지만 자랑스러운 사람들이 있습니다. 우리는 아직 충격에서 벗어나지 못했지만 우리의 가치를 포기하지 않을 것입니다. 테러에 대한 우리의 대답은 더 많은 민주주의와 더 많은 개방성, 더 많은 인간애입니다. 출신지에 따른 차별이 절대 아닙니다.

노동당 청소년 캠프에 참석했던 한 소녀가 미국 CNN 방송과의 인터뷰에서 한 말이 있습니다.

"만약 한 사람이 그렇게 많은 증오를 만들어 낼 수 있다면, 우리 모두가 만들어 낼 수 있는 사랑은 얼마나 클지 상상해 보세요."

마지막으로 저는 사랑하는 사람을 잃은 유가족들에게 말하고 싶습니다. 저와 모든 노르웨이 국민이 깊이 공감하고 있다는 것을 말입니다. 이뿐만이 아닙니다. 전 세계가 여러분의 슬픔을 함께 나누고 있습니다. 버락 오바마 미국 대통령, 블라디미르 푸틴 러시아 총리, 프레드릭 라인펠트 스웨덴 총리, 앙겔라 메르켈 독일 총리, 데이비드 캐머런 영국 총리, 드미트리 메드베데프 러시아 대통령 등 많은 세계 정상들이 전해 온 위로의 뜻을 그대로 전달합니다.

이것이 여러분이 잃은 것을 대신할 수는 없습니다. 사랑했던 사람들을 다시 되돌려 놓을 수 있는 방법은 없습니다. 하지만 우리 모두는 인생이 가장 어두운 고비를 맞을 때 도움과 위안을 필요로 합니다. 지금 여러분의 삶은 가장 어두운 고비를 맞고 있습니다. 우리가 함께할 것임을 여러분은 알기 바랍니다.

노동당 청소년 캠프가 있는 이 아름다운 섬에 사람들은 희생자를 위한 꽃을 바쳤다. 범인은 외국인 대신 외국인 포용정책을 펴고 있는 진보 정당을 공격했다.

테러에 대한 또 다른 대응

이 사건이 일어난 직후 32세의 아네르스 베링 브레이비크라는 백인 남성이 체포되었다. 노르웨이 경찰 당국은 브레이비크가 극우주의적인 반이슬람주의자라고 발표했다. 브레이비크는 1,518쪽 짜리 '유럽 독립선언서'라는 글을 인터넷에 올려 '아랍권 이민자들을 몰아내고 순수한 백인 국가를 세워야 한다'고 주장했다는 것이다. 그는 이스라엘이나 한국, 일본, 중국처럼 단일 민족 국가를 칭찬하며, 블라디미르 푸틴 러시아 총리, 교황, 아소 다로 전 일본 총리와 함께 이명박 대통령을 만나 보고 싶다고 했다.

브레이비크가 정부 청사와 노동당 청소년 캠프를 노린 것도 진보적이고 개방적인 노동당 정권에 대한 적대감 때문이었다. 그는 법원 재판 과정에서도 자신의 행동은 아랍계 이민자들을 받아들여 백인 사회를 더럽히는 국가 반역자에 대항하기 위한 방어 차원의 공격이었다며, 자신은 훈장을 받아야 한다고 주장하기도 했다. 게르만족의 순수 혈통을 내세웠던 히틀러를 따르기 시작한 신나치주의자들의 등장 이래로 최악의 극우주의 괴물이 등장한 것이다.

신나치주의(네오나치즘)
1950년대부터 서독에서 일어난 우익 운동 및 그 사상을 뜻한다. 이는 세계 각국으로 퍼졌으며, 종종 과격 행위를 통해 인종 차별과 잘못된 애국심을 드러내기도 한다.

서구 사회에서 인종 차별은 그리 낯선 일이 아니다. 백인들은 자신들의 필요에 따라서 과거에는 흑인 노예를 들여왔고, 현재에는 천한 일에 필요한 값싼 노동력을 아프리카나 중동의 아랍계 이민자들로 채우고 있다. 그들은 불법 체류자의 신분에서 출발해서, 공식적으로는 보이지 않는 국

브레이비크가 테러에 앞서 인터넷에 올린 선언문과 사진.

민처럼 살아왔다. 그러나 그들의 수가 무시하지 못할 정도로 늘고 이슬람 문화를 고집하며 살자, 사회적 문제로 떠오르기 시작했다.

유럽에서는 경제가 어려움에 처하는 순간마다 이슬람 이민자들에 대한 공격이 되살아났다. 1990년대에 동독이 서독으로 흡수되면서 일시적으로 독일 경제가 어려워지자, 독일에서는 신나치주의자들이 등장하여 아랍계 이민자들을 공격하기 시작해서, 지금 유럽에는 아랍계 주민의 이민을 제한하고, 이민자들에 대해 불이익을 주어야 한다는 극우파 정당들이 활개를 치고 있다.

2001년 미국에서 9·11 테러가 일어나자, 아랍계 주민에 대한 공격은 절정에 이르렀다. 유럽으로 온 불법 체류자들의 후손으로 태어난 아랍계 2세들은 이러한 공격과 차별에 반격을 가하기도 했다. 이들은 이슬람교에 새롭게 눈을 뜨고 백인 사회를 공격하는 테러에 나서기도 했다. 그리고 다시 백인들은 이들을 공격했다. 그 결정판이 노르웨이 테러 사건인 것이다. 이 사건은 아랍계 이민자들을 직접 공격한 것이 아니라, 아랍계 이민자와 문화를 끌어안는 정책을 펴온 진보적 노동당 정권을 공격한 것이다. 민간인 사이에서 일어나는 충돌이 아니라 정치권을 공격했다는 의미에서 그만큼 더 치명적이다.

이 사건에서 노르웨이 국민과 정치권은 차별이 아니라, 더 넓게 끌어안고 더욱 화합하자고 대답했다. 테러에 대한 무차별 공격으로 증오심을 불러일으킨 미국의 태도와 뜻 깊은 차이를 보여 준다.

2

환경

우리를 둘러싼 세계

– 레이첼 카슨
1954년, 여성 언론인 모임에서

미국은 대농장을 관리하기 위해 비행기로 하늘에서 농약을 뿌린다.

1950년대 중반 미국 산림청은 나무의 새순을 갉아먹는 벌레들을 없애기 위해 서부에 있는 산림 지역에 어마어마한 양의 농약을 비행기로 뿌렸다. 그러자 애벌레들은 순식간에 사라졌다. 하지만 그다음 해에는 벌레를 먹고 사는 새들의 노랫소리가 사라졌고 산과 들이 황폐해졌으며 갑자기 아픈 사람들도 생겨났다.

환경 운동가이자 작가인 레이첼 카슨은 인간의 이기심으로 자연이 망가지는 것을 걱정하며 글을 통해 끊임없는 경고를 보냈다. 그녀가 쓴 『침묵의 봄』은 1964년에 출간되자마자 미국을 엄청난 충격으로 몰아넣었다. 그 충격으로 환경은 개발 대상에서 보호 대상으로 바뀌었고, 최초로 환경 운동이라는 말이 생겨났다.

사람들이 환경에 대해 신경조차 쓰지 않고 있었던 1954년, 여성 언론인 1,000여 명이 모인 자리에서 자그맣고 조용한 여인, 레이첼 카슨은 과학에 중독되어 자연을 파괴하는 사람들에게 다음과 같은 경고를 보냈다.

제가 말씀드렸다시피, 저는 인생의 대부분을 우리를 둘러 싸고 있는 지구의 아름다움과 신비, 그리고 한층 더 신비로운 생명체의 비밀을 찾는 데 바쳤습니다. 이런 생활을 하다 보면 누구든지 종종 답할 수 없는 의문에 부딪혀 깊게 생각하게 되고 일종의 철학자가 됩니다.

지구와 그 생명체에 대한 과학을 다루는 사람들에게 특징이 하나 있다면, 그것은 싫증을 내지 않는다는 것입니다. 아니, 사실 그럴 수가 없습니다. 항상 새로운 것에 부딪히기 때문입니다. 하나의 신비를 풀면 항상 더 큰 신비가 모습을 드러냅니다.

스웨덴 출신의 훌륭한 해양학자인 오토 페테르손이 떠오릅니다. 몇 해 전 93세로 세상을 떠나신 그분은 정신력이 대단했습니다. 그분의 아들 역시 뛰어난 해양학자로, 자기 아버지가 새로운 발견과 경험을 얼마나 진심으로 즐겼는지에 대해 최근 한 책에 이렇게 써 놓았습니다.

"그분은 못 말리는 낭만주의자로, 자신은 생명과 우주의 신비를 풀기 위해 태어났다고 진심으로 믿으며 거기에 푹 빠져 살았다."

페테르손은 90세가 되자 자연을 찾아다니는 일을 얼마 더 못하게 되리라는 걸 깨닫고 아들에게 이렇게 말했답니다.

"마지막 순간까지 나를 지탱해 주는 것은 다음에는 무엇이 나올까 하는 호기심이란다."

자연 세계와 접하며 얻는 기쁨과 가치는 과학자들만 누리는 특권이 아닙니다. 외로운 산봉우리나 바다, 또는 조용한 숲을 즐기고 영향을 받

으려는 사람 누구나 할 수 있습니다. 혹은 발걸음을 멈추고 작은 씨앗이 자라나는 신비를 생각할 줄 아는 사람도 마찬가지입니다.

개인이건 사회건 자연의 아름다움은 정신적 성장을 하는 데 없어서는 안 되는 것이라고 저는 믿습니다. 이런 말을 한다고, 오늘 이 자리에서 저를 감상주의자라고 해도 좋습니다. 우리가 자연을 파괴하거나 자연적인 것을 인공적인 것으로 바꾸려 할 때마다 우리는 인간의 정신적 발전을 가로막는 것입니다.

인간의 정신이 자연과 자연의 아름다움을 좋아한다는 것은 그 뿌리가 깊고, 또한 논리적으로도 당연한 것입니다. 인간인 우리는 생명체라는 커다란 흐름의 일부일 뿐입니다. 인류가 등장한 것은 아마도 백만 년 전쯤 될 것입니다. 그러나 스스로 움직이거나 자신과 주변 환경을 구분할 줄 아는 신비로운 생명 그 자체는 수억 년 전에 탄생했습니다. 그래서 생명은 주위의 바위나 진흙과 구분됩니다. 이 생명은 자신의 일부를 다른 생명체에 전해 주어 흐름을 만듭니다. 그때부터 생명은 자신을 발전시키거나 맞서 싸우면서 주변 환경에 적응하고 수많은 형태로 진화해 왔습니다. 그러나 생명체의 원형질은 공기나 물, 바위 등과 같은 원소로 구성되어 있습니다. 여기에 신비로운 생명의 불꽃이 더해진 것입니다. 우리의 뿌리는 자연입니다. 그래서 우리의 저 깊숙한 곳에서부터 자연계에 반응하는 것입니다. 그게 우리 인간성의 일부이기 때문입니다.

제가 오늘 밤 왜 이런 주제에 대해 말하려는 것일까요? 그저 하루 저녁을 즐기기에는 너무 심각한 주제인데 말인데요. 그 이유는 우선 여러

분께서 저 자신에 대한 이야기를 듣고 싶다고 하셨기 때문입니다. 제 이야기를 하자면 제가 마음속 깊이 믿고 있는 것을 말하지 않을 도리가 없답니다.

또한 이렇게 많은 여성분들께 이런 얘기를 할 수 있는 자리가 그리 흔치 않기 때문이기도 합니다. 여성은 자연의 아름다움이 긴장을 늦춰 주는 치료 효과가 있다는 것을 알아야 합니다. 그러나 오늘날 세계는 그것을 파괴하려 합니다. 여성은 직관적으로 그걸 압니다. 자기 아이들이 육체뿐만 아니라 심리적·정신적으로도 건강하기를 바라기 때문입니다. 저는 오늘 이 점을 강조하고 싶습니다. 여러분이 언론인이든 선생님이든 도서관 사서이든 그냥 가정주부이자 어머니이든, 이 점을 깨달으면 도움이 될 것이라고 생각하기 때문입니다.

제가 말하는 그 파괴의 위협은 무엇일까요? 자연의 아름다움을 파괴하고 사람이 만들어 낸 추한 것들로 바꿔서 위험천만한 인공의 세계로 가려고 한다는 게 무슨 말일까요? 불행하게도 이 주제와 관련해서는 몇 날 며칠을 밤새 이야기해도 부족할 것입니다. 그래서 오늘 제게 주어진 이 짧은 시간 동안에는 그 경향에 대해 말씀드리는 것으로 그쳐야 할 것 같습니다.

작게는 우리 사이에서, 크게는 국가적 차원에서 찾아볼 수 있습니다. 도시를 벗어나면 개발이라는 명목 아래 수많은 곳에서 자연의 아름다움과 인간의 개성이 함께 파괴되고 있습니다. 우선 나무를 모두 잘라 내고, 그다음 모두 똑같이 생긴 작은 집들을 엄청나게 짓습니다.

록 크리크 공원은 자연과 함께할 때 평화롭다.

4대강 사업으로 파괴된 낙동강

　　우리가 사는 이 나라의 수도에서도 그 슬픈 모습을 볼 수 있습니다. 도시 한가운데에는 록 크리크 공원이라는 작지만 아름다운 숲이 있습니다. 시끄러운 자동차 소리와 혼란스러운 인공의 도시를 피해 누구나 들를 수 있는 곳입니다. 그곳에서는 강과 바다로 흘러드는 시냇물 소리를 들을 수 있고, 나무 사이로 부는 바람을 느낄 수 있으며, 숲 속에서 지저귀는 새소리를 들을 수 있습니다. 그런데 그 작은 숲 한가운데에 계곡을 가로지르는 6차선 고속도로를 만들겠다고 합니다. 그 도시뿐만 아니라 이 나라에 얼마나 큰 가치가 있는지 헤아릴 수 없는 그 숲을 다 파헤쳐서 말입니다. 고속도로를 그토록 중요하게 생각하는 사람들은 뉴욕 타임스에 실린 다음과 같은 기사 따위는 절대 이해하지 못할 것입니다.

　　자연이 그대로 남아 있고, 밤이면 나뭇잎을 밟는 작은 동물들의 발자국 소리

와 새들의 뒤척이는 소리를 들을 수 있는, 작고 한적한 그곳은 그대로 두어야 한다. 그게 어디든 간에 평온함이라는 신의 선물은 값을 매길 수 없다.

국가적 차원의 파괴도 일어나고 있습니다. 발전소를 짓기 위해 댐을 쌓는 등 경제적 목적으로 국립공원을 파괴하려는 계획이 여기저기서 나오고 있습니다. 그 공원들은 모든 사람을 위한 곳입니다. 몸과 마음을 재충전하고 정신적 가치를 되찾기 위해 보존되어 있던 곳이죠. 우리 세대가 돈과 이기적 물질주의에 눈이 멀어서 그 모든 것을 파괴한다는 게 과연 정당할까요? 자연의 아름다움, 그리고 그 아름다움에서 나오는 모든 가치들은 돈으로는 가치를 따질 수 없는 것들입니다.

몇 년 전 영국의 자연주의자 리처드 제프리스의 책에서 너무도 감명 깊은 구절을 읽은 적이 있었습니다. 지금도 잊지 못하고 있습니다. 바로 이 구절입니다.

자연의 놀라운 아름다움은 생명의 빛에 휩싸인 채 꽃잎 하나하나마다 새로운 생각을 낳는다. 그 아름다움에 마음을 빼앗긴 시간들만이 진정 우리가 살아 있는 시간들이다. 나머지는 모두 환상이거나 그저 참고 견디는 시간일 뿐이다.

어떤 의미에서는 이 구절이 제가 살아가는 원칙이기도 합니다. 혹시 오늘 느끼셨을지는 모르지만, 그 자연의 신비와 아름다움에 사로잡혀서 제 인생은 크게 변했기 때문입니다.

『우리를 둘러싼 바다』라는 책이 나오자 많은 이들로부터 편지가 왔습

『우리를 둘러싼 바다』
레이첼 카슨이 1951년 발표한 책으로 출간과 동시에 86주 동안 베스트셀러 순위에 오를 정도로 인기를 끌었다. 바다가 생성된 과정을 포함해 바다에 관한 다양한 이야기를 시적인 문장으로 담았다.

니다. 그분들은 저처럼 지구와 바다의 오랜 역사를 생각하며 자연 세계의 보다 깊은 의미를 깨달은 사람들이었습니다. 정말 다양한 사람들이었습니다. 미용사, 어부, 음악가도 있었고, 학자나 과학자들도 있었습니다. 많은 사람들이 이렇게 말했습니다.

우리는 세상을 너무 어지럽혔고, 인간에 대한 믿음을 거의 잃었습니다. 지구의 오랜 역사를 생각하고 생명이 어떻게 탄생됐는지를 생각하니 도움이 되는 것 같습니다. 몇 백만 년이라는 단위로 생각하면, 우리 자신의 문제가 내일 당장 해결되어야 한다고 조바심을 부려서는 안 될 것 같습니다.

'놀라운 자연의 아름다움'을 바라보면서 이분들은 평안과 용기를 얻었습니다. 철새들이 옮겨가는 모습은 실제로 아름답기도 하지만 상징적이기도 합니다. 밀물과 썰물, 봄을 기다리며 접혀 있는 꽃봉오리도 마찬가지입니다. 자연이 이렇게 반복되는 현상은 놀라운 치료 효과를 가지고 있습니다. 밤이 지나면 아침이 오고, 겨울이 지나면 봄이 온다는 걸 믿게 되니까요. 인류는 자신이 만든 인공의 세계에 너무 깊이 빠져 버렸습니다. 땅과 바다라는 현실에서 멀어져 강철과 콘크리트로 자신을 가두어 버렸습니다. 아마도 자기 자신의 힘에 도취되어 자신과 세상을 파괴하는 실험을 계속하는 것 같습니다. 이 불행한 사태에 딱 맞는 치료법도 없고 만병통치약도 없습니다. 하지만 우리가 자연의 신비로운 현실에 보다 관심을 기울인다면 파괴에 대한 욕구가 덜해질 거라고 믿습니다.

자연과 과학, 그리고 인간

인간의 이기심으로 신음하는 환경

1945년 제2차 세계대전이 끝난 뒤 많은 사람들은 잘 먹고 잘사는 데 급급해서 스스럼없이 자연을 개발해서 도로, 공장, 건물을 만들고, 돈벌이를 위한 농작물을 키웠다. 사람들의 삶은 편하고 풍요로워졌지만, 자연은 망가져 갔다.

카슨은 사람들의 이런 움직임에 끊임없이 경고를 보냈지만, 경제 개발을 우선시하던 시대적 분위기에 밀려 큰 힘을 얻지 못했다. 하지만 무분별한 개발이 계속되자 환경 오염의 실태가 점차 알려지기 시작했고, 사람들은 자연이 망가져 가는 것에 겁을 냈다.

이 연설은 이런 상황에서 카슨이 주장해 온 하나의 큰 세계를 실감나게 보여 준다. 연설을 읽고 있으면 싱그럽고 정겨운, 우리를 둘러싼 풍요로운 자연이 떠오르는 듯하다. 카슨은 이렇게 자신의 글이나 말을 통해 항상 자연의 아름다움을 전하려고 애썼다. 이를 통해 자연을 도구나 수단이 아니라 인간과 함께 존중받아야 할 대상으로 생각하게 만들었다. 읽는 것만으로도 삭막해진 마음이 따뜻해지는 것 같은 연설이다.

『침묵의 봄』 이전과 그 후

DDT는 1950년대 중반 기적의 약으로 불리며 사용되던 살충제이자 농약이다. DDT는 해충을 없애서 농업 생산량 증대에 큰 기여를 했다. 하지만 이 약을 뿌려서 키운 농작물을 먹은 사람은 해로운 성분이 몸 속에 축적되어 심장 근육

에 무리가 생겼다. 또한 간세포가 파괴되거나 건강에 심각한 문제가 생기기도 했다. 인간뿐만 아니다. DDT의 피해는 그 농작물을 먹은 동물에게도 나타났고, 결국 자연 속 먹이 사슬을 따라 돌면서 엄청난 피해를 입히게 되었다.

『침묵의 봄』은 인간의 이기심으로 인해 환경이 파괴되어 더 이상 새도 울지 않고, 새싹도 돋지 않는 '조용한 봄'이 올지 모른다고 경고했다. 세계적인 베스트셀러가 된 이 책은 대중에게 환경 보호에 대한 필요성을 일깨웠다. 사람들은 '침묵의 봄'이 오는 것을 막기 위해 움직이기 시작했다. 그 결과 오늘날 환경 문제가 인류 생존의 중요한 과제로 자리매김하게 되었다.

과학에 중독된 인간들

자연을 지키고자 하는 노력이 있음에도 불구하고 인간의 이기심을 위한 개발은 여전히 계속되고 있다. 그 대표적인 것이 유전자를 조작한 농산물과 그것으로 만든 식품인 GMO(Genetically Modified Organisms)이다. 무르지 않게 유전자를 조작한 토마토, 해충에 강하게 만든 옥수수와 콩 등 대부분의 GMO는 농작물의 상품 가치를 높여 돈을 많이 벌게 하는 것이 목적이다. 미국은 지난 10년간 500여 종의 GMO를 개발했다고 한다. 이제 GMO는 미국뿐만이 아니라 전 세계적인 문제가 되었다. 인공으로 조작한 GMO의 위험성은 단편적인 실험을 통해 밝혀지고 있지만 아직 모든 것이 정확하게 알려지지 않은 상태다.

과연 우리들은 자연을 대하는 이런 흐름 사이에서 어떤 것을 선택해야 할까?

환경 오염, 누구의 책임인가

- 피델 카스트로
- 세번 스즈키

환경 파괴로 재앙이 일어난 것은 어제 오늘의 일
이 아니다. 자본주의가 들어선 뒤, 모든 것을 돈벌이
의 수단으로 여기는 시대가 되자 인간은 자연 환경을
마구 파헤쳐 돈을 벌기 시작했다. 아무리 파헤쳐도
끝없이 내줄 것 같았던 자연이지만 결국 그 이용이
한계를 넘었다는 신호가 계속되고 있다. 선진국은 여
론을 의식해 환경 파괴가 덜한 기술과 수단을 발 빠
르게 찾아 갔고, 환경을 파괴하고 오염시키는 낡은
산업과 기술은 후진국으로 옮겨 갔다.

하지만 이 문제는 멀리 떨어진 남의 집 마당으로
옮겨 놓는다고 해결될 문제가 아니다. 오염 방지 기
술이 부족한 후진국에서 벌어지는 마구잡이식 환경
파괴 때문에 일어나는 사고는 지구 상의 모든 나라들

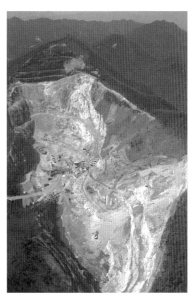

대규모 광산 개발을 위해 산 전체를 송두리
째 도려낸 충남 논산시 벌곡면 양산리 일대.

에 심각한 영향을 미치기 시작했기 때문이다. 마침내 환경 보호를 둘러싼 논란
이 전 세계적으로 일어났고, 선진국들은 환경 보호를 위한 기술과 장비마저 돈
벌이 수단으로 내걸었다.

미국을 비롯한 선진국은 국제적 비난에 몰려 몇 차례의 국제회담을 개최했

고, 결국 1992년 브라질 리우데자네이루에서 열린 유엔 환경개발회의에 참여했다. 이 회의에서 각국 정부 대표들에 이어 덥수룩한 턱수염의 피델 카스트로가 연단에 올랐다. 입만 열면 제국주의와 자본주의를 비난해 왔던 카스트로는 이 자리에서 전혀 다른 관점에서 이야기를 꺼냈다. 바로 인간의 탐욕과 강대국의 이기주의에 의해 파괴되는 세상에 대해서. 그 순간부터 그는 새로운 이미지의 혁명가로 탈바꿈했다.

그리고 그 자리에 참석했던 열두 살짜리 어린 소녀 세번 스즈키도 연단에 올라 맑은 목소리로 이야기하기 시작했다. 그녀의 연설은 그 회의에서 가장 감명 깊은 연설이었다.

농지를 만들기 위해 파괴된 멕시코 남부의 숲.

연설 1

이기주의에 의해 파괴되는 세상

– 피델 카스트로
1992년 6월 12일, 브라질 리우데자네이루 유엔 환경개발회의에서

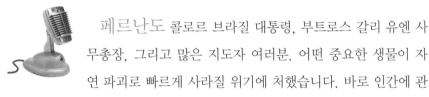

페르난도 콜로르 브라질 대통령, 부트로스 갈리 유엔 사무총장, 그리고 많은 지도자 여러분. 어떤 중요한 생물이 자연 파괴로 빠르게 사라질 위기에 처했습니다. 바로 인간에 관한 이야기입니다. 이를 막는 데는 이미 늦었을지도 모르지만, 이제야 이 문제를 깨달았습니다.

이 잔인한 환경 파괴의 근본적인 책임이 소비 사회에 있다는 것을 지적할 필요가 있습니다. 그것은 과거 식민지 권력과 제국주의 정책에서 태어나 오늘날 대다수의 인류를 괴롭히는 후진성과 빈곤을 낳았습니다. 세계 인구의 20퍼센트에 불과한 소비 사회가 세계에서 생산되는 금속의 3분의 2, 에너지의 4분의 3을 소비합니다. 20퍼센트의 소비 사회가 바다와 하천, 대기를 오염시키며, 오존층을 손상시켜 구멍 나게 만들고, 기후 조건을 바꾸는 가스로 대기를 가득 차게 만들었습니다. 그 결과 우리는 대재앙을 경험하기 시작했습니다.

> **소비 사회**
> 필요 이상으로 소비가 이루어지는 사회로, 흔히 발달한 산업화 사회에서 볼 수 있다.

숲은 사라지고 사막은 넓어지고 있습니다. 매년 수억 톤의 기름진 흙은 바다로 쓸려 가고 수많은 생물은 멸종되고 있습니다. 인구 증가와 가

난 때문에 비싼 대가를 치르더라도 살아남기 위해 미친 듯이 환경을 파괴하는 나라들이 있습니다. 바로 제3세계 국가들입니다. 그러나 그들을 비난할 수는 없습니다. 과거에는 식민지였고 오늘날에는 불공정한 국제 경제 질서에 의해 착취당하고 약탈당하는 국가들이기 때문입니다. 개발이 절박한 그들에게 개발을 못하게 하는 것은 해결책이 될 수 없습니다. 이게 현실입니다. 이들에게 저개발과 가난을 불러왔기에 오늘날 환경을 파괴할 수밖에 없다는 것입니다. 그 결과 제3세계에서는 남녀노소 할 것 없이 매년 수천만 명이 죽고 있습니다. 이 수는 제1차 세계대전이나 제2차 세계대전에서 죽은 사람들의 수보다도 많습니다.

제3세계
제2차 세계대전 후, 미국으로 대표되는 자본주의 세력과 소련으로 대표되는 사회주의 세력이 아닌 아시아·아프리카·라틴 아메리카의 개발도상국을 지칭하는 말이다.

불평등한 거래 조건, 보호무역주의, 그리고 외국에 진 빚이 생태계를 공격하며 파괴하고 있습니다. 스스로를 파괴하는 이런 행동으로부터 인류를 구하려면, 우리들은 이용 가능한 부(富)와 기술을 보다 더 잘 나누어야 합니다. 몇 안 되는 나라들에서 사치와 낭비를 줄여야만, 훨씬 더 넓은 지역에 사는 사람들의 가난과 배고픔을 줄일 수 있습니다. 환경을 파괴하는 생활 방식과 소비 습관을 더 이상 제3세계에 퍼트리지 마십시오. 인산의 생활이 좀 너 합리적이 되도록 합시다. 공정한 국제 경제 질서를 도입합시다. 오염에서 자유로운, 지속 가능한 발전을 위해 필요한 과학을 함께 사용합시다. 외국의 빚이 아니라 생태계에 빚을 갚도록 합시다. 인류가 아니라 배고픔이 사라지도록 합시다.

이제 소위 공산주의의 위협도 사라졌으니, 더 이상 냉전과 군사력 경쟁 그리고 군사비 지출이라는 핑곗거리도 없어졌습니다. 무엇 때문에

제3세계를 발전시키고, 지구의 생태계 파괴에 맞서 싸우는 데 그러한 자원들을 사용하지 못한다는 것입니까? 이기주의를 끝냅시다. 패권주의에도 종지부를 찍읍시다. 냉담함, 무책임, 거짓말에도 마침표를 찍읍시다. 우리가 오래전에 했어야 할 이 일을 내일로 미룬다면 너무 늦을 것입니다. 감사합니다.

마다가스카르 화전.

불법으로 베어지고 있는 아마존 열대우림. 지구의 허파라고 불리며 대개 후진국 지역에 있는 열대우림은 생존을 위한 수단(목재 수출과 농지 개척)으로 매년 남한의 5분의 1(약 2만 평방킬로미터)이 줄어들고 있다.

우리의 미래를 파괴하지 마세요!

– 세번 스즈키

1992년 6월 12일, 브라질 리우데자네이루 유엔 환경개발회의에서

안녕하세요, 저는 '어린이 환경 기구'의 세번 스즈키입니다. 이 기구는 변화를 이루기 위해 바네사 서티, 모건 가이슬러, 미셸 퀴그와 저 등 열두세 살의 어린이들이 모여 만든 단체입니다. 우리는 어른들이 방법을 바꿔야 한다는 말을 하기 위해 우리끼리 돈을 모아 6,000마일을 날아왔습니다. 이 자리에 숨겨진 다른 의도는 없습니다. 저는 단지 제 미래를 위해 싸우고 있거든요.

저의 미래를 잃는다는 것은 선거에서 지거나 주식이 몇 포인트 떨어지는 것과 같은 게 아닙니다. 저는 앞으로 이어 갈 세대들을 위해 이 자리에 선 것입니다. 저는 전 세계에서 굶어 죽어 가는 어린이들의 울음소리를 알리기 위해 이 자리에 섰습니다. 저는 이 지구 상에서 갈 곳을 잃어 죽어 가는 수많은 동물을 위해 이 자리에 선 것입니다. 이제 우리는 그들의 목소리를 무시해서는 안 됩니다.

오존층에 구멍이 났기 때문에 저는 햇볕 아래 나서는 것이 무섭습니다. 어떤 화학 성분이 섞여 있을지 모르기 때문에 공기를 마시는 것도 두렵습니다. 저는 아빠와 함께 밴쿠버에 있는 우리 집에서 종종 낚시를

4대강 사업의 전과 후. 낙동강 칠곡보 현장.
인간은 자연을 훼손할 뿐 복구할 수 없다. 그
저 자연 스스로의 힘으로 치유되기를 기다릴
뿐이다.

했습니다. 그런데 몇 년 전 그 물고기들이 암세포로 가득 찬 것을 보았
습니다. 그리고 지금 우리는 동식물들이 매일 멸종되고 있다는 소식을
듣고 있습니다. 영원히 말이에요.

저는 무리를 지어 다니는 야생 동물, 새와 나비가 날아다니는 정글을
보는 것을 꿈꾸며 살아왔습니다. 그러나 지금은 제 아이들이 태어날 때
까지 그게 살아남을지조차 의심스럽습니다.

여러분이 제 나이 때에도 이런 걱정했었는지 궁금합니다. 이 모든 일
이 우리 눈앞에서 벌어지고 있는데도, 우리는 시간이 많이 남아 있고 해
결책도 있는 것처럼 행동하고 있습니다. 저는 어린아이일 뿐이고 해결
방법도 가지고 있지 않습니다. 그저 여러분이 깨닫기를 바랄 뿐입니다.
그런데 여러분은 깨닫지 못하고 있습니다!

여러분은 오존층에 난 구멍을 어떻게 고칠지 모릅니다. 죽어 버린 강
으로 연어들이 되돌아오게 할 방법도, 멸종되어 가는 동물들을 다시 돌

1870년대에 찍은 미국 들소 해골 사진. 인디언을 몰아내고 미국 전체를 점령한 백인들은 가죽을 얻기 위해 들소들을 거의 멸종 위기에 처할 정도로 마구 잡아 죽였다.

려놓을 방법도 모릅니다. 또한 이제는 사막이 되어 버린 숲을 다시 되돌려 놓지도 못합니다. 고칠 수 없다면, 제발 파괴하지는 마세요!

여기 있는 여러분은 각 정부의 대표, 기업가, 조직의 대표, 또는 언론인이나 정치인일 것입니다. 하지만 현실에서는 엄마, 아빠, 형제, 아줌마, 아저씨이기도 합니다. 또한 누군가의 자식이기도 합니다. 저는 아직 어린아이지만, 우리 모두가 50억 가족의 한 사람이며, 3,000만여 종의 생명체 중 하나라는 것은 알고 있습니다. 국경으로 나뉘고 정부들이 들

어서도 그 사실은 절대 바뀌지 않습니다.

저는 아직 어린아이지만 우리 모두가 지구에서 함께 살고 있으며, 온 세계가 하나의 목표를 위해 행동해야 한다는 것쯤은 알고 있습니다. 저는 장님이 아니기 때문에 이 모든 것을 볼 수 있고, 화가 나기도 하고, 무섭기도 합니다. 하지만 제 느낌을 온 세상에 감히 말하겠습니다.

제가 살고 있는 나라에서는 너무 많은 낭비가 일어나고 있습니다. 계속해서 사고 버리는 것을 반복하면서도 북쪽의 부자 나라들은 가난한 사람들과 나누려고 하지 않습니다. 남아돌아서 버릴지언정 재산이 축날까 봐 두려워하고 나누는 것도 두려워합니다. 캐나다에는 음식이나 물, 집도 많아서 우리는 아주 잘 살고 있습니다. 시계나 자전거, 컴퓨터와 텔레비전도 다 갖추고 있습니다. 그 물건들 이름을 다 말하려면 이틀은 충분히 걸릴 것입니다.

이 회의에 참석하기 이틀 전 브라질의 길거리에서 아이들을 만났습니다. 우리는 깜짝 놀랐습니다. 어떤 아이가 이렇게 말했거든요. "난 내가 부자였으면 좋겠어. 그러면 모든 길거리의 아이들에게 음식, 옷, 약, 집을 아낌없이 나눠 줄 거야."

아무것도 가진 것이 없는 길거리 아이들까지도 기꺼이 나누려고 합니다. 그런데 모든 것을 가진 우리는 왜 이렇게 욕심이 많을까요? 그 아이들은 제 또래인데도 태어난 곳이 달라서 엄청난 차이가 생긴 것입니다. 제가 리오의 빈민가에서 본 그 아이들 중 한 명이 될 수도 있었을 거라는 생각을 지울 수가 없었습니다. 소말리아에서 굶어 죽어 가는 아이가

될 수도 있었을 것이고, 중동의 전쟁 희생자나 인도의 거지가 될 수도 있었겠지요.

저는 아직 어린이지만 전쟁에 쓰이는 돈들이 가난을 끝내거나 환경 문제의 해결에 쓰인다면 이 지구가 얼마나 아름다워질지는 알고 있습니다! 학교에서, 심지어 유치원에서도 어른들은 우리에게 세상을 살아가는 법으로 이렇게 가르칩니다.

서로 싸우지 말아라, 문제를 해결해라, 상대방을 존중해라, 어지럽힌 것을 치워라, 다른 생물을 괴롭히지 마라, 서로 나누고 욕심 부리지 마라.

여러분은 왜 우리에게 하지 말라고 하는 행동을 하는 건가요? 왜 이 회의에 참석했으며, 누구를 위해 이 회의를 하는지 생각해 주세요. 우리는 여러분의 아이들입니다. 여러분은 우리가 살아갈 환경을 결정합니다. 부모님들은 "모든 게 괜찮아질 거야.", "최선을 다하고 있단다.", "세상이 끝난 것은 아니야."라고 자식들을 안심시킬 수 있어야 합니다.

그런데 여러분은 지금 우리에게 그런 말을 할 수 있습니까? 여러분의 우선순위 목록에 아이들 문제가 있기라도 하시나요? 제 아빠는 항상 말씀하십니다. "행동이 중요하지, 말은 중요한 게 아니란다."

여러분의 행동 때문에 저는 밤에 웁니다. 어른들은 우리를 사랑한다고 말합니다. 저는 여러분께 감히 요구합니다. 여러분이 한 말을 행동으로 보여 주세요. 제 연설을 들어주셔서 감사합니다.

다른 입장에서 보는 환경 문제

쿠바는 환경 문제에 대해 발언할 자격이 있다

1959년 혁명이 일어난 뒤 쿠바는 미국의 철저한 제재로 고립되었다. 그나마 소련을 비롯한 사회주의 국가들의 지원으로 겨우 숨통은 트일 수 있었다. 커피, 담배, 사탕수수, 파인애플 등을 동구권에 팔아서 필요한 곡물과 농약, 비료, 석유 등을 들여왔던 것이다. 하지만 1990대에 들어 사회주의 국가들이 무너지자 이마저 끊겨 버렸다. 미국은 조금만 압박을 가하면 쿠바가 무너질 거라 믿고 더욱 봉쇄의 고삐를 조였다. 쿠바는 궁지에 몰렸다.

1991년 9월 피델 카스트로는 '평화시의 특별선언'을 통해 전국의 과학자, 교수들에게 "지금부터 우리 조상 대대로 내려오는 농사 기술을 발굴해라. 그것을 최신 과학 기술과 접목시켜 농민들과 실험해 보고 인정을 받아라."라고 말했다. 화학 비료와 농약을 사용하지 않고 생산성을 높일 수 있는 유기농법을 개발하라는 것이었다.

쿠바의 유기농업은 단순히 농약과 비료를 사용하지 않는 것이 아니라, 자연과 인간의 '순환'을 통한 '지속 가능한 발전'을 노리고, 90퍼센트에 달하던 국영 농장을 개인이나 조합에 거저 나눠 주었다. '배고픔'을 해결하기 위해 쿠바인들은 곡괭이를 움켜잡았다. 그리고 지렁이 퇴비를 이용한 도시 농업으로 불과 4년 만에 식량 위기를 넘어섰다. 현재 쿠바는 식량 자급률이 100퍼센트를 넘었고, 유기농으로 기른 커피나 과일 등의 다양한 농작물을 해외에 수출하는 세계 최강의 유기농업 국가가 되었다.

쿠바의 도시 농업. 미국의 봉쇄에 궁지에 몰린 쿠바가 찾은 대안으로, 오늘날 세계의 모범이 되었다.

　비료와 농약, 유전자 조작 농산물을 판매하는 기업들의 돈벌이 수단 때문에 구석으로 밀려났던 유기농법을 부활시키고, 자본주의 초강대국의 경제 봉쇄를 이겨 낸 쿠바. 유기농법을 선언한 지 1년 뒤인 1992년, 리우데자네이루에서 열린 유엔 환경개발회의에서 쿠바의 대통령이었던 피델 카스트로는 엄청난 박수갈채를 받았다.

환경 문제에 대해 가장 무책임한 나라, 미국

　'환경'이라는 하나의 문제를 다룬 이 회의에 참석하기 위해 지구의 4분의 3이나 되는 나라들의 대표가 모였다. 이들은 지구 환경 보호를 위한 '리우 선언'과 그 실천 강령인 '의제 21'을 채택하고, '지구 온난화 방지를 위한 기후 변화 협약'과 '생물 다양성 협약'에 서명했다.

그러나 돈과 기술의 지원을 둘러싼 입장 차이는 여전히 좁혀지지 않았다. 선진국은 오염국 부담 원칙에 따라 모든 당사국이 동일한 비율로 오염을 줄이고 비용도 분담해야 하며, 환경 보호 기준에 미치지 못하는 물품에 대해서는 어느 정도 무역도 규제해야 한다고 주장했다.

반면, 후진국은 선진국이 더 많은 비용을 분담해야 한다고 주장했다. 지금의 환경 오염은 과거 선진국이 산업화 과정에서 저지른 공해 배출의 결과로, 이제 막 산업화를 이루려는 후진국에게 그 책임을 떠맡겨서는 안 된다는 입장이었다. 하지만 선진국들은 쓰레기 처리 기술, 오존층을 파괴하는 프레온 가스 대신 다른 가스를 생산하는 기술, 태양 에너지 활용 기술 등 환경 보호 기술을 후진국에게 싼값으로는 절대로 주지 않고 있다.

과연 어느 쪽이 옳을까? 자본을 제일로 생각하는 선진 자본주의 나라들이 돈을 포기하기를 바란다는 것 자체가 잘못된 생각일지 모른다. 그러나 그들의 태도가 바뀌거나 자본주의가 멸망하기를 기다리다가는 인류가 멸종 위기에 처할지도 모른다.

덧붙이자면, 미국의 부시 대통령은 이 회의에서 '생물 다양성 협약'에 대한 서명을 거부했다. 또한 미국은 1997년 이산화탄소를 비롯한 환경 파괴 가스 배출을 줄이기로 합의한 '교토 의정서'에서도 탈퇴했다. 세계에서 에너지 소비와 이산화탄소 배출량이 가장 많은 나라는 미국, 중국이 2위다. 인구 비율로 계산했을 때, 1인당 소비 및 배출량으로 따지자면 중국은 미국의 20퍼센트에도 미치지 못한다. 미국은 지구 환경에 가장 많은 해악을 끼치고 있으면서도 책임은 지지 않으려는 가장 무책임한 국가라고 볼 수 있다.

자연의 반격이 시작되다

− 아일린 클라우센
2002년 7월 17일, 뉴욕 자연사 박물관, 배기가스 감축회의에서

ⓒ 에릭 르프랑

2010년 프랑스의 사진작가 에릭 르프랑은 애절한 사신 한 상을 발표했다. 그 사진에서는 두 마리의 북극곰이 작은 얼음 조각을 타고 정처 없이 떠내려가고 있었다. 지구를 태양의 자외선으로부터 보호해 주는 오존층이 파괴된 결과 지구의 온난화가 진행된 상황을 한눈에 보여 주는 것이었다.

인간이 인간을 착취하기 시작한 뒤로, 인간은 타인의 착취에 대해 끊임없이 저항해 왔다. 반면 인간이 산을 깎고 숲을 파헤치고 강바닥을 뒤집고 나무를 불태워도 자연은 저항도 없이 모든 것을 내주었다.

  그러나 인간의 착취가 한계점을 넘어서자 마침내 '자연의 반격'이 시작됐다. 기후가 변하고, 숲이 사막이 되며, 이전에는 보지 못한 폭풍우가 도시를 마비시킨다. 이로 인해 받아야 하는 고통은 일차적으로 보다 못 가진 사람들의 몫이 되었다. 그러나 자연의 반격은 거기서 끝나지 않는다. 이 지구를 탈출하지 않는 한, 그 어떤 부자라도 자연의 반격에서 자유로울 수는 없다.

튀니지의 사하라 사막 북부 경계에 만들어 놓은 모래 방지 벽. 매년 세계에서 그리스만 한 땅덩어리가 사막으로 변해 가고 있다.

한때 끝이 보이지 않았던 아랄 해는 인간의 무분별한 물 끌어대기로, 이제 군데군데 허연 소금기를 드러낸 땅바닥으로 변했다.

감사합니다. 이 자리에 서게 되어 기쁩니다. 이 회의를 훌륭하게 준비해 주신 유엔 환경계획 스위스 위원회에도 감사의 말씀을 드립니다. 저희 퓨 센터도 이 프로그램에 함께할 수 있게 되어서 기쁘게 생각합니다. 오늘 회의장은 정말 멋지군요. 여러분 중 어떤 분들은 어렸을 때 이 박물관에 와 본 적이 있을 겁니다. 아마 대부분의 사람들이 가장 인상 깊게 본 것은 공룡이었을 것입니다. 오늘 이곳에서 기후 변화에 대한 연설을 하기로 결정된 후 저는 예전에 봤던 만화를 떠올렸습니다. 많은 공룡들을 앞에 두고 한 공룡이 연단 위에 올랐습니다. 그 공룡은 다음과 같이 말했습니다.

"여러분, 상황이 밝지만은 않습니다. 세계 기후는 변하고 있고 포유류는 점점 늘고 있습니다. 그리고 우리 뇌의 크기는 호두 정도밖에 되지 않죠."

저는 공룡이 멸종된 이유가 기후 변화 때문인지, 아니면 거대한 운석 때문인지, 혹은 지능이 떨어져서인지 모르겠습니다. 아마 세 가지 다 이유가 될 수 있겠지요. 하지만 과학자들이 어떤 결론을 내리든 요점은 하나입니다. 공룡이 지구에서 사라진 것은 새로운 현실에 적응하지 못했기 때문입니다. 이러한 교훈은 오늘의 주제인 세계 기후 변화 문제와도 잘 맞아떨어집니다. 그렇다고 지구 온난화 때문에 우리가 지구 상에서 당장 사라질지도 모를 위기에 처해 있다는 말은 아닙니다. 그러나 기후 변화로 인해 우리는 심각하고도 새로운 현실에 부딪혔습니다. 우리는 한 나라의 국민으로서든, 세계라는 공동체의 일원으로서든, 소비자로서

든, 투자자로서든 이 새로운 현실을 마주하고 있습니다. 이 현실에 빨리 적응하지 못하면 우리는 크나큰 대가를 치러야 할 것입니다. 공룡처럼 멸종하진 않더라도 환경과 경제에 큰 손실을 입을 것이고, 그 손실은 후대로 갈수록 더욱 커질 것입니다.

저는 오늘 지구 온난화로 인해 닥친 새로운 현실에 대해서 말씀드리고자 합니다. 특히 이 자리가 지구 온난화에 대한 잘못된 신화들을 살펴보고, 가능하면 그런 오해를 풀 수 있는 자리가 되길 바랍니다. 이러한 신화들은 아주 끈질깁니다. 그 이유는 두 가지 때문입니다. 하나는 꽤 영향력이 큰 사람들조차도 현실을 똑바로 바라보기보다는 부정하려고 하기 때문입니다. 두 번째는 오늘날에도 진화할 준비가 안 되어 있는 현대판 공룡들이 있기 때문입니다. 이런 태도는 과거에서 유래된 유물입니다. 그들은 과거의 조건이 아직도 살아 있다고 우리를 설득해야만 자기들이 살아남을 수 있다고 생각하는 듯합니다. 제 생각에는 그들은 오히려 멸망을 재촉하는 것 같습니다.

이러한 허황된 신화를 하나하나 파헤치기 전에 우선 한 가지 간단한 예를 들어 봅시다. 월 스트리트 저널에 나오는 것인데요, 이 신문은 이 주제에 관해 꽤 잘 다루고 있다고 할 수 있습니다. 기후 변화에 대한 기사도 공정하고 생각도 깊습니다. 그러나 논설을 보면, 이 신문은 기후 변화에 대한 허황된 신화를 고집하며 퍼트리는 데 앞장서는 것처럼 보입니다. 지난 6월에 실렸던 논설을 예로 들어 보겠습니다. 그 신문은 이렇게 묻습니다.

왜 이 지구 상의 국가들은 이산화탄소와 다른 배출 가스를 줄이기 위해 수천억 달러를 낭비하려고 하는가? 지구의 기후가 더워질지, 또는 아닐지도 모르고, 기후 변화가 인간의 활동 때문에 일어난 것인지, 그러한 변화가 또 그렇게 위험한 것인지도 아직 모르면서 말이다.

이 글을 읽기 전에는 이처럼 간단한 문장에 그토록 많은 허황된 신화를 담을 수 있을지 생각도 못했습니다.

그럼 이제 그걸 파헤쳐 봅시다. 첫 번째 오해는 '기후가 변하고 있는지, 만약 그렇다면 그 이유가 무엇인지 우리는 잘 알 수 없다'라는 것입니다. 하지만 사실은 이렇습니다. 많은 과학적 조사를 통해 밝혀진 바에 따르면 실제로 지구는 점점 더워지고 있고, 그 가장 큰 원인은 인간의 행동 때문이라고 합니다. 물론 달리 말하는 과학자도 있을 것입니다. 하지만 이것이 바로 전 세계의 기후학자 수백 명이 유엔의 산하기구인 IPCC에서 내린 연구 결과입니다. 부시 대통령은 이 결론에 의심을 품었던 사람들 중 하나였습니다. 그래서 미국과학협회인 NAS에 특별 검토를 지시했습니다. NAS는 이 결론에 회의적인 의견을 가진 과학자들도 포함시켜 균형을 갖춘 연구진을 구성했습니다. 그러나 결론은 같았습니다. 지구의 기온은 올라가고 있고, 그에 대한 인간의 책임이 크다는 것입니다.

그렇다면 이런 온난화는 어느 정도 심각할까요? 지구의 온도는 항상

IPCC
기후 변화에 관한 정부 간 위원회(Intergovernmental Panel on Climate Change)의 약자로, 기후 변화에 관련된 전 지구적 위험을 평가하고 국제적 대책을 마련하기 위해 설립한 유엔 산하 국제 협의체이다.

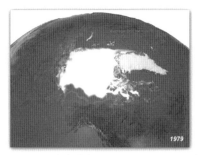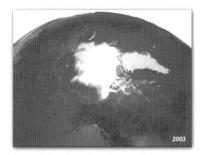

북극해 빙하의 변화(1979년과 2003년). 그 크기가 거의 30퍼센트나 줄어든 것이 보인다.

변해 왔습니다. 하지만 그런 변화는 수백, 수천 년에 걸쳐 일어난 것이지 몇십 년 만에 일어난 것이 아닙니다. 1990년대는 지난 천 년간 가장 더웠던 10년이었습니다. 지난 5년은 기록상 일곱 번째로 무더웠던 기간이었습니다. 과학자들은 22세기가 되면 지구 온도가 화씨 2도에서 10도가량 오를 것이라고 합니다. 10도 상승이라는 것은 12,000년 전의 마지막 빙하기 이후로 가장 큰 온도 변화입니다. 어떤 지역에서 이 문제는 더 이상 이론적인 문제가 아닙니다. 바로 지금도 그 영향을 몸으로 느끼고 있습니다. 알래스카를 보십시오. 길이 무너지고, 집이 가라앉고, 만년설로 덮인 땅이 녹기 시작했습니다.

여기서 바로 두 번째 오해로 이어집니다. 그 오해란 '설사 지구가 더워진다고 해도, 현실적으로 우리에게 해보다는 득이 될 것이다'라는 것입니다. 하지만 사실은 다릅니다. 단기적으로 본다면 이득도 있고 손해도 있을 것입니다. 예를 들어 특정 위도에 위치한 농장이나 숲은 더 번성할 테고, 다른 지대에는 덜 번성하는 곳도 있겠지요. 하지만 장기적으로 봤을 때는 아무리 큰 혜택이라도 피해에 비하면 하찮은 것입니다.

…중략…

　현재 홍수와 가뭄이 더 심각해 졌고, 자주 일어나고 있습니다. 열기가 퍼져 강한 폭풍우도 많아졌습니다. 기상 이변도 흔해질 것입니다. 해수면이 상승해서 플로리다 주와 루이지애나 주의 상당 부분은 물에 잠길 것이고, 해일이 자주 일어나 해안 지역을 덮칠 것입니다. 해수면 상승으로 인해 바닷물이 넘쳐 지하수로 흘러 들어가면 뉴욕에서는 심각한 식수 부족에 허덕일 수도 있습니다. 바다를 메우고 지은 맨해튼의 건물이 가라앉을지 모릅니다. 큰 대가를 치르겠지만, 어느 정도는 적응할 수 있겠지요. 하지만 그 충격은 대부분 되돌릴 수 없습니다. 에버글레이즈 습지나 롱아일랜드 해협과 같은 생태계가 파괴된다면 다시는 그런 것을 찾을 수 없습니다.

　이제 세 번째 신화를 살펴봅시다. 과학적으로나 경제적으로 아직 불확실하니, 어떻게 대응할지 결정하기 전에 시간을 두고 더 나은 정보를 찾아보자는 것입니다. 그러나 현실은 지금 당장 행동에 옮겨야 할 이유들이 많습니다. 그 불확실성이라는 것도 그중의 하나입니다.

　이 과제는 장기적인 성격을 가지고 있다는 것을 깨닫는 게 중요합니다. 경제나 기후도 하나의 시스템으로서 관성이 큽니다. 그 관성을 극복하는 데는 시간이 듭니다. 우리가 이미 뿜어 놓은 온실 가스도 앞으로 수백 년은 아닐지라도 수십 년 동안 지구를 데울 것입니다. 산업혁명 초기에 비해 지금 공기 중에는 이산화탄소가 40퍼센트나 넘게 늘어났습니다. 21세기 중반이 되면 이산화탄소 농도는 산업혁명 이전보다 두 배로 될 것으로 예측됩니다. 이산화탄소가 두 배로 늘어난다는 것. 그것은 대

부분의 과학자들이 지구 온난화의 영향을 예측하는 데 근거로 삼고 있는 시나리오입니다. 그러나 여기 정말 골칫거리가 있습니다. 이대로 계속된다면, 21세기가 끝날 즈음에는 온실 가스 농도가 산업혁명 이전보다 세 배로 늘어날 것입니다. 다시 말해서, 우리가 예측했던 것보다 훨씬 심각한 결과가 나타날 수 있다는 것입니다.

…중략…

그러나 무엇보다 절박한 이유는 바로 그 불확실성입니다. 불확실성 때문에 길이 잘 안 보이기 때문입니다. 생각보다 온난화의 영향이 심각하지 않을 수도 있고, 더 심각할 수도 있습니다. 예를 들어 컴퓨터 예측 결과는 대개 기온 상승과 그 영향이 비례한다고 보여 주고 있습니다. 기온이 올라갈수록 그 영향도 나쁜 쪽으로 커지는 거죠. 그런데 기후라는 시스템에는 그냥 돌아가는 다이얼보다는 딸깍하고 켜지는 스위치처럼 움직이는 요소들이 있다는 증거도 있습니다. 그래서 과학자들이 단순 비례가 아닌 급격한 결과가 닥칠 것을 걱정하는 것입니다. 서대서양 빙하판이 사라진다든지 멕시코 만류가 없어지는 일처럼 대재앙이 일어나는 것을 말입니다. 그래서 불확실성 때문에 행동을 늦춰야 할 것이 아니라, 바로 시작해야 하는 것입니다.

네 번째 신화를 봅시다. 제가 아는 한, 아마도 여러분들은 이제까지 우리에게 기후 변화를 막을 여유가 없다고 말해 왔을 것입니다. 그러나 비용 문제를 살펴봅시다. 수치도 거론해 보죠. 그런 수치는 여기저기 많습니다. 어떤 연구 결과를 들여다봐도 중대한 기후 프로그램을 수행하는 데는 엄청난 돈이 들어간다고 나와 있습니다. 여러분에게는 그게 경

제적으로 파산처럼 보이겠지만, 제게는 엄청난 혜택으로 보입니다. 핵심은 여러분이 그걸 믿지 않는다는 것입니다. 아직은 온실 가스를 줄이는 데 들어가는 실제 비용과 혜택을 뽑아낼 수 있는 경제적 모델이 없습니다.

…중략…

그러나 교훈적인 자료가 있습니다. 바로 현재 가스 배출을 줄이는 조치를 취하고 있는 기업들의 경험에 관한 것입니다. 점점 더 많은 기업들이 자발적으로 온실 가스 배출을 줄이는 데 참여하고 있습니다. 현재 미국에 기반을 두고 있거나 주요 시설이 있는 40개의 기업들이 확인되었습니다. BP라는 회사가 거둔 성공을 보여 주는 텔레비전 광고를 보신 분들도 있을 것입니다. 이 회사는 가스 배출을 10퍼센트 줄여서 1990년대 수준 아래로 낮추었습니다. 목표를 8년이나 앞당긴 것입니다. 그리고 최소한 2010년까지 그 수준을 유지하겠다고 약속했습니다. 알코아 사는 2010년까지 25퍼센트를 줄여 1990년 수준으로 낮추고, 듀퐁 사는 65퍼센트를 줄이겠다는 목표를 밝혔습니다.

우리는 최근에 목표를 달성한 여러 회사들을 연구한 끝에, 그들이 이 일에 뛰어든 것은 여러 가지 이유가 있다는 것을 알아냈습니다. 그들은 기후 변화에 대한 과학적 대처가 피할 수 없으며, 앞으로 대중이 기후 보존을 강력하게 요구할 걸로 생각했고, 당장 배출 가스를 줄이면 앞서 나갈 수 있다고 판단한 것입니다. 또한 사업을 하는 데 도움이 될 정부 정책을 기대하고 있습니다. 이들 회사는 모두 또 다른 중요한 동기를 말

하고 있습니다. 바로 시장 경쟁에서 우위에 서는 것입니다. 사실은 그러한 노력의 결과로 얻는 것이겠지요. 이들은 배출 가스를 줄이자 공장의 효율성이 높아졌다는 것도 지적합니다. 에너지를 줄여서 생산비가 내려가고 시장 점유율이 늘어난다는 것입니다. 이 모두가 기업의 수익에 도움이 되는 것입니다. 기후 변화에 대처하는 것이 반듯이 이익이 된다는 말은 아니지만, 최소한 감당할 수 있다는 걸 이 증거들이 보여 주고 있다고 생각합니다.

마지막으로 다섯 번째 신화를 봅시다. '기후 변화가 사실일지라도, 또 그에 대처하는 것이 감당할 만할지라도, 그 문제가 너무 크고 복잡하게 과장되어 있습니다. 지금 당장은 별로 큰 골칫거리도 아니니까, 당장 사람들에게 이러쿵저러쿵 행동하라고 할 필요는 없다'는 것입니다. 우리가 너무 급하게 구는 것인지는 모르겠지만, 현실은 이미 사람들이 행동하기 시작했다는 것입니다. 그리고 아직 움직일 준비가 안 된 사람들도 곧 움직일 수밖에 없다는 것입니다.

그 예가 교토 협약입니다. 이제까지 제가 교토 기후 협약을 입에 올리지 않았습니다만, 그 이유는 그게 더 이상 별 의미가 없어서가 아닙니다. 오히려 그 어느 때보다도 의미가 큽니다. 부시 대통령은 이 협약을 거부했습니다. 그러나 그 결과 다른 나라들은 더욱 이 협약을 지지하게 되어, 일본과 유럽 연합이 이미 받아들였습니다. 이제 러시아만 받아들이면 이 협약은 내년이면 효력을 발휘합니다. 지금 미국은 교토 협약을 거부하고 있습니다만, 미국 기업들은 그렇지 않습니다. 유럽을 포함하여 이 협약을 받아들인 나라들에서 물건을 생산하거나 팔려는 기업은

곧 이산화탄소를 규제하는 세상에서 기업을 한다는 게 어떤 것인지 깨닫게 될 것입니다. 미국 기업들은 교토 협약과 그에 따른 요구 조건들을 지켜야만 합니다.

　미국 내에서도 희망적인 움직임이 일어나고 있습니다. 대통령이 교토 협약을 거부한 게 이 협약을 살리는 데 도움이 되었을 뿐만 아니라, 여론을 불러 일으켰습니다. 기후 변화는 정치적 논란거리가 되었고, 언론도 여기에 주목하고 있습니다. 최근에 유엔에 제출한 보고서가 좋은 예입니다. 그 보고서에는 그다지 새로운 정보도, 새로운 정책도, 정부의 조치도 없습니다. 그런데도 그게 뉴스가 되었고, 타임 지 표지에 실린 것입니다.

…중략…

　여기다가 진실을 하나만 더 보태 봅시다. 오늘날 일어나는 움직임들은 바람직하기는 하지만, 시작에 불과하다는 것입니다. 지구가 너무 더워지는 것을 막는 유일한 방법은 이산화탄소를 비롯한 온실 가스 배출을 대폭 줄이는 길뿐입니다. 우리가 당장 취할 수 있는 조치는 많습니다. 자동차, 공장, 사무실, 가정에 이르기까지 모든 경제 영역에서 에너지 효율성을 높이는 것부터 말입니다. 전기를 생산하는 데도 석탄이나 석유 대신 천연 가스를 사용할 수도 있습니다. 농장이나 숲을 늘려 공기 중의 이산화탄소를 흡수하는 양을 늘릴 수도 있습니다. 그리고 전 세계에서 이 같은 노력을 하는 데 투자할 수도 있습니다. 그러나 이 모든 것은 중간 단계의 조치에 지나지 않습니다. 결국에는 근본적으로 세계 경

제를 움직이는 방식을 바꾸어야 합니다. 점차 석탄과 석유에 대한 의존을 줄이고 기후를 위협하지 않는 깨끗한 에너지 자원을 채택하도록 우리의 목표를 세워야 합니다. 사실 새로운 산업혁명이 필요한 것입니다.

…중략…

사회가 기후 변화에 관심을 갖게 되면, 시장도 바뀝니다. 기후를 생각하지 않고 탄소를 배출하는 데는 비용을 물릴 것입니다. 사업가적 관점에서는 그게 가장 중요하고 새로운 현실입니다. 적응도 필요하겠지요. 그러한 현실을 깨닫고 적응하는 자는 살아남아 번영을 누릴 것입니다. 변화에는 언제나 기회가 있고, 그것을 먼저 붙잡는 자가 보상을 받는 법이니까요. 그러나 마찬가지로 이러한 새로운 현실을 무시하고 적응하지 못하는 자는 대가를 지불하게 되겠지요. 시장은 냉정합니다. 누가 탄소 때문에 일어난 위기를 잘 해결하고 누가 그렇지 못한지 재빨리 알아차리지요. 탄소를 억제하는 미래의 시장에서 패배자가 아니라 승리자가 되고 싶다면, 지금 시작해야 합니다.

이게 바로 우리에게 닥친 새로운 현실입니다. 여러분도 어떤 것은 이미 경험하고 있고, 또 어떻게 대응해야 한다는 얘기도 많이 들으셨을 것입니다. 공룡과 비교했을 때 우리에게는 한 가지 장점이 있습니다. 우리의 뇌는 호두보다 크다는 것이지요. 우리가 뇌를 잘 활용할 의지를 가지고 있는지, 그 결과는 시간만이 알겠지요.

대단히 감사합니다.

리우 회담이 낳은 여러 가지 움직임

피델 카스트로와 세번 스즈키의 목소리가 울려 퍼진 1992년 리우 환경회의 이후 유엔은 여러 국제기구를 만들어 환경 보호를 부르짖어 왔다. 그 결과 1997년 일본 교토에서는 2008년부터 2012년까지 이제까지 무한정 에너지를 낭비해 온 선진국부터 5퍼센트 정도의 이산화탄소 배출량을 줄이자는 합의를 이루었다.

그러나 이 합의는 그저 합의일 뿐 아직 어떤 강제력도 없다. 전 세계 인구 70억 중 3억에 불과한 세계 최강국 미국은 전 세계 에너지 중 30퍼센트 가까이를 쓰며 20퍼센트 이상의 이산화탄소를 배출한다. 그들은 이 협약에 가입하기조차 거부했다. 13억의 인구를 가진 중국을 비롯한 개발도상국도 마찬가지다. 중국은 이미 에너지 소비량과 이산화탄소 배출량이 미국의 턱밑까지 추격했다. 그러나 중국은 1인당 기준으로는 아직 미국의 4분의 1에도 못 미친다고 주장한다.

결국 교토 협약 만료 기간을 코앞에 두고 이들은 2011년 남아프리카공화국 더반에서 다시 만나 교토 협약 기간을 5년 더 연장하기로 합의하며 2015년까지 강제시킬 수 있는 조치를 마련하기로 했다. 그러나 미국은 여전히 가입을 거부했으며, 캐나다는 이 협약에서 탈퇴했다. 중국과 러시아, 인도도 협약에서 탈퇴할지도 모른다고 선언했다. 이런 현실을 만든 선진국과 개발도상국 간의 팽팽한 대립을 보여 주고 있다. 참고로 미국의 부시 대통령 일가는 석유 재벌이다.

세 알의 강낭콩을 심읍시다

- 카를로 페트리니
2010년 9월 10일, 한국 남양주 슬로푸드 대회 개막식에서

중동의 아랍 에미레이트에
있는 패스트푸드점과 그리스의 섬마을 산토리니에 있는 슬로푸드 식당 간판.
이 달팽이는 슬로푸드 운동의 상징물이다. 미국의 패스트푸드 기업은 거의 모든 나라에 들어가 있
다. 그러나 이 달팽이도 조용히, 그리고 천천히 세계 곳곳의 마을로 퍼져 나가고 있다.

1986년 로마의 에스파냐 광장 근처에 미국 기업인 맥도날드가 지점을 냈다. 패스트푸드가 전통 음식 본고장의 심장부까지 쳐들어온 것이다. 이것을 본 이탈리아의 한 남성은 '슬로푸드'라는 새로운 단어를 만들어서 패스트푸드에 대항하는 운동에 나섰다.

이 운동이 처음 시작됐을 때는 '몸에 해로운 패스트푸드에 맞서고, 전통 음식을 사랑하자' 정도로 받아들여졌다. 그런데 1989년 파리에서 국제 대회를 열고 선언문까지 발표하니 사람들의 관심이 커지기 시작했다. '먹을 것' 하나를 놓고,

효율성과 속도전을 내세운 세계 자본주의에 도전장을 낸 셈이었기 때문이다. 1989년 11월 9일 파리에서 채택된 슬로푸드 선언문은 다음과 같다.

> 산업 문명이라는 깃발 아래 발전해 온 20세기 처음으로 기계를 발명해 냈다. 그리고 마침내 기계를 생활의 모델로 삼았다. 우리는 속도의 노예가 되어, 교활한 바이러스에게 굴복하고 말았다. 빠른 생활이라는 바이러스가 우리의 습관을 망가뜨리고, 가정의 사생활을 침해해서, 패스트푸드를 먹지 않을 수 없도록 만든 것이다.

호모 사피엔스
인류를 분류한 학명 중 하나로 '생각하는 사람'이라는 뜻을 갖는다. 흔히 인간의 본질 중 '이성적인 사고를 하는 인간'을 표현할 때 사용한다.

> 호모 사피엔스라는 이름에 부끄럽지 않으려면 인류는 멸종 위험에 처하기 전에 그 속도전에서 벗어나야 한다. …
>
> 이 운동은 식탁 위에 슬로푸드를 차리는 것에서 시작되어야 한다. 시골 요리에서 맛과 향을 다시 찾아, 품위라고는 찾아볼 수 없는 패스트푸드를 추방해야 한다. 생산성이라는 명분 아래 빠른 생활이 삶의 방식을 바꾸어 놓고 환경까지 위협하고 있다. 지금 슬로푸드는 유일하면서도 진정한 발전적 해답이라 할 수 있다.
>
> 미각을 없애기보다는 미각을 발전시키는 것이 진정한 문화이다. 이를 위해서는 세계적으로 서로의 경험과 지식, 계획을 나누는 것이 가장 좋은 방법일 것이다. …

이탈리아에서 슬로푸드 운동을 처음 시작한 사람은 카를로 페트리니다. 지금은 163개 나라에 슬로푸드 세계 운동 지부를 두고 있는 그가 한국의 작은 도시를 찾았다.

안녕하십니까, 여러분. 제1회 한국 테라마드레 행사에 함께하게 된 것을 영광으로 생각합니다. 전국에서 와 주신 농부들과 어부들, 그리고 생산자분들께 큰 감사를 드립니다. 한국은 정말 아름다운 나라입니다. 먼저 이런 큰 행사를 준비하는 데 힘써 주신 이석우 남양주 시장님과 열심히 일해 주신 모든 분들께 감사드립니다.

이 행사는 새로운 음식 문화, 새로운 미각 문화를 찾아서 보급하는 데 큰 힘이 될 것입니다. 여러분은 혁신적인 개척자들이십니다. 비록 지금은 그 숫자가 적지만 조만간 폭발적으로 늘어날 것입니다. 여러분의 노력이 음식 문화를 바꿔 놓을 것입니다. 여러분이 지금 하고 있는 일은 어떻게 보면 커다란 모험이라고 볼 수 있습니다.

최근 50년 동안 한국뿐만 아니라 전 세계 모든 나라가 전통과 뿌리를 잃어버렸습니다. 우리가 땅에서 태어났다는 것을 잊고 있습니다. 땅은 어머니입니다. 우리는 땅에서 태어나, 땅에서 난 것을 먹고살다가, 언젠가 땅으로 돌아갑니다. 우주는 모두 어머니입니다. 예를 들면 태양은 그 에너지를 발산함으로써 모든 만물에 생명을 줍니다. 우리의 선조들은 이 사실을 이미 알고 있었고, 자연을 존중하면서 살았습니다. 어렵더라도 자연과 조화롭게 살았습니다. 우리는 그 정신과 가치를 잊고 어느덧 모두 이기주의자가 되었습니다. 어느 누구도 나누는 것을 바라지 않습니다. 자기 자신과 부만 생각합니다. 전 세계에서 일어나고 있는 모든 위기가 바로 이와 같은 이기적인 생각에서부터 비롯된 것입니다.

한국에 와서 어느 농부로부터 듣게 된 아주 아름다운 이야기를 들려드리겠습니다. 한국의 농부들은 강낭콩을 세 알 심는다고 합니다. 하나는 나 자신을 위해서, 하나는 이웃과 나누기 위해서, 다른 하나는 새를 위해서라고 합니다. 이것은 제가 지금껏 들은 이야기 중 가장 아름다운 이야기였습니다.

오늘날 우리도 세 알의 강낭콩을 심고 있습니다. 하지만 그 세 알 모두는 오로지 자신만을 위한 것입니다. 절대 좋은 생각이 아닙니다. 우리는 함께 다시 자연으로 돌아가야 합니다. 바로 이것이 슬로푸드의 철학이고 테라마드레의 철학입니다. 함께하는 것입니다. 음식은 사랑이고, 사랑은 나눔이기 때문입니다. 혼자 먹는 사람은 절대 행복할 수 없습니다. 다른 사람들과 나눠야 합니다. 새도 존중해야 하고, 나무도 존중해야 하고, 땅도 동물도 강도 호수도 모두 존중해야 합니다. 우리는 그러한 것을 다 잊고 삽니다. 우리도 자연의 일부, 우주의 일부라는 것을 알아야 합니다. 이렇게 많은 인구가 계속 이런 식으로 산다면 자연은 파멸될 것입니다.

테라마드레
'땅(terra)'과 '어머니(madre)'의 합성어로 슬로푸드 운동의 지구촌 공동체.

과거로 생각을 다시 한 번 돌릴 필요가 있습니다. 이 슬로푸드라는 아이디어가 단순히 우리 조상들이 살던 과거로 돌아가는 것이라 생각하지 마십시오. 슬로푸드는 절대 그런 것이 아닙니다. 새로운 시절로 나아가는 것입니다.

여기 와 주신 자원 봉사자 청년들에게 말씀드립니다. 농부의 말씀을 들으십시오. 농부의 지혜를 들으십시오. 자연을 존중하십시오. 농부의 지혜를 배우십시오. 그것이 바로 가장 현대적인 생각입니다. 테라마드

레 네트워크는 바로 이런 생각을 기반으로 전 세계 163개국에 펼쳐져 있습니다. 그것이 우리의 정체성입니다.

저는 보시다시피 이탈리아 사람입니다. 저는 이탈리아 문화와 역사 속에서 자랐고, 이탈리아에 뿌리를 두고 있습니다. 절대 제 역사와 뿌리, 문화를 잃고 싶지 않습니다. 여러분은 한국 사람입니다. 여러분의 땅을 보호하고 여러분의 문화와 지혜를 보존하며 여러분의 전통을 가꿔 나가야 합니다. 그것은 고립을 말하는 것이 아닙니다. 뿌리가 강해질수록 전할 것은 더욱 많게 됩니다. 저는 사흘째 한국에 머물면서 정말 놀라운 경험을 하고 있습니다. 저는 옛 맛과 향기를 느끼고 있고, 여러분 조상들의 전통을 느끼고 있습니다. 저는 이 모든 것을 가슴에 담고 이탈리아로 돌아가서 이곳 농부들의 마음을 전할 것입니다. 바로 여러분과 여러분의 조상들의 경험이 아주 큰일을 해 낼 것입니다.

더 이상 산업화된 음식은 필요가 없습니다. 땅에 화학 약품을 사용해서는 안 됩니다. 더 이상 유전자 조작을 통해 생산해서는 안 됩니다. 자연으로 돌아가야 합니다. 건강한 제품을 생산해야 합니다. 전통 음식을 먹어야 합니다. 우리의 모임에 힘을 실어야 합니다. 힘내십시오, 농민 여러분.

오늘날 농민은 늙어 가고 있습니다. 젊은이는 농부가 되기를 원하지 않고 있습니다. 농부가 된다는 것이 보잘것없고, 미래가 없다고 생각합니다. 저는 젊은이들에게 말씀드립니다. 용기를 가지세요. 우리는 거대한 혁명을 해 내야 합니다. 땅으로 돌아갑시다. 컴퓨터는 먹을 수 없습니다. 휴대폰도 먹을 수 없습니다. 먹을 수 있는 것은 땅에서 나는 음식

뿐입니다. 농부는 지혜롭습니다. 그들이 선생님입니다. 그들은 책을 읽지는 않지만 자연을 읽을 줄 압니다. 식물과 벌과 날씨를 읽을 줄 압니다. 음식이 어떻게 변화되는지도 압니다. 그들을 존중해야 합니다. 이것이 바로 한국의 테라마드레입니다.

아직 여러분의 숫자는 적지만, 옆에 있는 사람의 얼굴을 바라보십시오. 오늘은 역사적인 날입니다. 바로 여기서 새로운 생각이 출발하는 것입니다. 여러분의 생각이 전국으로 번져 나가고 전 들로 번져 나가야 합니다. 희망과 믿음을 가져야 합니다. 우리는 돈을 먹을 수는 없습니다. 우리는 이기적인 생각을 먹을 수는 없습니다. 우리는 먹으면서 행복을 느낍니다. 서로 나누기 때문입니다. 바로 이것이 우리의 혁명, 평화적인 혁명입니다.

좋은 일을 하십시오. 환경을 존중하십시오. 저는 항상 이기적인 생각에 반대합니다. 여러분, 이 생각의 무기를 손에 쥐고 앞으로 나아갑시다. 특히 나이 드신 농부들과 함께 뭉쳐 그들의 지혜를 나누십시오. 그것이 바로 한국의 미래요, 세계의 미래입니다. 만약에 세상이 젊은이와 노인으로 나눠진다면 그 세상이 잘못된 세상입니다. 젊은이는 노인들에게서 배워야 합니다. 노인은 젊은이에게 말을 해 줘야 합니다. 이것이 바로 자연의 법칙입니다. 그 법칙을 우리 다시 한 번 만듭시다. 단지 이익만 생각하고 국민 총생산만 생각하지 맙시다. 그것으로는 충분하지 않습니다. 행복과 조화가 필요합니다. 나눔이 필요합니다. 다시 한 번 세 알의 강낭콩을 심읍시다. 하나는 우리를 위해서, 하나는 모두를 위해서, 하나는 자연과 새를 위해서. 같이 만들어 갑시다. 감사합니다.

먹을 권리를 지켜라!

먹을거리는 모두의 권리이다

카를로 페트리니는 이렇게 말한다. "지금 지구 상에는 120억 명이 먹을 수 있는 음식이 있다. 그러나 세계 인구는 65억 명으로 전체 음식의 절반은 버려진다고 보면 된다. 그런데도 10억 명은 굶고 있고, 17억 명은 너무 많이 먹어 병이 난다. 음식이 제대로 분배되지 않고 있고, 품질도 문제라는 뜻이다."

슬로푸드 운동은 처음에는 맛있고 건강한 음식을 먹기 위해 출발했다. 그러나 이 운동은 전 세계 163개 나라로 퍼져 나가면서 점차 식량과 식품을 상품화해 인간의 생명을 담보로 돈벌이에 매달리는 세계 자본주의 체제에 대항하기 시작했다. 그 정신이 '테라마드레'라는 말에 고스란히 담겨 있다. '땅(terra)'과 '어머니(madre)'를 합한 말로 자연이 온 생명체의 어머니라는 뜻이다.

슬로푸드는 '건강하고 맛있는 음식'을 모토로 내걸고, 유전자를 조작한 농산물과 농약으로 환경을 파괴하는 농업에 창끝을 겨누며 거대한 국제 농산물 자본에 저항하는 운동을 벌이고 있다. 또한 고향 땅을 지키며 살아온 농민들이 서로 연대해서 전통을 지키는 것을 돕기도 한다.

"나는 내가 소비하는 음식이 먹을거리의 세계에서 다른 이들에게서 빼앗은 것이 아니기를 바란다. 나는 전통적인 농부들과 그들이 땅과 맺고 있는 관계, 그들이 좋은 먹을거리를 평가하는 방식을 좋아한다. 모든 사람들은 좋은 먹을거리를 누릴 권리가 있다. 그 권리는 즐거움이자 모든 사람에게 속한 것이다. 왜냐하면 그것은 인간의 본성이기 때문이다."라고 카를로 페트리니는 말한다.

1퍼센트가 쥐고 흔드는 식량 주권

사람이 살아가는 데 가장 기본적으로 필요한 것인 음식에 관심을 갖는 것은 당연한 일이다. 그런데 그 음식을 1퍼센트의 사람들이 나머지 99퍼센트의 사람들, 아니 지구 전체를 병들게 하며 지배하려 한다는 사실은 잘 알지 못한다. 착취는 우리가 앉은 식탁에서도 일어나고 있다. 세계의 농업과 식량 공급은 이미 선진국의 거대 회사들이 장악하고 있다. 현황과 그로 인한 결과는 다음과 같다.

첫째, 세계의 모든 농산물 씨앗 시장은 '몬산토', '노바티스' 등 다국적 종자 기업이 75퍼센트를 장악하고 있다. 이들은 세계 각지에서 씨앗을 거둬들인 뒤, 그 종자를 개량해 특허를 내고 판다. 이 거대한 시스템 앞에서 원주민이 수천 년 동안 개량해 온 원래의 종자는 대적하지 못하고 사라진다.

유전자 조작 농산물 판매에 항의하는 유럽 시민들. '나는 과학 실험 대상이 아니다'라는 팻말을 들고 있는 소녀가 자극적이다.

특히 세계 최대 종자 기업인 미국의 몬산토 사는 유전자를 조작한 위험스러운 종자들의 90퍼센트에 이르는 특허권을 갖고 있다. IMF 당시 우리나라의 종자 회사들 역시 몬산토 사에 헐값으로 넘어가, 씨앗을 살 때마다 로열티를 지불한다. 몬산토는 특허권을 적용해 세계 각국의 농민을 상대로 매일 100건 이상의 소송을 진행했다. 그 결과 몬산토의 유전자 조작 면화 재배를 시작한 인도에서는 지난 10년간 농민 15만 명이 자살하기도 했다.

이들은 종자만 파는 것이 아니라 농약도 파는데, 그 독성은 잡초나 해충뿐만 아니라 유전자를 조작한 자기네 종자를 제외한 다른 농산물마저 죽일 수 있을 정도다.

둘째, 세계의 곡물 시장은 80~90퍼센트를 흔히 미국의 카길과 프랑스의 루이 드레퓌스, 스위스의 앙드레, 아르헨티나의 붕게 등 대기업이 지배하고 있다. 우리나라는 식량 자급률 51퍼센트, 곡물 자급률 24퍼센트, 쌀 제외 곡물 자급률 6퍼센트로, 한국 곡물 시장의 72.9퍼센트를 카길 같은 대기업이 장악하고 있다. 이들은 사들인 곡물이 썩지 않도록 방부제를 듬뿍 넣어 세계 곳곳에 판다.

2007년 이후 식량난에 허덕이고 있는 에티오피아 정부는 이들과 농업 개발 프로젝트를 체결하고 아디스아바바 외곽에 있는 국립공원 360만 헥타르를 개간하기도 했다. 그러나 그 땅에서 나오는 농작물은 식량이 부족한 에티오피아 국내가 아니라 두바이, 카타르, 바레인, 사우디아라비아 등에 있는 특급 호텔이나 다국적 기업에 수출된다.

셋째, 네슬레, 아처대니얼스미들랜드, 맥도날드 같은 초대형 식품 가공 회사들은 전 세계를 대상으로 상품을 판다. 그러나 그것에 유전자 조작 농산물이 얼마나 들어 있는지는 알 길이 없다. 게다가 유전자 조작 식품이 어떤 해를 끼치는

지는 연구조차 제대로 되고 있지 않다.

그들의 햄버거에 들어가는 쇠고기는 출산지 표시도, 몇 개월 된 소인지도, 심지어 어느 부위인지도 표시되지 않는다. 미국은 전체 소의 1퍼센트만 광우병 검사를 한다. 그리고 우리는 그저 상표만 믿고 사 먹을 뿐이다.

대다수 사람들의 식량 주권이 이처럼 극소수의 이기적인 기업들에게 넘어가 있다는 게 정말 신기하고 이상하지 않은가?

3

민주주의와 평등

인민의, 인민에 의한,
인민을 위한

- 에이브러햄 링컨
1863년 11월 19일, 게티즈버그 국립묘지에서

티모시 H. 오설리번이 게티즈버그 전투 직후인 1863년 7월 5일에서 6일 사이에 찍은 사진. 10만 구가 넘는 인간과 동물의 시체가 썩어나는 문제로 이 자리에 그대로 국립묘지를 세웠다.

　　미국의 남북전쟁(1861~1865년)은 사실 북부의 우세한 산업자본이 노예노동에 기초한 뒤떨어진 남부의 농업자본을 굴복시킨 전쟁이었다. 그러나 이 전쟁은 노예제도 폐지 문제를 둘러싸고 일어난 거라고 알려져 있다. 왜냐하면 바로 그것이 미국인이 겉으로 드러내고 싶어 하는 전쟁의 명분이기도 하고, 수많은 이들의 죽음과 남북 간의 증오를 제외하면 전쟁이 남긴 거의 유일한 성과이기 때문이다.

이 전쟁은 남과 북의 분열을 진압하고 오늘날의 자본주의 강대국 미국을 만들어 낸 토대를 만들었다는 데 의미가 깊다. 그래서 링컨은 제2의 건국의 아버지 취급을 받는다.

유럽의 앞선 자본주의 국가들은 시민혁명을 통해 봉건 귀족들을 몰아내고 농노를 해방시켜 값싼 노동력을 얻을 수 있었다. 그 힘으로 산업혁명을 일으켜 자본주의 체제를 만들어 낸 것이다. 미국은 독립전쟁(1775년)으로 시민혁명을 대신했지만, 아직 커다란 한계를 가지고 있었다. 북부의 인구는 1,900만 명으로 이미 산업혁명을 추진하고 있었지만, 남부는 인구 900만 명 중 무려 400만 명의 흑인 노예노동을 바탕으로 시대에 뒤떨어진 농업에 매달려 있었던 것이다. 이 모순을 한방에 해결하여 값싼 노동력을 확보하기 위한 것이 바로 '전쟁'이었던 것이다.

남북전쟁은 실로 참혹했다. 4년의 전쟁 동안 죽은 군인만 62만 명이 넘었다. 특히 1863년 7월 1일부터 3일까지 단 3일간의 전투에서 5만 명 이상의 사상자가 발생했다. 바로 게티즈버그 전투였다.

게티즈버그는 펜실베이니아 주에 있는 인구 2,500여 명의 작은 마을이었다. 그곳에서 총공세를 편 남군과 방어를 위해 모인 북군이 맞붙었고, 17만 명의 군인이 벌인 전투가 끝나자 그 땅은 사람과 말의 시체로 뒤덮였다. 시체 썩는 냄새가 진동하자 북부군 정부는 아예 그곳에 묘지를 만들기로 했고, 전투 후 4개월 만인 11월 19일, 숨진 병사를 위한 국립묘지 봉헌식이 거행됐다. 링컨은 여기서 300단어도 채 안 되는 짧지만 너무나도 유명한 연설을 했다.

1863년 게티즈버그 국립묘지에서 연설하는 링컨. 작가 미상

지금으로부터 87년 전 우리 건국의 아버지들은 이 대륙으로 와서 자유로 가득 찬 나라를, 모든 사람은 평등하게 창조되었다는 원칙에 기초한 새로운 나라를 세웠습니다.

우리는 그렇게 세운 이 나라가, 아니 그 어떤 다른 나라라고 할지라도 그런 원칙에서 세운 나라가 지금 거대한 내전에 휩싸여 과연 이 땅에서 살아남을 수 있는지 시험받고 있습니다. 오늘 우리가 모인 이 자리는 그 전쟁에서 커다란 전투가 벌어졌던 곳입니다. 그분들은 그렇게 세운 이 나라를 살리기 위해 목숨을 바쳤습니다. 우리는 그들에게 마지막 안식처가 될 수 있도록 이 전쟁터의 땅 한 뙈기를 성지로 만들어 바치고자

여기에 왔습니다. 우리가 하는 이 일은 너무도 당연한 것입니다.

그러나 더 큰 의미에서 보면 우리가 이 땅을 성지로 만들어 바친다고 말할 수 없습니다. 죽었든 살았든 간에 여기서 목숨 바쳐 싸웠던 그 용감한 사람들이 이미 이곳을 성지로 만들었기 때문입니다. 보잘것없는 우리로서는 그들의 행동에 더 보태고 뺄 것도 없습니다.

세계는 오늘 우리가 여기 모여 무슨 말을 했는지 별로 주목하지도 오래 기억하지도 않을 것입니다. 그러나 우리는 저 용감한 사람들이 여기서 수행했던 일을 결코 잊지 않을 것입니다. 여기서 싸웠던 사람들이 그토록 고결하게 지키며 전진시키려 했으나 끝내지 못한 채 남겨진 저 위대한 임무를 다하기 위해 몸을 바쳐야 하는 것은 이제 우리의 몫입니다.

우리는 명예롭게 죽어 간 저들에게서 더 큰 헌신을 이어받아 그들이 마지막까지 지키고자 했던 대의에 우리 자신을 바쳐야 합니다. 그래서 그들이 헛되이 죽지 않았다는 것을 보여 줄 것을 굳게 다짐해야 합니다. 그래서 신의 가호 아래 이 나라에 새로운 자유가 탄생하도록 해야 합니다. 그래서 인민의, 인민에 의한, 인민을 위한 정부가 이 지상에서 결코 사라지지 않도록 해야 합니다.

게티즈버그 국립묘지. 이곳에는 당시 북군의 묘지만 있다. 남군 전사자는 얕은 구덩이에 몰아넣고 흙으로 덮어 버렸다. 패자인 남군은 그 당시에도 지금도 반란군에 불과할 뿐이다.

게티즈버그 연설에 숨어 있던 고민

　북군이 게티즈버그 전투에서 승리하자 전쟁은 북군의 승리 쪽으로 크게 기울었다. 하지만 어느 쪽이 이기든 서로를 죽고 죽이는 과정에서 남부와 북부는 하나의 나라로 다시 합해질 수 없을 만큼 깊은 상처를 입었다. 따라서 링컨은 전쟁의 그럴듯한 명분을 분명히 하고 새로운 국가 통합의 원칙을 내걸어야 했다.

　이미 이 연설을 하기 전, 같은 해 1월 1일 링컨은 노예해방령을 발표했다. 그 내용은 다음과 같다.

1862년 장관들과 함께 한 자리에서 노예해방령 초안을 작성하는 링컨. 프란시스 B. 카펜터 그림(1864년)

1863년 1월 1일을 기해 미합중국에 대해 반란 상태에 있는 주 또는 어떤 주의 지정된 지역에 사는 노예는 영원히 자유의 몸이 될 것이다. … 그리고 적합한 조건을 갖춘 자는 미합중국 군대에 입대해 요새, 진지 및 기타 부서에 배치되고 모든 종류의 선박에도 배치될 것임을 알리는 바이다.

…

당시 북부 연맹에 속한 몇몇 주에도 노예제도와 노예가 남아 있었지만, 반란군인 남부의 주들만 대상으로 노예해방을 선언한 것이다. 이 노예해방령은 전쟁의 명분과 함께 남부에 있는 노예를 탈출시켜 경제적인 타격을 주려는 목적에서 선포되었다. 따라서 남과 북 사이에 감정의 골이 깊게 파인 그 당시, 보다 분명한 전쟁의 명분과 통합의 원칙을 밝힌 것이다.

그것은 연설의 첫 구절과 마지막 구절에 등장한다. 바로 미국 건국의 아버지들이라고 불리는 사람들이 독립선언서에서 선언한 '모든 사람은 평등하게 창조되었다'는 원칙과 '인민을 위한, 인민에 의한, 인민의 정부를 지켜 자유의 재탄생을 불러오는 것'이 전쟁의 명분과 통합의 원칙이었다.

미국 건국의 아버지들
조지 워싱턴, 존 애덤스, 토머스 제퍼슨, 벤저민 프랭클린, 새뮤얼 애덤스 등으로 영국의 식민지였던 미국 초기 13주의 지도자를 일컫는다.

여기에 사용된 '인민(people)'이라는 표현은 오늘날 국민으로 해석하기도 한다. 그러나 당시에는 국민을 가리킬 때는 일반적으로 '시민(citizen)'이라고 표현했다. 즉, 링컨은 국민의 권리를 누리지 못하고 있던 흑인까지 포함해 '인민'이라고 표현한 것이다. 이 단어는 미국의 역사에서 성과 인종, 빈부에 따른 차별을 없애려는 운동에서 그 해석을 놓고 두고두고 쟁점이 되어 왔다.

여성도 투표해야 한다

– 수잔 앤서니
1873년, 뉴욕 몬로우 카운티에서

1913년 2월 여성 선거권 운동에 나선 미국 여성들. 아이러니하게도 민주주의를 내세우는 자본주의 선진국일수록 여성에게 평등한 선거권을 보장한 역사는 짧다.

1872년 11월 1일 아침, 뉴욕 주 로체스터에 있는 선거 사무실에 몇 명의 여성이 나타나더니 이제 막 치러질 대통령 선거에 유권자 등록을 하겠다고 말했다. 담당 공무원들은 깜짝 놀랐다. 당시까지의 여성은 선거권을 갖고 있지 않았기 때문에 유권자 등록을 할 수 없었기 때문이다.

담당 공무원들은 말렸지만 그 여성들은 끝까지 우겼다. 그녀들은 '미국에서 태어났거나 시민이 된 모든 사람은 미합중국의 시민이고, 그 시민권과 자유는 제한되어서는 안 된다'는 미국 헌법을 내세우며, 어디에 여성의 참정권을 제한하는 내용이 있느냐고 따졌다. 결국 실랑이 끝에 그 여성들은 유권자 등록을 마쳤고 며칠 후에는 투표를 할 수 있었다.

여성이 투표를 했다는 소식은 순식간에 전국으로 퍼졌다. 한 남자는 불법 선거라고 고발장을 접수했고, 신문들은 앞다퉈 이 사실을 보도했다. 그리고 그 여성들은 투표를 했다는 이유만으로 재판정에 서게 되었다.

그중에는 전미여성참정권협회 회장 수잔 앤서니도 있었다. 수잔 앤서니는 법정에서 유죄 판결을 받고 100달러의 벌금형을 선고받았다. 그러나 다음 날 뉴욕의 신문들은 "승리자가 있다면 그건 미스 앤서니다. 그녀는 투표를 했고 미국 헌법은 충격을 받았다."고 보도했다. 결국 그녀는 벌금을 내지 않았고, 어느 누구도 벌금을 강요하지 못했다.

그러나 여성에 대한 미국 남성의 가부장적인 생각은 쉽게 깨지지 않았다. 그로부터 무려 50년이 지나서야 미국 여성의 선거권이 비로소 헌법으로 보장되었다. 미국은 수정 헌법 19조를 만들어 "선거할 권리가 성별의 차이 때문에 거부되거나 제한되어서는 안 된다."고 명시했다. 1920년 8월 26일의 일이었다.

평생을 여성 참정권 운동에 헌신해 온 수잔 앤서니가 1872년 대통령 선거에서 투표를 했다는 이유로 재판에 넘겨진 뒤 다음 해 유죄를 선고받고 뉴욕 거리에서 한 연설이다.

시민 여러분, 오늘 밤 저는 지난 대통령 선거에서 선거권
도 없는데 투표를 했다는 죄로 고발당했습니다. 오늘 저녁 저
는 여러분께 제가 한 일이 죄는커녕 어느 주도 거부할 수 없
는 권한을 가진 헌법이 미국 시민에게 보장한 시민의 권리를 행사한 것
에 불과하다는 것을 보여 줄 것입니다.

미국의 헌법은 이렇게 시작됩니다.

> 우리 미국 국민(people)은 보다 완전한 통일을 이루고, 정의를 세우며, 국
> 내의 안정을 보장하고, 공동으로 방어하며, 전반적인 복지를 촉진하고, 자유
> 와 번영을 위해 미합중국의 헌법을 제정한다.

여기서 '우리 국민'은 백인 남성이 아니요, 남성만도 아니요, 바로 국
가를 구성하는 국민 전체입니다. 우리가 헌법을 만든 것은 자유의 축복
을 포기하기 위해서가 아니라 지키기 위해서입니다. 반쪽만이 아니라
남성과 여성, 국민 전체의 자유와 번영을 위해서입니다. 여성이 자유의
축복을 누리고 있다고요? 그건 터무니없는 조롱입니다. 그녀들이 이 민
주주의 공화국이라는 정부에게서 보장받은 유일한 수단인 선서권도 써
먹지 못하는데, 무슨 자유의 축복입니까?

성별을 자격 조건으로 내거는 주는 국민의 반에게 선거권을 주지 않
겠다는 것이고, 이 땅의 최고 법률인 헌법을 어기고 현실을 무시한 법을
통과시키겠다는 것입니다. 그와 함께 여성은 자유의 축복에서 영원히

쫓겨나게 되겠지요.

여성에게 이 정부는 더 이상 국민의 동의로부터 세워진 권력이 아닙니다. 여성에게는 민주주의도 아니며 공화국도 아닙니다. 지구 상에 세워진 가장 추악한 귀족 정치일 뿐입니다.

부자가 가난한 자를 지배하고, 교육받은 자가 무식한 자를 지배하며, 앵글로색슨 백인이 흑인을 지배하는 독재 정치는 그래도 얼마 동안 견딜 수 있었습니다. 그러나 아버지, 아들, 남편이 어머니, 누이, 아내를 지배하는 이 독재 정치, 모든 남자를 지배자로 만들고 모든 여성을 하인으로 만드는 이 독재 정치는 이 나라 모든 가정에서 충돌을 일으키고 반란을 불러올 것입니다.

여성 참정권을 위해 평생을 싸웠던 수잔 앤서니는
1979~1981년, 그리고 1999년 미국 동전에 모습을 올리기도 했다.

웹스터, 워세스터, 보비어 같은 사전에는 '시민이란, 미국에 사는 자로 투표권과 공무원에 취임할 수 있는 사람'이라고 나와 있습니다.

이제 남은 것은 이것뿐입니다. 여성이 위에 나오는 사람인지 아닌지

하는 것입니다. 아무리 우리를 반대하는 사람일지라도 여성을 사람으로 여기지 않을 만큼 뻔뻔스러울 거라고 생각하지는 않습니다. 여성도 사람이라면 당연히 시민입니다. 그리고 어떠한 주도 그 권리를 제한하는 새로운 법을 만들거나 옛날 법을 들이댈 권리는 없습니다. 따라서 몇몇 주에 아직도 남아 있는 흑인을 차별하는 법률과 마찬가지로, 여성을 차별하는 법률은 이제는 무효입니다!

여자도 사람이다

여성 참정권의 역사

참정권은 보통 투표권과 피선거권을 뜻한다. 여성 참정권은 1700년대 후반부터 서구의 민주주의 혁명과 더불어 제기되었으나, 역사상 최초로 여성에게 완전한 참정권, 즉 투표권과 피선거권이 주어진 것은 그로부터 200년이 지난 1900년 전후의 일이다.

1893년 뉴질랜드가 세계 최초로 여성 참정권을 인정했고, 이어서 호주(1902년), 핀란드(1906년), 노르웨이(1913년) 등에서 여성 참정권이 인정되었다. 그리고 일찌감치 명예 혁명이나 권리 장전을 만들었던, 민주주의의 선구자라고 할 수 있는 영국은 의외로 1928년에, 민주주의의 모범 국가라는 미국은 그보다 앞선 1920년에서야 겨우 법적으로 여성 참정권이 인정되었다.

영국과 미국에서 여성 참정권이 인정된 것은 제1차 세계대전 당시 일터와 공장을 여성이 장악하면서 여성 파워가 사회적으로 높아진 덕분이다. 자고로 힘이 있어야 현실을 바꾼다는 말이 적절해 보이는 사례다.

제1차 세계대전 당시 여성의 해군 입대를 권하는 포스터. 재미있는 것은 여성에게 납세의 의무를 시작으로 국방의 의무까지 지운 후에야 선거권을 보장했다는 점이다. 제1차 세계대전에서 각국 정부는 여성을 후방의 군수공장은 물론 전쟁터로 동원했다. 그 후 북아메리카와 유럽 각국은 여성의 선거권을 인정할 수밖에 없었다. 어쩌면 여성이 선거권을 얻는 데는 앞선 여성 운동가들보다 전쟁에서 희생된 이름 없는 여성들의 역할이 더 컸다고 할 수 있다.

재미있게도 민주주의 혁명의 국가 프랑스에서는 1946년, 스위스에서는 1971년에야 겨우 남성과 마찬가지로 여성 참정권이 보장되었다. 특히 프랑스에서는 비극적이기조차 한 상황이 벌어지기도 했다. 프랑스 혁명 때 처음으로 여성의 권리 문제를 제기한 올랭프 드 구즈는 '여성이 단두대에 오를 권리가 있다면 의정 단상에도 오를 권리가 있다'는 유명한 말을 남기고 단두대의 이슬로 사라졌다.

지구 상에서 여성의 권리에 가장 완고한 아랍 지역은 어떨까? 터키에서는 1930년에 투표권이 주어졌지만 다른 아랍 국가는 거의 2000년대 초반에 이르러서야 여성 참정권을 실질적으로 인정했다. 그중 사우디아라비아는 유독 늦게 2011년에야 여성 참정권을 인정했는데, 그마저 2015년에 법적으로 보장될 것이라고 한다.

아랍이나 사우디아라비아에서 여성 참정권을 인정하지 않으려고 했던 이유가 재미있다. 여성은 합리적인 이성적 판단 능력이 남성보다 떨어진다는 것이 이유였다. 요새는 거꾸로 남성의 능력이 떨어진다는 얘기도 있지만, 현대 사회에서 오랫동안 여성 참정권이 문제가 되어 온 이유는 바로 이런 남성 중심의 관습과 문화 때문이라는 데는 의문의 여지가 없다.

수잔 앤서니와 함께했던 엘리자베스 캐디 스탠톤

미국의 화폐에도 이름을 올린 수잔 앤서니의 영광은 그녀 혼자만의 것이 아니었다. 그녀는 수많은 여성의 영혼을 대표했을 뿐이다. 그중에서도 엘리자베스 캐디 스탠톤은 특별했다.

엘리자베스는 1848년 여성 인권 선언문을 발표한 사람으로 유명하다. 그 선언문은 거의 모든 미국인이 알고 있는 토머스 제퍼슨의 독립선언서를 약간 바꾸어 놓은 것이었다. 핵심은 여성도 남성과 동등하다는 것이었다. 선언문은 1848년 7월 19일 어느 교회에서 여성만 입장한 가운데 처음 발표되었고, 그 다음 날인 20일에는 남성의 입장이 허용된 가운데 다시 발표되었다. 7월 20일 발표에는 300여 명이 참석했고, 68명의 여성과 32명의 남성이 선언문에 서명했다.

이 여성 인권 선언문의 열한 번째 부가 조항에 '여성은 투표할 수 있는 권리가 있다'는 내용이 있었다. 그런데 당시로서는 너무 급진적이고 극단적인 것이라고 생각돼서 엘리자베스의 남편을 비롯한 많은 사람들조차 이 조항을 선언문에 넣는 것을 반대했다.

아닌 게 아니라 선언문이 발표되자 각종 신문과 사회 저명인사 그리고 정치인 모두 여성 참정권을 비난하며 한결같이 반대했다. 심지어 선언문 발표 자리에 있었던 많은 여성들도 '남편의 마음이 내 마음과 같은데 굳이 투표권을 요구할 필요가 있을까?'라고 생각했다고 한다. 이런 상황이 벌어지자 프레더릭 더글러스라는 유명한 흑인 인권 운동가가 사람들을 설득하기 시작했으며, 마침내 이 조항이 들어갈 수 있었다고 한다.

엘리자베스 캐디 스탠턴(왼쪽)과 수잔 앤서니는 여성 참정권뿐만 아니라 여성도 사람답게 살 수 있는 권리도 주장했다. 하지만 이 시기의 여성 선거권 운동은 백인 중상류층 여성을 중심으로 했다는 한계가 있다.

민족의 과제 '통일'을 향해

– 김대중

2000년 12월 10일, 노르웨이 오슬로 노벨상 수상식장에서

2000년 6월 한국 대통령 최초로 평양을 방문해 김정일 국방위원장을 만난 김대중.

김대중, 그는 대한민국 정치사 뿐만 아니라 반독재 민주화 투쟁의 역사에 뚜렷한 자취를 남겼다. 또한 뛰어난 지도자였다. 독재 정권에 대항해 끊임없이 대통령에 도전했지만, 세 번의 실패 끝에 마침내 대통령이 됐다. 그가 계속 대통령에 도전했던 것은 그의 야망 뿐만 아니라 민주 진영을 대표할 만한 적임자였기 때문이다.

1998년 2월 대한민국의 제15대 대통령이 된 김대중 앞에는 민주 사회를 구현하는 것 말고도 큰 과제가 있었다. 그것은 달러화 부족으로 인해 긴급 자금 대출을 받는 대가로 국제통화기금의 간섭을 감수해야 하는 '경제 위기'였다.

김대중은 이런 시련들을 딛고 2000년 6월, 민족의 과제인 '통일'을 이루기 위한 발을 내딛었다. 마침내 북한을 방문한 그는 모든 비난과 걱정을 잠재우고 '6·15 남북 공동선언'을 성사시켰다. 그해 12월 노벨 위원회는 김대중을 노벨 평화상 수상자로 결정했다. 그는 민주화의 산 증인이자 평화 운동의 세계적 지도자 자격으로 수락 연설을 위해 연단에 섰다.

국왕 폐하, 왕세자와 공주 등 왕실 가족 여러분, 노르웨이 노벨 위원회 위원 여러분, 그리고 내외 귀빈과 신사 숙녀 여러분! 노르웨이는 인권과 평화의 성지입니다. 노벨 평화상은 세계 모든 인류에게 평화를 위해 헌신하도록 격려하는 숭고한 메시지입니다. 저에게 오늘 내려 주신 영예에 대해서 다시없는 영광으로 생각하고 감사를 드려 마지않습니다.

그러나 저는 한국에서 민주주의와 인권, 그리고 민족의 통일을 위해 기꺼이 희생한 수많은 동지들과 국민들을 생각할 때 오늘의 영광은 제가 차지할 것이 아니라 그분들께 바쳐져야 마땅하다고 생각합니다. 오늘 이 노벨 평화상을 저에게 주신 이유 중 하나는 지난 6월에 있었던 남북 정상회담과 그 이후에 전개되고 있는 남북 화해 협력 과정에 대한 평가라고 알고 있습니다.

존경하는 여러분!

노벨 위원회가 긍정적으로 평가해 준 최근의 남북 관계에 대해 몇 말씀드리겠습니다. 저는 지난 6월에 북한의 김정일 국방위원장과 역사적인 남북 정상회담을 가졌습니다. 북한에 갈 때 여러 가지 걱정이 많았지만 오직 민족의 화해와 한반도의 평화를 위한 일념으로 출발했던 것입니다. 회담이 잘된다는 보장도 없었습니다. 남북은 반세기 동안 분단된 가운데 3년에 걸친 전쟁을 치렀으며 휴전선의 철책을 사이에 놓고 불신과 증오로 50년을 살아왔습니다.

이러한 남북 관계를 평화와 협력의 방향으로 돌리기 위해 저는 1998

년 2월 대통령에 취임한 이후 햇볕정책을 일관되게 주장했습니다. 그것은 첫째, 북에 의한 적화통일을 용납하지 않는다. 둘째, 남에 의한 북한의 흡수통일도 결코 기도하지 않는다. 셋째, 남북은 오로지 평화적으로 공존하고 평화적으로 교류 협력하자는 것이었습니다. 완전한 통일에 이르기까지는 얼마가 걸리더라도 서로 안심하고 하나가 될 수 있을 때까지 기다려야 한다는 것이 저의 생각이었습니다.

북한은 처음에는 우리의 햇볕정책이 자신들을 전복시키려는 음모라고 여기고 강하게 반발했습니다. 그러나 우리의 일관되고 성의 있는 자세와 노르웨이를 비롯한 전 세계 모든 나라의 햇볕정책에 대한 지지는 북한의 태도를 바꾸게 만들었습니다. 그리하여 마침내 남북 정상회담이 열리게 되었던 것입니다.

남북 정상회담은 예상했던 대로 참으로 힘든 협상이었습니다. 그러나 우리 두 사람은 민족의 안전과 화해 협력을 염원하는 입장에서 결국 상당한 수준의 합의를 도달해 내는 데 성공할 수 있었습니다.

첫째, 우리는 조국의 통일을 자주적으로 평화적으로 이룩할 것. 또 통일은 서두르지 말고 우선 남과 북이 평화적으로 공존하고 평화적으로 교류 협력하기 위해 전력을 다하자는 데 합의했습니다.

둘째, 종래 남북 간에 현격한 차이가 있었던 통일 방안에 대해서도 상당한 합의점에 도달할 수 있었습니다. 북한은 우리가 주장한 통일의 전 단계인 '1민족 2체제 2독립정부'의 '남북연합제'에 대해 '낮은 단계의 연방제'라는 형태로 접근해 왔습니다. 분단 반세기 만에 처음으로 통일

에의 제도적 접근이 이루어진 것입니다.

셋째, 한반도에 미군이 계속 주둔해서 한반도와 동북아시아의 안정을 유지하도록 하자는 데도 합의했습니다. 북한은 지난 50년 동안 남한에서의 미군 철수를 최대 쟁점으로 주장했습니다. 저는 김정일 위원장에게 강조했습니다. "미·일·중·러의 4강에 둘러싸여 세계에서도 유례가 없는 특수한 지정학적인 위치에 있는 우리로서는 미군의 한반도 주둔은 필수 불가결하다. 미군은 현재뿐 아니라 통일 이후에도 필요하다. 유럽을 보라. 당초 '나토'의 창설과 미군의 주둔은 소련과 동구 공산권의 침략을 막는 것이 목적이었다. 그러나 공산권이 멸망한 지금도 나토와 미군이 있지 않느냐. 유럽의 평화와 안정을 위해서는 그 존재가 계속되는 것이 필요하기 때문이다." 여기에 대해 김정일 위원장은 뜻밖에도 종래의 주장을 접고 적극적인 찬성의 뜻을 나타냈는데, 이는 한반도는 물론 동북아시아의 평화를 위해 참으로 뜻깊은 결단이었습니다.

그 외에도 우리는 이산가족의 만남에 대해 합의했으며 여러분이 아시는 대로 지금 이것은 원만하게 실천되고 있습니다. 경제 협력에 대해서도 합의했습니다. 이미 투자 보장, 이중과세 방지 등 네 개의 협정을 체결하는 합의서에 서명했습니다. 우리는 그동안 북한에 대해 인도적 차원에서 북한에 비료 30만 톤과 식량 50만 톤을 지원했습니다. 그리고

연합제
국가의 형태를 그대로 유지하면서 통합하는 것으로, 국제기구인 유엔이 이에 해당한다.

연방제
크게 외교와 국방은 하나로 묶은 다음 그 외의 체제를 유지하는 상태로 통합하는 것으로 미국의 연방제에 해당한다.

나토(NATO)
북대서양조약기구(North Atlantic Treaty Organization)를 줄인 말로, 1949년 동구 사회주의권을 봉쇄하기 위해 만든 서구 자본주의 국가들의 집단방위기구이다. 2009년 현재 정식 회원국은 미국을 포함해 28개국이다.

이중과세
하나의 대상에 대해 같은 성격의 조세를 두 번 이상 과세하는 것으로, 북한에 진출한 남한 기업에 북과 남이 각각 세금을 걷는 것을 말한다.

사회·문화 교류에 대해서도 합의해 스포츠, 문화·예술, 관광의 교류 등
이 점차 활발해지고 있습니다.

　또한 남북 간 긴장 완화와 평화 정착을 논의하기 위한 남북 국방장관
회담이 열려 '다시는 전쟁을 하지 말자'는 데 합의했습니다. 분단된 남
북 간의 분단 철도와 도로를 다시 연결하기 위해 양쪽 군이 협력하는 데
에도 합의했습니다.

…중략…

　존경하는 귀빈 여러분! 제가 민주화를 위해서 수십 년 동안 투쟁할 때
언제나 부딪힌 반론이 있었습니다. 그것은 '아시아에는 서구식 민주주
의가 적합하지 않으며 그러한 뿌리가 없다'는 주장이었습니다. 그러나
이는 사실과 다릅니다. 아시아에는 오히려 서구보다 훨씬 더 이전에 인
권 사상이 있었고, 민주주의와 상통한 사상의 뿌리가 있었습니다. '백성
을 하늘로 삼는다', '사람이 즉 하늘이다', '사람 섬기는 것을 하늘 섬기듯
하라' 이런 것은 중국이나 한국 등지에서 3,000년 전부터 정치의 가장
근본 요체로 주장되어 온 원리였습니다. 또한 2,500년 전에 인도에서
시작된 불교에서는 '이 세상에서 내 자신의 인권이 제일 중요하다'라는
교리가 강조되었습니다.

　이러한 인권 사상과 더불어 민주주의와 상통하는 사상과 제도도 많이
있었습니다. 한국·일본·필리핀·인도네시아·태국·인도·방글라데시·
네팔·스리랑카 등 수많은 사례들이 있습니다. 동티모르에서는 주민들
이 민병대의 혹독한 학살과 탄압에도 불구하고 용기를 가지고 독립을
지지하는 투표에 참가했습니다. 지금 미얀마에서 아웅 산 수치 여사가

고난의 투쟁을 계속하고 있습니다. 아웅 산 수치 여사는 미얀마 국민과 민심의 폭넓은 지지를 받고 있습니다. 저는 언젠가 미얀마에 민주주의가 반드시 회복되고 국민에 의한 대의 정치가 다시 부활하는 날이 오리라는 것을 믿어 의심치 않습니다.

아웅 산 수치(1945~   )
미얀마의 정치가. 민주화 운동을 했다는 이유로 군부 독재자에 의해 투옥와 자택 연금 등의 고초를 20여 년간 당한 뒤 최근 정치 활동을 재개할 수 있도록 허용되었다.

존경하는 여러분! 민주주의는 인간의 존엄성을 구현하는 절대적인 가치인 동시에 경제 발전과 사회 정의를 실현하는 유일한 길이라고 저는 믿습니다. 민주주의가 없는 곳에 올바른 시장 경제가 존재할 수 없습니다. 또한 시장 경제가 없으면 경쟁력 있는 경제의 발전은 기대할 수 없는 것입니다.

저는 민주주의적 기반이 없는 국가 경제는 사상누각일 뿐이라고 확신하고 있습니다. 그래서 1998년 대통령에 취임한 이후 민주주의와 시장 경제의 병행 발전, 이것과 함께 생산적 복지정책을 추진하고 있습니다. 한국은 지난 2년 반 동안 민주주의와 시장 경제, 그리고 생산적 복지에 병행 실천이라는 국정 철학 아래 국민의 민주적 권리를 적극 보장하고 있습니다. 금융·기업·공공·노동 부문의 4대 개혁을 지속적으로 추진해 왔습니다. 복지의 중점을 저소득층을 포함한 모든 국민의 인력 개발에 둠으로써 이제 상당한 성과를 올리고 있습니다. 한국의 개혁은 앞으로도 계속될 것입니다.

21세기는 지식 정보화 시대로서 부가 급속히 성장하는 시대입니다. 동시에 정보화 시대는 부의 편차가 심화되어 빈부 격차가 급격히 확대

되는 시대이기도 합니다. 국내뿐 아니라 국가 간의 빈부 격차도 커져 갑니다. 이것은 인권과 평화를 위협하는 또 하나의 심각한 현상이라 하지 않을 수 없습니다. 우리는 21세기에 있어서도 계속해서 인권 탄압과 무력 사용을 적극 반대해야 합니다. 아울러 정보화에서 오는 새로운 현상인 소외 계층과 개발 도상국의 정보화 격차를 해소함으로써 인권과 평화를 저해하는 장애 요인을 제거해야 합니다.

존경하는 국왕 폐하, 그리고 신사 숙녀 여러분! 마지막으로 제 개인에 대해서 잠시 말씀드릴 것을 허락해 주시기 바랍니다. 저는 독재자들에 의해서 일생에 다섯 번에 걸쳐서 죽을 고비를 겪어야 했습니다. 6년을 감옥살이를 했고, 40년을 연금과 망명과 감시 속에서 살아왔습니다.

제가 이러한 시련을 이겨 내는 데는 우리 국민과 세계에 민주 인사들의 성원의 힘이 컸다는 것은 이미 말씀드렸습니다. 동시에 제 개인적인 이유도 있습니다.

첫째, 저는 하나님이 언제나 저와 함께 계신다는 믿음 속에 살아오고 있으며, 저는 이를 실제로 체험했습니다. 1973년 8월 일본 도쿄에서 망명 생활을 하고 있을 당시 저는 한국 군사 정부의 정보기관에 의해서 납치되었습니다. 전 세계가 이 긴급 뉴스에 경악했었습니다. 한국의 정보기관원들은 저를 일본 해안에 정박 중에 있던 공작선으로 끌고 가서 전신을 결박하고 눈과 입을 막았습니다. 그리고 저를 바다에 던져 수장하려 했던 것입니다. 그때 저의 머릿속에 예수님이 선명하게 나타나셨습니다. 저는 예수님을 붙잡고 살려 줄 것을 호소했습니다. 바로 그 순간 저

일본 도쿄에서 납치된 후 서울로 돌아와 기자들에게 둘러싸인 김대중. 그는 1980년 군사 쿠데타로 권력을 장악한 군부로부터 사형선고를 받기도 했다. 그는 험난한 과정을 거쳐 1997년 말 경제적으로 국가 부도 위기라는 절박한 시기에 대통령에 선출됐다.

를 구원하는 비행기가 와서 저는 죽음의 찰나에서 구출되었던 것입니다.

또 하나, 저는 역사에 대한 믿음으로서 죽음의 위협을 이겨 왔습니다. 1980년 군사 정권에 의해서 사형 언도를 받고 감옥에서 6개월 동안 그 집행을 기다리고 있을 때 저는 죽음의 공포에 떨 때가 자주 있었습니다. 그러나 이를 극복하고 마음의 안정을 얻는 데는 '정의필승'이라는 역사적 사실에 대한 저의 확신이 크게 도움을 되었습니다.

모든 나라 모든 시대에 있어서 '국민과 세상을 위해 정의롭게 살고 헌신한 사람은 비록 당대에는 성공하지 못하고 비참하게 최후를 맞이하더

라도 역사 속에서 반드시 승자가 되어 다시 부활한다'는 것을 저는 수많
은 역사적 사실 속에서 보았습니다. 그러나 불의한 승자들은 비록 당대
에는 성공을 하더라도 후세 역사의 준엄한 심판 속에서 부끄러운 패자가
되고 말았다는 것도 읽을 수 있었습니다. 거기에는 예외가 없었습니다.

국왕 폐하 내외분, 그리고 귀빈 여러분! 노벨상은 영광인 동시에 무한
한 책임의 시작입니다. 저는 역사상의 위대한 승자들이 가르치고 알프
레드 노벨 경이 바라던 대로 나머지 인생을 바쳐 한국과 세계의 인권과
평화, 그리고 우리 민족의 화해와 협력을 위해 노력할 것을 맹세하는 바
입니다. 여러분과 세계 모든 민주 인사들의 앞으로도 더 한 층의 성원과
편달을 바라마지 않습니다.

6·15 남북 공동선언이 있기까지

김대중만큼 통일 문제에 관심을 갖고 파고든 정치인은 없다. 1970년 9월 박정희에 맞설 신민당 대통령 후보로 선출된 그는 첫 기자 회견에서 당시로는 깜짝 놀랄 만한 통일 방안을 내놓았다. '온 사회를 군대화하는 향토예비군 제도 폐지, 미·중·소·일 4대 강국의 한반도 안전 보장하에 남북의 교류 협력과 평화 통일 실현, 공산권 국가들과 외교 및 무역 추진'을 약속했던 것이다. 이에 박정희 독재 정권은 그를 '빨갱이'로 몰았다.

그런데 대통령 선거가 있고 2년이 지난 1974년 7월 4일 중앙정보부장(현 국가정보원장) 이후락은 엄청난 사실을 발표했다. 김대중을 빨갱이로 몰던 당시로는 어안이 벙벙한 내용이었다. 이후락은 1972년 5월 평양을 방문해 김일성을 만났으며, 북의 대표도 서울을 방문해 박정희를 만난 자리에서 '외세의 개입 없이 민족 자주적으로, 무력을 쓰지 않고 평화적으로, 사상과 이념을 초월해 하나의 민족으로'라고 하는 '3대 조국 통일 원칙'에 합의했다는 내용이었다. 그러나 석 달 뒤 박정희는 유신 헌법을 발표하고 영구적인 대통령이 되었고, 앞서 있었던 합의는 휴지 조각이 되었다.

그로부터 20년이 흐른 1991년 12월. 남북은 다섯 번의 회담 끝에 화해와 불가침, 교류와 협력에 관한 '남북 합의서'를 발표했다. 전두환의 뒤를 이은 노태우 군사 정권 시절이었지만, 소련을 비롯한 공산주의 정권이 거의 무너져 세계적으로 냉전이 끝날 무렵이었다. 그러나 미국의 조지 부시 대통령은 "북한에 핵무기가 있을지 모르니 핵 시설을 사찰하기 전에 남북 관계가 개선되면 안 된다."고

제동을 걸었다. 북한은 이에 반발했다. 미국은 원자로가 있는 영변을 폭격하는 작전을 세웠다. 북한의 특사는 "그러면 전쟁!"이라고 선언했다. 다시 일촉즉발의 위기가 찾아왔다.

조지 부시를 물리치고 대통령이 된 빌 클린턴 대통령은 1994년 6월 지미 카터 전 대통령을 특사로 김일성 주석에게 보냈다. 북미 관계에 극적인 돌파구가 열렸고 곧 남북 정상회담이 약속됐다. 그러나 정상회담을 보름 앞 둔 1994년 7월 9일 '김일성 사망'이라는 소식이 전 세계를 강타했다. 노태우의 뒤를 이어 1992년 한국의 대통령이 된 김영삼은 그 소식을 듣고 가장 먼저 '전군 비상경계 태세'를 지시하고 전쟁을 준비했다. 그러나 당시 제네바에서 북한과 핵 문제로 협상 중이던 미국은 대표를 꾸려 북한 대표부에 조문을 했다. 김영삼 정권은 이에 항의하며 더욱 강한 반공정책으로 북한을 압박했다.

1998년 대통령이 된 김대중은 그해 6월 정주영 현대 명예회장이 소 떼를 이끌고 북의 고향을 방문하는 것을 허락했다. 50년 분단의 선을 민간인이 걸어서 넘은 것이었다. 같은 해 겨울 1,355명의 남한 사람을 태운 금강산 유람선 금강호가 동해항을 떠나 북한의 장전항에 도착했다. 북한이 김대중의 햇볕정책에 반응하기 시작한 것이다. 그리고 김대중은 역사적인 남북 화해의 길을 말이 아닌 행동으로 옮겼다. 2000년 평양을 방문해 '6·15 공동선언'을 이루어 낸 것이다.

6·15 공동선언 후 서울로 돌아오기 전 건배를 하는 남북의 두 정상. 그들은 시차를 두고 세상을 떠났고, 남북 관계는 다시 엉클어졌지만, 언제든 다시 길을 틀 수 있는 업적을 남겼다.

그리고 7년 후인 2007년 10월 2일 김대중 대통령의 뒤를 이은 노무현 대통령은 걸어서 휴전선을 넘어 북한을 방문했다. 이 연설문은 평양으로 출발하기에 앞서 청와대에서 대국민 인사를 통해 회담에 임하는 자세와 각오를 밝힌 것이다.

> 존경하는 국민 여러분,
> 저는 오늘부터 사흘간 평양을 방문합니다.
> 취임 전후의 긴박했던 상황을 생각해 보면, 이제 한반도 정세나 남북 관계가 정상회담을 열 수 있을 만큼 변화했다는 사실이 참으로 다행스럽고 기쁩니다. 오늘이 있기까지 참여정부의 대북 정책을 믿고 성원해 주신 국민 여러분께 진심으로 감사드립니다.
>
> 국민 여러분,
> 이번 정상회담은 좀 더 차분하고 실용적인 회담이 될 것입니다.
> 지난 2000년 정상회담이 남북 관계의 새 길을 열었다면, 이번 회담은 그 길에 가로 놓여 있는 장애물을 치우고 지체되고 있는 발걸음을 재촉하는 회담이 될 것입니다.
> 여러 가지 의제들이 논의되겠지만, 무엇보다 평화 정착과 경제 발전을 함께 가져갈 수 있는, 실질적이고 구체적인 진전을 이루는 데 주력하고자 합니다.
> 비핵화 문제와 한반도 평화체제는 궁극적으로 남북의 합의만으로 해결될 수 있는 일은 아닙니다. 그러나 기본 방향을 설정하고 속도를 내는 데

있어서는 남과 북의 의지가 무엇보다 중요하다고 생각합니다. 이번 회담이 6자회담의 성공을 촉진하고, 한빈도와 동북아의 평화에 기여히는 회담이 될 수 있도록 최선을 다할 것입니다.

　경제 협력은 많은 진전이 이루어지고 있습니다만, 아직도 많은 장애가 있습니다. 국제적인 요인만이 아니라 남북 간 인식의 차이에 기인한 장애도 적지 않습니다. 이 장애를 극복하지 않고는 본격적인 경제 협력이 속도를 내기는 어렵습니다. 저는 이 인식의 차이를 극복하는 데 노력을 집중할 것입니다.

　군사적 신뢰 구축과 인도적 문제에 있어서도 구체적인 합의가 이루어질 수 있도록 최대한 노력하겠습니다.

　국민 여러분,

　저는 이번 회담에 거는 국민 여러분의 기대와 요구를 잘 알고 있습니다. 많은 국민들과 전문가들이 제안한 의제들, 정상회담 추진위원회에서 검토된 의제들, 그리고 그 외에도 많은 의제들이 있습니다. 국민의 기대를 최대한 의제에 반영하고 결과를 얻고 싶은 심정이나, 한 번의 만남으로 이 많은 과제를 소화할 수는 없을 것입니다. 남은 임기를 고려하면 이번 회담에서 논의하고 성사할 수 있는 일에도 한계가 있을 것입니다.

　시기를 놓치지 않고 한 걸음 한 걸음 착실히 나아가는 것이 중요합니다. 저는 욕심을 부리지 않을 것입니다. 그렇다고 몸을 사리거나 금기를 두지도 않을 것입니다. 역사가 저의 책임으로 맡긴 몫이 있을 것입니다. 이 시기 우리를 둘러싼 상황에 대한 냉정한 판단을 토대로 제게 맡겨진 책임만큼 최선을 다할 것입니다. 합의를 이루기 위하여 설득할 것은 설득하고, 타협할 것은 타협할 것입니다. 많은 합의를 이루지 못하더라도 상호 인식의 차이를 좁히고 신뢰를 더할 수 있다면 그것도 중요한 성과일 것입니다.

저는 잘될 것이라는 확신을 가지고 있습니다. 멀리 보고 큰 틀에서 생각한다면 남과 북이 가는 길이 다르지 않을 것이기 때문입니다.

국민 여러분,

이제 북녘 땅을 향해 출발하겠습니다. 이틀 후 좋은 결과를 가지고 돌아올 수 있도록 아낌없는 성원을 부탁드립니다.

감사합니다.

노무현 대통령과 권양숙 여사는 2007년 10월 2일 오전 9시 5분에 대한민국 국가 원수로는 처음으로 분단의 상징인 군사분계선을 걸어서 넘어서고 있다.

우리도 공부를 하고 싶어요

— 유니세프 방글라데시위원회
1997년, 『세계 아동 현황 보고서』 중

학교 건물도 없는 아프리카 수단에서 선생님이 아이들을 가르치고 있다.

2008년 현재 지구촌 이웃 가운데 하루 1달러 미만으로 살아가는 절대 빈곤층의 수는 무려 12억 명, 하루 3달러 미만의 소득자는 30억 명에 이른다. 그 결과 세계 인구의 7분의 1에 해당되는 8억 5,000만 명 이상이 심각한 수준의 만성적인 영양실조에 시달리고 있다.

사정이 이렇다 보니 열 살 미만의 아동이 굶주림과 질병으로 3초에 한 명꼴로 사망하고 있다. 또한 깨끗한 물 한 잔과 위생 시설이 없어 실사 때문에 사망하는 아동만 연간 약 180만 명에 이른다. 한창 학교에 다닐 나이이지만 학교에 다니지 못하는 아동이 1억 명 정도라고 한다.

다음은 1997년 유니세프 방글라데시위원회가 발간한 『세계 아동 현황 보고서』에 실린 절대 빈곤 지역인 방글라데시에 살고 있는 어린이들의 모습이다.

열세 살 타스리마는 아홉 살 때부터 의류 공장에서 일했다. 그 아이는 학교에 가서 방글라데시어와 산수, 영어를 배우고 싶어 한다. 학비만 준비된다면 아침에는 공부하고 오후에는 일할 수 있을 거라고 말한다. 교육으로 어떤 이익을 얻을 수 있느냐고 묻자, 셈하기와 글씨 쓰기를 배우게 된다고 말했다. 음악과 바느질도 배우고 싶다고 말했다.

여덟 살 서전은 먹고살기 위해 어머니와 오빠, 할머니와 함께 다카에 왔다. 그녀의 어머니는 가정부 일을 하면서 한 달에 방글라데시 돈으로 100타카(약 1,200원)를 번다. 서전과 오빠는 비닐봉지와 폐지, 다른 물건을 주워서 한 봉지당 5~10타카를 받고 가게에 판다. 소년들은 기차역 근처의 무료 학교에 다닌다. 그들은 매일 학교에 가서 몇 시간씩 읽기와 쓰기를 배운다. 학교에서는 매일 아이들에게 바나나 같은 간식을 주고 필요한 책이나 학용품도 준다.

열 살 래킵은 나이가 어리다고 의류 공장에서 쫓겨난 후 지금은 학교에 다니고 있다. "공부를 하면 좋은 직업을 얻을 수 있을 거예요. 그러면 어머니도 도와드릴 수 있고요."라고 소년은 말한다.

아미나는 일곱 살 때 폐지를 모으면서 돈 버는 일을 시작했다. 지금은 열 살인데 또래에 비해 키가 아주 작다. 그녀는 하루 종일 건축 현장에서 벽돌을 잘게 부수는 일을 하고 있지만 작업량은 그리 많지 않다. 그

녀는 자기가 얼마나 버는지 모른다. 어머니가 쫓아다니면서 돈을 받아 가기 때문이다. 어떤 때는 폐지 수집을 하기도 하는데, 왜냐하면 벽돌이 예기치 않은 방향으로 튀어 오르든가 망치가 손에서 미끄러지는 바람에 손이나 손가락을 베거나 다치기 때문이다. 아미나는 학교가 어떤 곳인지 알고 싶어 한다. 최소한의 비용이라도 있으면 방법이 있을 텐데.

열네 살 실피는 미르푸르의 의류 공장에서 일한다. 그 아이는 기계가 만들어 낸 셔츠를 접는 일을 한다. 그 아이는 한 달에 400타카를 번다. 그녀는 학교에 가고 싶지만 생활비를 버는 것이 더 중요한 일이라고 말한다. "나는 내 자신을 돌보아야 해요. 그러니 어떻게 공부를 할 수 있겠어요?" 앞으로 어떤 사람이 되고 싶은지 묻자 선생님이 되고 싶다고 했다. 다른 사람들을 가르치는 모습이 보기 좋기 때문이란다. 그 아이는 자기 남동생에게 읽는 법을 가르쳐 주었다고 한다.

학교에 가지 못한 방글라데시 아이들은 하루 종일 노동에 시달리고 있다.

열세 살 줄레카는 열 살 때부터 가정부 일을 하고 있다. 세 명의 여자 형제와 네 명의 남자 형제가 있는데, 아버지는 중풍으로 쓰러져 일을 할 수 없다. 그 아이는 주로 고용주의 자식을 돌보며 모든 허드렛일을 한다. 주인집 식구들이 모두 밖에 나갈 때

면 집 안에 갇히고 만다. 쥴레카는 집안이 가난해 학교에 다녀 본 적도 없다. 그러나 가능하다면 학교에 가고 싶다고 말한다.

열두 살 루마는 공부를 하고 싶어 한다. 그 아이는 자기가 교육을 받으면 부모를 도와줄 수 있고 부모에게 조언까지 해 줄 수 있을 거라고 생각한다. 또한 결혼 이야기가 나오면 자신의 의견도 얘기할 수 있을 거라고 말한다. 그 아이는 재봉틀을 사용하는 방법에 대해 알고 싶어 한다. 그러면 월급도 오를 것이고 고생도 덜하게 될 거라고 말한다. 그 아이는 일을 계속하면서도 공부할 수 있기를 바란다.

파키스탄의 빈민촌에서 태어난 아이, 이크발 마시흐.
아버지의 빚 때문에 단돈 1만 6,000원에
네 살의 어린 나이에 카펫 공장에 팔렸다.
하루 10시간 일하고 받는 돈은 단돈 24원.
10살이 되도록 열심히 일했지만 오히려 빚은 30배로 늘어났다.
아이는 별 수 없이 목숨을 걸고 공장을 탈출했다.
다시 잡혀도 다시 탈출했다.
그리고 아동 노예 노동 문제를 고발하는 증언자가 되었다.
그러나 그는 누군가가 쏜 총에 맞고 12살 어린 나이에 죽어야 했다.

– 주니어 지식채널 e 중에서 –

희망 없는 절망, 어린이 노동

『세계 아동 현황 보고서』에 나온 어린이들은 그래도 낫다. 몇몇은 돈을 벌지 못해도 부모의 노력으로 끼니를 때우면서 학교에 다니거나 공부할 생각도 한다. 몇몇은 일하지 않으면 안 되지만 그래도 일자리가 있어 일을 한다. 그들은 어려운 상황에서도 희망을 간직한 채 살아간다.

하지만 어떻게 해도 먹고살 수 없는 어린이는 아무런 희망도 없이 죽기만을 기다려야 한다. 지금도 3초에 한 명꼴로 죽어 가고 있다. 그들에게 무슨 희망이 있고 교육이 있겠는가?

잔뜩 굶주린 어린 소녀의 배가 질병으로 인해 부어 있다.

원인은 자본에 의한 수백 년의 수탈

이러한 아동 문제의 가장 큰 원인은 가난과 정치적 혼란이다. 정치적 혼란이 가난을 구조화하기도 하지만 반대로 가난 때문에 정치적 혼란이 생겨나기도 한다.

그렇다면 이들의 가난과 정치적 문제는 왜 생겨났을까? 그것은 바로 500년 전의 식민지 시대부터 사행된 이들 지역에 대한 수탈 때문이다. 남아시아와 아프리카 사하라 사막 남부 그리고 남아메리카 지역 사람들은 어린이뿐만 아니라 성인도 절망 속에서 살아가고 있다. 이 지역의 가난이 서구 식민지 지배와 정확히 일치하는 것은 결코 우연이 아니다.

그 예로 카카오 농장을 살펴보자. 신들의 음식이라는 초콜릿의 원료 카카오, 이 카카오의 최대 산지는 서아프리카에 있는 코트디부아르다. 무려 전 세계 생산량의 3분의 2를 차지할 정도다. 이 지역 카카오 농장에서는 다섯 살 어린이를 포함한 30만여 명의 어린이가 일하고 있다. 그들은 총을 든 경비원의 감시하에 강제 노동을 하거나 아니면 하루 1달러, 연 150달러도 안 되는 임금을 받으며 카카오를 생산하고 있다.

카카오 농장에서 일하는 이 아이의 하루 일당으로는 초콜릿 하나도 사지 못한다.

2001년 나이지리아 국적의 한 선박이 이 카카오 농장에 어린이를 공급하기 위해 대규모 어린이 노예 밀매를 주도한 사실이 드러나면서 카카오 농장의 실태가 전 세계에 드러나기도 했다.

한편 여기서 생산된 카카오로 전 세계 초콜릿 시장을 장악하고 있는 기업은 허쉬, 마스, 네슬레 등 과거 식민지 지배 세력이었던 서구의 자본이다. 이들 다국적 기업은 소비자에게 싼 값의 초콜릿을 공급한다는 명분하에 여전히 더 싼 가격에 원료를 확보하고자 경쟁하고 있다. 그 과정에서 식민지 시대 이래로 서구 사회를 위해 값싼 원료의 공급지로 희생당했던 이 지역은 스스로 발전하거나 성장할 기회를 빼앗겼다. 그 결과가 이 지역의 가난과 정치적 혼란으로 나타난 것이다.

앞으로 우리가 해야 할 일

오늘날 유니세프를 비롯한 수많은 인권 단체나 운동가들이 이 문제에 대한 해결책을 찾고 있지만 뚜렷한 대책을 찾지 못하고 있다. 다국적 기업에게 이윤의 감소는 귓등으로도 듣지 않으려는 말이고, 그렇다고 해서 다국적 기업을 강제로 해체시켜 버릴 수도 없기 때문이다.

유엔이나 각국 정부들은 인도적 차원에서 선진국이 돈을 모아 빈곤 지역의 가난을 구제해야 한다고 강조하기도 한다. 유엔은 선진국이 국민 총소득의 0.7퍼센트만 내놓아도 가능한 일이라고 말한다. 이 돈은 전 세계 국가들이 국방비로 쏟아붓는 돈의 5분의 1에 해당한다. 그러나 과연 어느 나라가 돈을 내놓겠는가?

한편 선진국의 소비자 스스로 이러한 현실을 극복하기 위해 운동을 벌이는 경우도 있다. 대표적인 것이 바로 공정 무역 운동이다.

비윤리적으로 생산되는 소비재를 쓰지 말자. 그리고 공정한 방식으로 생산하는 재화를 다국적 자본을 통하지 말고 직접 거래해 정당한 가격을 지불하여 소비하자. 이 기회에 소비량도 정당하게 줄이면서 건강도 챙기고 비용도 아끼자. 그러면 빈곤 지역 사람들도 차츰 살길이 생길 것이며 소비자에게도 이익이다.

5. 모든 인류에게 인권을 보장하라

- 시린 에바디

2003년 12월 10일, 노르웨이 오슬로 노벨상 수상식장에서

2009년 이란 대통령 선거 부정에 항의하는 국민들을 탄압하는 이란 사복 경찰. 당시 국민들은 개혁파 후보를 지지했으나 엉뚱한 결과가 나왔고, 최고 종교 지도자는 국민들의 요구를 외면하고 보수파의 당선을 선언했다.

　미국과 서방 국가들의 연합군이 이라크를 침략한 2003년 겨울, 노벨 위원회는 다소 의외의 인물에게 노벨 평화상을 수여한다고 발표했다. 이라크 침공에 대해 아랍 민중이 미국과 서방에 대해 불안과 분노에 휩싸여 있던 상황에서 아랍계 인물, 그것도 이란의 여성에게 노벨 평화상을 주겠다는 것이었다.

그 당시 이란은 부시 미국 대통령에게 이라크, 북한과 함께 '악의 축'으로 낙인찍힌 채 다음 공격 대상이 자신들이 아닐까 하는 두려움에 떨고 있었다. 한편에서는 침략에 앞서 이란 정부와 국민을 이간질하는 서방의 술책이 아니냐는 의구심을 보였다. 그러나 그 여성은 노벨 평화상 수상식장에 참석해 서방을 강력하게 규탄하는 연설로 수상 소감을 대신했다. 그녀의 이름은 시린 에바디였다.

그녀는 1974년 이란 여성 최초로 판사가 된 뒤 1979년까지 테헤란 법원장을 지냈다. 그러나 같은 해 이란 혁명으로 이슬람교 정치체제가 들어서면서 여성의 사회활동이 제한되어 강제로 해직되었다. 이후 변호사로 활동하면서 인권 운동과 민주주의, 특히 여성과 아동의 권리를 위한 투쟁에 뛰어들었다. 그 후로 그녀는 수차례 감옥을 오가면서 이란의 개혁에 앞장섰다.

이란은 1974년 혁명으로 종교의 최고 지도자가 국가의 최고 지도자를 맡는 신정(神政) 정치체제로 바뀌었다. 최고 지도자는 대통령을 갈아치울 수 있으며 법을 무효화시킬 수도 있다. 그의 권한은 신으로부터 주어지기 때문에 그 어떤 제한도 없었다.

이런 이란의 기득권 세력에게 시린 에바디는 눈엣가시 같은 존새었다.

국왕 폐하, 왕실 가족 여러분, 노벨 위원회 여러분, 그리고 귀빈 여러분. 오늘 이렇게 특별한 곳에서 제 목소리가 전 세계로 퍼져 나가게 된 것을 영광으로 생각합니다. 노벨 위원회가 이 영광을 제게 주셨습니다. 알프레드 노벨의 정신과 그의 길을 따르는 분들께 존경을 표합니다.

올해는 노벨 평화상이 중동의 이슬람 국가인 이란의 한 여성에게 주어졌습니다. 이것은 분명히 이란뿐만 아니라 세계 곳곳에서 빼앗긴 자신의 권리를 되찾기 위해 노력하는 많은 여성에게 힘과 자신감을 줄 것입니다. 여성은 모든 나라의 반을 차지합니다. 여성을 깔보고, 정치적·사회적·경제적·문화적 활동을 가로막는 것은 사실 그 사회 전체의 힘에서 반을 빼앗는 짓입니다. 남성 중심의 가부장 문화와 여성 차별은 특히 이슬람 국가에서 영원히 계속될 수는 없습니다.

노벨 위원회 여러분. 아시다시피, 이 영광스러운 상은 인도적이고 참된 노력을 하는 이란과 이슬람 국가의 국민에게 아주 좋은 영향을 줄 것입니다. 이 축복으로 남녀를 떠나 자유를 사랑하고 평화를 추구하는 모든 이들이 감동할 것입니다. 자유를 사랑하는 제 조국의 국민에게 내려 주신 축복과 제게 주신 이 영광에 대해 노벨 위원회 여러분께 감사드립니다.

오늘은 세계인권선언이 채택된 지 55년이 되는 기념일입니다. 이 선언은 '모든 인간은 자유와 평등, 평화를 보장받아야 할 존엄성과 포기할 수 없는 평등한 권리를 가지고 있다'는 말로 시작됩니다. 그리고 모든

인간이 표현의 자유를 누리며 공포와 가난으로부터 보호받을 수 있는 세상을 약속하고 있습니다.

그러나 불행하게도 올해 유엔 개발계획의 보고서는 그 이상과는 거리가 먼 재앙을 말하고 있습니다. 2002년 12억 명의 사람들이 하루 1달러에도 못 미치는 수입으로 사는 끔찍한 가난을 겪고 있습니다. 또한 50개 나라 이상이 전쟁이나 자연재해를 겪고 있습니다. 또한 에이즈로 2,200만 명이 목숨을 잃었고 1,300만 명의 아이들이 고아가 되었습니다.

또한 지난 2년 동안 어떤 나라들은 9·11 테러와 테러와의 전쟁을 구실로 국제적 원칙과 인권에 관한 법률을 어겼습니다. 2002년 12월 18일 유엔 총회 결의안 57/219호, 2003년 1월 20일 안전보장이사회 결의안 1456호, 2003년 4월 25일 인권위원회 결의안 2003/68호는 모든 국가가 국제법의 의무와 인권, 인도적 법률에 어긋난 수단과 방법으로 테러와의 전쟁을 벌여서는 안 된다고 강조했습니다. 그러나 인권과 기본적 자유를 제한하는 조항은 물론, 공정한 재판이 어려운 특별기구나 법정이 '테러와의 전쟁'이라는 이름으로 합법성을 인정받았습니다.

지금 서구의 적들이 저지르는 인권 유린뿐만 아니라 서구 민주 국가가 원칙을 위반하는 것에도 인권 운동가들의 관심이 커지고 있습니다. 바로 그들이 유엔헌장과 인권선언을 만든 나라들입니다. 몇 달 동안의 군사 작전 중에 잡힌 수많은 사람들이 관타나모 수용소에 갇혀 있습니다. 제네바 국제 협약이나 세계인권선언, 정치적 권리에 관한 국제 협약에 나와 있는 권리도 빼앗긴 채 말입니다.

게다가 국제 시민 사회가 지난 몇 년 동안, 특히 지난 몇 달 동안 그리

고 지금도 궁금해하고 있는 것이 있습니다. 바로 다른 위원회의 결의안과 달리 왜 안전보장이사회의 결의안만 강제력을 갖느냐는 것입니다. 그리고 이스라엘이 점령한 팔레스타인에 대한 수십 건의 유엔 결의안은 35년 동안이나 실행되지 않았습니다. 그런데 왜 이라크와 그 국민에 대해서는 처음에는 안전보장이사회의 권고안만 가지고, 두 번째는 안전보장이사회의 반대에도 불구하고 군대를 동원해 공격하고 경제적으로 봉쇄하고 결국 점령하는 일이 벌어질 수 있습니까?

미국이 주도한 다국적군이 1991년과 2003년에 각각 이라크를 침공할 당시의 사건을 말한다.

　신사 숙녀 여러분, 잠시 제 조국과 종교 그리고 신념에 대해서 말씀드리고 싶습니다. 저는 페르시아 제국을 건설한 키루스 대왕의 후손인 이란인입니다. 2,500년 전에 권력의 정상에 오른 대왕은 이렇게 선언했습니다. "백성이 원하지 않으면 지배하지 않겠다. 그리고 누구에게도 강제로 종교나 신념을 바꾸게 하지 않을 것이며, 모두에게 자유를 보장하겠다."라고 약속했습니다. 키루스 대왕의 법령은 인권의 역사에서 꼭 찾아봐야 할 중요한 자료 중 하나입니다.

　저는 이슬람교도입니다. 코란에는 이슬람 예언자의 말이 이렇게 나와 있습니다. "당신은 당신의 믿음을, 나는 나의 종교를 섬길 것이다." 그 책은 또 모든 예언자의 임무는 모든 인간이 정의를 받들게 하는 것이라고 말합니다. 이슬람의 가르침에 따라서 이란의 문명과 문화도 인도주의 정신에 영향을 받아 왔습니다. 다른 사람의 생명과 믿음, 신념을 존중하고, 관용과 양보를 장려하며, 폭력과 전쟁을 피하는 정신입니다.

찬란한 이란의 문학, 특히 하피즈, 모우라비, 아타르부터 사디, 사네이, 나제르 코스로우와 네자미에 이르기까지 신비주의 문학은 이러한 인도주의적 문화의 좋은 예입니다. 사디의 시에는 이렇게 표현되어 있습니다.

아담의 자식들은 하나의 본질에서 창조되었으며 서로의 일부다. … 재난이 닥쳐 그 하나가 괴로우면, 다른 자식들도 편안할 수가 없다.

이란 국민은 백 년이 넘도록 전통과 근대화 사이의 갈등에 대항해 싸우고 있습니다. 어떤 사람은 옛 전통에 따라 조상의 눈으로 세상을 보려하며 현재의 문제를 전통적인 가치로 다루려 합니다. 그러나 많은 사람은 옛 역사와 문화, 종교와 믿음을 존중하지만 세계의 발전과 문명에 뒤떨어지지 않고 발맞추어 가려고 노력하고 있습니다. 특히 최근에는 사회적 문제에 참여하는 것이 자신의 권리라고 여기고 있습니다. 자신의 운명에 주인이 되려는 것입니다.

이런 갈등은 이란뿐만 아니라 많은 이슬람 국가에서 찾아볼 수 있습니다. 어떤 사람은 민주주의와 인권이 이슬람의 가르침과 전통적 사회 구조에는 맞지 않는다는 핑계로 독재 체제를 정당화해 왔고 또 계속 하고 있습니다. 그러나 사실 자신의 권리를 깨친 사람을 전통적이고 가부장적인 방법으로 억누르기란 쉬운 일이 아닙니다.

이슬람이 예언자 무함마드에게 내린 첫 번째 가르침은 '읽어라!'입니다. 코란은 글로 약속된 것입니다. 이러한 가르침과 교훈은 지식과 지

이슬람권에서 법적 근거가 되는 샤리아에 대한 여성의 반대 집회. 이슬람의 가장 기본이 되는 코란에서는 "종교에는 어떤 강요도 있을 수 없다."라고 하지만, 샤리아는 "이슬람을 배신한 자는 참수한다."고 말하고 있다.

혜, 의견과 표현의 자유, 문화적 다양성을 가로막지 않습니다.

이슬람 국가에서 법률적으로든 또는 사회·정치·문화의 영역에서 여성을 차별하는 것은 이슬람이 아니라 남성 중심의 가부장제적 문화에 뿌리를 두고 있기 때문입니다. 이 문화는 자유와 민주주의를 인정하지 않습니다. 또한 남성과 여성의 평등한 권리, 남성(아버지, 남편, 형제)으로부터 여성을 해방시키는 일은 생각조차 안 합니다. 그 문화를 지키며 전통적으로 지배자 노릇을 해 왔던 자신의 위치가 흔들리기 때문입니다.

　문명의 충돌을 말하는 사람도 있습니다. 전쟁을 피할 수 없으니 이 지역에 군사적 개입을 해야 한다는 사람도 있습니다. 이들은 자신을 정당화하기 위해 후진국의 사회문화적·정치경제적 후진성을 핑계로 대기도 합니다. 그들에게 말하겠습니다. 한 민족이 자신의 운명을 스스로 결정할 권리를 비롯해 인권에 관한 국제적 법률이 누구에게나 적용된다고 생각한다면, 그리고 의회민주주의가 다른 정치제도보다 월등히 뛰어나다고 생각한다면, 오만하고 이기적으로 자신의 안전과 편안함만 생각해서는 안 됩니다. 장래의 발전과 국제적 관계를 위해서 후진국이 정치적 독립과 영토를 유지하면서 인권과 민주주의를 누릴 수 있는 새로운 방법과 생각을 유엔이 하루 빨리 찾아야만 합니다.

　노벨 평화상 위원회는 2003년 이 상을 최초로 이슬람 국가의 여성이자 이란인인 제게 주었습니다. 이 상은 저와 이란을 비롯한 이슬람 국가의 국민에게 희망을 주었습니다. 인권을 실현하고 민주주의를 뿌리내리려는 우리의 노력과 투쟁이 국제 시민 사회에서 지지와 지원을 받을 수 있다는 희망을 말입니다. 이 상을 이란 국민에게 바칩니다. 또한 인권과 민주주의를 위해 노력하는 이슬람 국가와 후진국 국민에게 바칩니다.

　신사 숙녀 여러분, 저는 앞에서 인권이야말로 자유와 정의, 평화의 보증인이라고 말했습니다. 인권이 법으로 인정되지 않고 국가에 의해 보장되지 않는다면, 세계인권선언에 나타나 있는 대로, 인간은 '독재와 억압에 대항'할 수밖에 없습니다. 모든 존엄성과 인권을 빼앗긴 인간은,

배고픔과 전쟁과 질병에 시달리는 인간은, 빼앗기고 비참해진 인간은, 자신의 권리를 되찾을 아무런 힘이 없습니다.

21세기가 폭력과 테러와 전쟁에서 벗어나기를 원한다면, 재앙에 시달렸던 20세기의 경험이 다시 반복되는 것을 피하고 싶다면, 인권을 보장하는 것만이 해결책입니다. 인종과 성별, 종교와 국가, 사회적 지위를 막론하고 모든 인류에게 말입니다. 그날이 오기를 바라며, 깊이 감사드립니다.

야만의 대명사 샤리아

이란에서 여성이 간통죄를 저지르면 돌로 쳐서 죽이는 형벌을 받는다. 이슬람 율법에 그렇게 나와 있기 때문이다. 서구인이 야만의 대명사처럼 여기는 이슬람 율법이란 무엇일까?

이슬람 세계의 최고 법은 코란과 하디스다. 코란은 이슬람의 창시자 무함마드가 받았다는 신의 계시를 적어 놓은 신성한 기록이다. 하디스는 무함마드의 언행과 함께 초기 후계자들의 행적을 기록한 것으로 순수했던 이슬람 사회의 모습을 담고 있다.

그러나 코란과 하디스 그 어디에도 여성을 차별하고 종교를 강요하고 이슬람을 따르지 않으면 처벌한다는 내용이 없다. 오히려 부자의 이자놀이를 막는 등 가난한 자를 돌보는 평등한 공동체를 내세우고 있다. 무함마드가 일부다처제를 인정한 것도 전쟁으로 가장을 잃은 아녀자를 돌보기 위함이었고 그 스스로 모범을 보였다.

그 다음 율법은 샤리아로 코란과 하디스에 나오지 않은 것을 수백 년에 걸쳐 이슬람 성직자들이 의논하여 정한 것이다. 여기에는 무슬림의 기본 의무와 권리, 결혼과 이혼, 범죄와 형벌 등을 비롯해 시시콜콜한 것들이 정해져 있다.

문제는 샤리아가 이슬람교가 탄생한 지 300~400년이 지난 후부터 19세기에 이르기까지 고쳐졌다는 것이다. 이 시기 이슬람 세계는 칼리파라는 왕을 중심으로 강력한 이슬람 국가를 건설하고 확대했다. 당연히 칼리파를 중심으로 한 이슬람 사회는 가부장제 사회였다.

2009년 부정 선거에 항의하는 군중. 건물 벽에 걸린 그림이 이란 혁명의 지도자 호메이니입니다. 이후로 이란에서는 이슬람교 최고 성직자가 국가의 최고 지도자가 되었다.

문제는 칼리파는 왕일 뿐만 아니라, '신의 사도(무함마드)의 대리인'으로 이슬람 성직자의 우두머리였다는 점이다. 따라서 샤리아에는 점령지의 백성을 비롯한 국민의 저항을 억누르고, 사회적 약자인 여성을 억압하는 내용이 많이 들어갈 수밖에 없었다.

2011년 들어 시민의 저항으로 변화의 조짐이 보이고 있지만 이슬람권에는 대체로 두 가지 형태의 국가들만이 있다. 칼리파의 전통을 따라 아직도 왕이 전권을 가지고 독재를 하는 나라, 서구의 영향을 받아 선거와 의회라는 민주적 제도를 도입했지만 군부가 실권을 쥐고 독재를 펼치는 나라다. 그중 여성 차별이 유난히 심한 나라들은 왕정 국가들이다. 물론 이들 국가는 석유 자원 때문에 서구 국가들의 지원을 받고 있다.

1979년까지 팔레비 왕가가 다스리던 이란은 민중 혁명으로 왕가가 쫓겨난 후 신정(神政) 정치체제를 택한다. 순수했던 초기 이슬람 방식으로 이슬람의 율법에 따라 성직자들이 다스리겠다는 취지였다. 물론 대통령과 국회의원을 선거로 뽑지만, 이슬람 성직자 위원회의 우두머리 이맘은 '이슬람 지도자'라는 명분으로 모든 것을 결정할 권한을 갖는다. 새로운 형식의 칼리파가 현대에 부활한 것이다.

이맘
'학식이 뛰어난 이슬람 학자'에서부터 '이슬람교의 지도자'를 가리키는 여러 가지 용법이 있는 호칭이다.

2011년 '아랍의 봄'이라는 이름으로 다시 부는 민주화의 바람! 그러나 저 괴상망측한 샤리아가 이슬람권을 다스리고 있는 한 그 길은 멀고도 험하다.

4

인종차별

밤과 낮은 함께할 수 없다

- 시애틀 추장

1854년의 어느 날, 땅을 팔라는 백인 대표단에게

Battle of Bad Axe.

1832년 미군의 습격으로 피난하는 소크족 아녀자들. 그림 뒤편에 미군에 맞서 싸우는 인디언 남자들이 보인다. 어니스트 하이네만(1848~1912년)의 판화.

북아메리카 대륙에 처음 발을 내딛고 삶의 터전을 꾸린 백인은 가톨릭의 탄압과 가난에 못 이겨 그곳을 찾아온 신교도 유럽인이었다. 그러나 그곳에는 '끝 모를 세월 동안' 살아온 사람들이 있었다. 바로 아메리카 대륙이 인도라고 착각한 콜럼버스가 인도 사람, 즉 인디언이라고 부른 이들이다. 낯선 환경에 가진 게 별로 없던 유럽인은 인디언의 보살핌으로 살아남았다. 그러나 그들이 새로운 대륙에 터전을 마련하자 영국과 프랑스는 드넓은 식민지를 차지하기 위해 왕의 지원 아래 국민을 보내기 시작했다.

인디언 부족들은 살아남기 위해 눈물겹게 노력했다. 영국과 프랑스가 북아메리카에서 땅을 차지하기 위해 전쟁을 벌이자 각 부족은 전쟁 후에 삶의 터전을 지켜 주겠다는 약속을 믿고 이쪽저쪽에 가담해 싸우기도 했다. 영국을 상대로 미국이 독립전쟁을 하자 역시 삶의 터전을 약속받고 미국 편에서 싸우기도 했다. 그러나 모든 게 물거품이 되었다.

1830년 5월 26일 미국 정부는 '인디언 이주 법'을 발표하고 서부의 인디언 보호구역으로 인디언을 내몰기 시작했다. 이후 수십 년간 몇몇 부족은 이에 저항했지만, 대부분의 인디언은 할 수 없이 따를 수밖에 없었다. 말을 탄 미군의 감시를 받으며 이동하던 수만 명의 인디언이 도중에 죽음을 당하기도 했다.

그러던 중 1854년 미국 정부는 두아미시족과 수쿠아미시족의 땅을 빼앗기 위해 대표단을 보냈다. 그러자 인디언 추장 시애틀은 부족 사람들과 백인 대표단 앞에 서서 이렇게 말했다. (당시 통역으로 참가한 헨리 아담스가 영어로 옮겼다.)

끝 모를 세월 동안 우리에게 연민의 눈물을 뿌려 준, 영원히 변치 않을 것처럼 보이는 저 하늘도 이제 바뀔지 모른다. 오늘은 맑지만 내일은 구름으로 덮일지 모른다. 그러나 내 말은 저 별처럼 변하지 않을 것이다. 해가 다시 뜨고 계절이 다시 돌아오는 것을 믿듯이 워싱턴의 대추장은 나 시애틀의 말을 확실히 믿어도 좋다.

백인 추장이 말하기를 워싱턴의 대추장이 우리에게 우정과 선의의 인사를 보냈다고 한다. 친절한 일이지만 그에 대한 답례로 우리의 우정 같은 것은 별로 바라지 않는다는 것을 우리도 잘 알고 있다. 그의 부족은 저 광대한 초원의 풀과 같이 무수히 많기 때문이다. 반면 나의 부족은 폭풍이 쓸고 간 벌판 여기저기에 서 있는 나무들처럼 얼마 남지 않았다.

위대하고도 착한 백인 추장은 우리 땅을 사고 싶으며, 우리가 편히 살 수 있는 땅을 충분히 마련해 주겠다는 말을 전해 왔다. 더 이상 존경을 받을 권리도 없는 우리 붉은 피부를 가진 사람들에게 그렇게 하다니, 참으로 공정하고도 너그러운 일이다. 또한 우리에게는 더 이상 넓은 땅이 필요 없으니 이는 현명한 제안일 수도 있다.

한때 조개껍질이 깔린 해변을 파도가 뒤덮듯 우리 부족이 온 땅을 뒤덮었던 시절도 있었다. 하지만 그 시절은 슬픈 추억 속에만 남아 있는 위대한 부족들과 함께 오래전에 지나가 버렸다. 나는 우리 부족의 몰락을 슬퍼하지 않겠다. 또한 우리의 몰락을 재촉한 백인 형제를 비난하지도 않겠다. 우리에게도 어느 정도 책임이 있기 때문이다.

대추장과 백인 추장
시애틀 추장은 미국의 대통령을 대추장이나 왕으로, 협상단으로 온 관리를 백인 추장으로 지칭하고 있다.

　젊은이들은 충동적이다. 우리의 젊은이들은 그것이 사실이든 상상이든 뭔가 틀렸다는 생각에 화가 나면 얼굴에 검은 칠을 한다. 그리고 그들의 마음 역시 검게 변해 무자비해진다. 우리 늙은이들은 그들을 말릴 힘이 없다. 과거에 백인이 우리를 서쪽으로 몰아붙이기 시작할 때부터 계속 그래 왔다. 하지만 우리는 그런 적대적인 일이 또다시 일어나지 않기 바란다. 그것은 해만 될 뿐 전혀 득이 되지 않기 때문이다. 젊은 용사는 복수를 위해 목숨을 바치기도 한다. 하지만 집에 남아 있을 늙은이와 아들을 잃어야 하는 어머니는 다르다.

　워싱턴에 있는 조지 왕은 이미 영토를 북쪽까지 넓혔으니 당신들에게나 우리에게나 아버지가 된 것으로 생각한다. 그 위대하고 선한 아버지는 우리가 그를 따르면 보호해 주겠다는 뜻을 전해 왔다. 그의 용맹한 전사들이 우리의 든든한 보호벽이 될 것이며, 그의 웅장한 전함들이 우리의 항구를 채우게 될 것이다. 그러면 북쪽에 있는 우리의 오랜 적 하이다스족과 심시안즈족도 더 이상 우리 부족의 아이와 여자와 노인을 위협하지 못할 것이다. 그런 상황이 되면 실제로 조지 왕은 우리의 아버지가 되고 우리는 그의 자녀가 된다. 하지만 과연 그럴 수 있을까?

　그대들의 신은 우리의 신이 아니다! 그대들의 신은 그대들만 사랑할 뿐 내 종족은 미워한다! 그 신은 아버지가 갓난아기를 다루듯 백인을 감싸서 이끌어 주지만, 붉은 피부의 자식은 내버리고 말았다. 그 신은 날마다 그대들을 강하게 만들어 주니, 조만간 온 땅은 백인으로 가득 찰 것이다. 우리 종족은 다시 돌아오지 못할 썰물처럼 빠르게 스러져 간다. 백인의 신은 우리를 사랑하지도 보호하지도 않을 것이다.

우리는 아무 데도 기댈 곳이 없는 고아 신세다. 그런데 어떻게 우리가 형제가 될 수 있단 말인가? 그대들의 신이 우리의 신이 되어 우리에게 번영과 위대함을 되찾게 해 주리라는 꿈을 꿀 수 있게 해 준단 말인가? 같은 하늘의 아버지라 해도 그는 불공평한 것 같다. 그는 백인만 찾으며 우리에게는 보이지도 들리지도 않는다. 그는 그대들에게 율법을 주었다고 하지만, 한때 저 창공의 별들처럼 이 드넓은 땅을 뒤덮었던 붉은 자식에게는 아무 말도 하지 않았다. 그렇다! 우리는 서로 다른 종족으로 뿌리도 다르며 앞으로의 운명도 다를 것이다. 우리 사이에는 공통점이 별로 없다.

우리 조상의 유골은 신성한 것이며, 그들이 안식을 취하고 있는 곳은 거룩하다. 그대들은 조상의 무덤에서 멀리 떠나 떠돌아다니면서 아무런 후회도 하지 않는다. 당신들의 신은 당신들이 신앙을 잊지 않도록 강철 같은 손가락으로 석판 위에 써 주었다고 한다. 우리 종족은 그런 것을 기억하지도 이해하지도 못한다. 우리의 신앙은 우리 조상의 전통이다. 그것은 위대한 정령이 한밤중 신성한 시간에 우리 늙은이들에게 전해 준 꿈이며, 추장들의 이상이며, 우리의 가슴속에 아로새겨져 있는 것이다.

그대들의 조상은 무덤 속에 들어가면 그대들과 고향을 잊어버린 채 저 별 너머로 멀어져 간다. 그들은 금세 잊히고 되돌아오지 않는다. 그러나 우리 조상은 결코 자기를 낳아 준 이 아름다운 세상을 잊지 않는다. 그들은 푸른 계곡, 흐르는 강물, 웅장한 산, 그리고 푸른 호수와 만, 외진 계곡을 변함없이 사랑한다. 그들은 언제나 외로운 사람을 애처로이 여겨서 종종 다시 찾아와 도와주고 위로해 준다.

뉴멕시코의 라구나 인디언 보호구역. 대개 보호구역은 이처럼 농사도 짓지 못할 메마른 땅이었다.

밤과 낮은 함께할 수 없다. 붉은 피부를 가진 우리는 아침 햇살에 안개가 스러지듯이 백인이 다가오면 뒤로 물러서기만 했다. 하지만 그대들의 제안은 괜찮아 보인다. 우리 부족도 이를 받아들여서 그대들이 주는 보호구역으로 갈 것이라고 생각한다. 우리는 그곳에서 평화롭게 살 것이다. 위대한 백인 왕 조지의 말은 어둠 속에서 우리 종족을 인도하는 대자연의 목소리처럼 들리기도 한다.

우리가 남은 생을 어디서 보낼 것인지는 별로 중요하지 않다. 그리 많이 남지도 않았다. 인디언의 밤은 더욱 어두울 것이다. 별빛 같은 희망도 보이지 않고, 슬픈 바람 소리는 저 멀리서 흐느끼고 있다. 불길한 운

명이 붉은 사람들의 뒤를 쫓고 있는 듯하다. 우리는 어디로 가든지 상처 입은 암사슴에게 다가오는 사냥꾼처럼 무시무시한 파괴자가 다가오는 발소리를 들으며 운명을 맞이하게 되리라.

달이 몇 번 더 기울고 또 겨울이 몇 번 더 지나면, 한때 이 드넓은 땅을 오가며 행복하게 살았던 이 땅의 위대한 주인의 후손은 하나도 남지 못하리라. 한때는 그대들보다 더 강하고 희망에 넘쳤던 종족의 무덤 앞에서 슬퍼해 줄 사람도 없으리라. 하지만 왜 우리 부족의 운명을 슬퍼해야 하는가? 바다의 파도처럼 한 부족이 다른 부족의 뒤를 잇고, 다른 나라가 한 나라의 뒤를 잇기 마련이다. 이것이 자연의 순리이니 후회할 것 없다. 그대들의 몰락이 아직은 멀리 있는 것 같지만, 때가 되면 반드시 그날이 올 것이다. 백인의 신이 그대들과 친구처럼 함께 걷고 이야기하는지는 몰라도 이 운명에서 벗어날 수는 없다. 그런 면에서 결국 우리는 한 형제일지도 모른다. 두고 보면 알리라.

그대들의 제안을 곰곰이 생각해 보고 결정이 나면 알려 주겠다. 하지만 그 제안을 받아들이더라도 한 가지 조건이 있다. 우리가 아무런 방해도 받지 않고 우리 조상과 친구의 무덤을 찾을 수 있는 권리를 인정해 달라. 이 땅의 어느 곳도 우리에게 성스럽지 않은 곳은 없다.

모든 언덕과 계곡, 모든 벌판과 숲은 슬프건 기쁘건 오래전 우리 부족의 추억과 경험이 담긴 신성한 곳이다. 햇볕에 뜨겁게 달아오른 채 고요한 해변을 따라 묵묵히 누워 있는 바위들조차 지난날 우리의 삶을 추억으로 간직하고 있다. 그대들이 딛고 있는 흙도 우리의 발걸음에 더욱 다정하게 대답한다. 그 흙에는 우리 조상의 피땀이 젖어 있고, 맨발로 걸

는 우리의 감촉에 더 익숙해져 있기 때문이다. 한때 이곳은 용사들과 다정한 어머니들, 생기발랄한 처녀들, 그리고 어린아이들이 즐겁게 살던 곳이었다. 그들은 떠났지만 여전히 이 땅을 사랑하기 때문에 그들의 영혼은 황혼이 깃들면 고요한 이곳으로 돌아온다.

그리하여 마지막 인디언이 이 세상에서 사라지고, 우리 부족에 대한 기억마저 백인 사이에서 옛이야기가 되어 버린 후에도, 이 해변은 보이지 않는 우리의 영혼으로 가득 차 있을 것이다. 먼 훗날 그대들의 후손이 벌판이나 상점, 도로, 고요한 숲 그 어느 곳에서든 혼자 있다고 느낄 때, 그는 결코 혼자가 아닐 것이다. 이 땅 어디에도 홀로 있을 곳은 없다. 고요한 밤이 되어 그대들의 도시와 마을에 인적이 끊어지면, 한때 그곳에 살았고 아직도 아름다운 그 땅을 사랑하는 영혼이 모여들 것이다. 백인은 결코 홀로 있을 수 없을 것이다.

죽은 자들이라고 전혀 힘이 없는 것은 아니다. 부디 우리 부족과 죽은 자들에게도 올바르고 친절하게 대해 주기를 바란다. 죽은 자? 사실 죽음이란 없다. 다만 세상이 변하는 것일 뿐이다.

하얀 피부와 붉은 피부

인디언을 추격해서 사살하는 미 기병대. 1800년대 후반부터 미국은 인디언 멸종 정책을 펼쳤다. 1899년에 제작된 석판화. 작가 미상.

대서양을 건너 유럽인이 몰려오자 많은 인디언은 서쪽으로 물러날 수밖에 없었다. 유럽인이 휘두르는 총칼도 문제였지만, 그들에게 묻어온 한 번도 겪지 못한 질병은 더욱 무서웠다. 특히 '천연두'라는 새로운 질병은 치명적이었다. 유럽인이 오기 전 북아메리카의 인디언은 1,000만 명에서 1,800만 명쯤으로 추정된다. 그 수는 1800년에 60만 명, 1890년에 25만 명으로 줄어들어 멸종 위기에 몰렸다.

1845년부터 미국은 '명백한 운명(Menifest Destiny)'이라는 괴상한 열풍에 휩싸인다. 영국계 백인이 북아메리카 대륙 전체를 지배할 운명을 신으로부터 받았다는 것이다. 이때부터 미국은 영토 확장에 나서서 약 7년 동안 전쟁으로 빼앗거나 돈으로 사들여 하와이와 알래스카를 제외한 오늘날의 영토를 손에 넣었다. 서부의 인디언 보호구역도 더욱 줄어들었다. 1840년 말 서부에서 금광이 발견된 것이 인디언에게는 불행이었다. 수많은 백인이 서부로 몰려와 보호구역을 파헤치고 땅을 차지했다.

마침내 1871년 '인디언 귀속법(Indian Appropriations Act)'으로 인디언의 운

명에 마침표가 찍혔다. "이제까지 인디언 집단 대표와 맺은 협약은 지키겠지만, 인디언도 미국 국민이니 더 이상 집단으로 인정하지 않고 협약도 맺지 않는다."는 선언이었다. 하지만 그것도 말뿐으로, 미국 정부는 인디언에게 애초에 약속한 내용을 대폭 줄이고 인디언을 멸종시키는 정책으로 들어섰다.

1890년 인디언 시체를 파묻는 미군. 인디언 보호구역으로 수족을 끌고 가던 미군 제7 기병대가 한 인디언이 '돈을 주고 산 자기 것'이라며 총을 내놓지 않아 실랑이를 벌이다가 운디드니에서 부족 전체를 기관총으로 쏴 죽였다.

자유롭게 말을 달리며 풍요로운 자연과 함께 살던 인디언은 이제 300여 군데의 좁디좁은 보호구역에서 정부 보조금으로 살아가고 있다. 보호구역은 대부분 사막 지대여서 농사와 목축도 할 수 없는 곳으로 인디언은 알코올과 마약에 찌들어 하루하루를 살아가고 있다.

2010년 샘 브라운백 공화당 상원의원은 워싱턴 D.C.의 의회묘지에서 진행된 원주민 부족 행사에서 미국 정부의 잘못된 정책 및 폭력 행위에 대해 사과하는 내용의 결의안을 낭독했다. 그것도 말로만! 현재 남아 있는 인디언 수는 약 150만 명 정도다.

나에게는 꿈이 있습니다

2

\- 마틴 루터 킹

1963년 8월, 워싱턴의 링컨 기념관 앞 광장에서

1963년 늦더위가 기승을 부리던 8월의 어느 날. 워싱턴에 있는 링컨 기념관 앞 광장에 '일자리와 자유를 위한 워싱턴 행진'에 참가한 25만 명의 군중이 모여들었다. 그리고 서른세 살의 젊은 흑인이 연단에 올랐다. 바로 흑인 민권 운동의 지도자, 마틴 루터 킹 목사였다.

이날 행진의 시작은 8년 전인 1955년으로 거슬러 올라간다. 열다섯 살 소녀 클로뎃 콜빈은 어느 날 버스에 올랐다가 흑인 지정석인 뒷자리에 빈자리가 없어서 버스 중간에 있는 빈자리에 앉았다. 뒤이어 백인 승객이 타자 버스 운전사는 그녀에게 뒤로 가라고 했지만, 클로뎃은 거절했다. 곧 경찰관이 출동했고 그녀는 "헌법에 따르면 나도 여기 앉을 권리가 있어요!"라고 버티다 체포되었다. 몇 달 후 루이스 스미스라는 열여덟 살 소녀도 똑같은 행동을 했고 똑같이 체포되었다.

앨라배마 주의 몽고메리에 있는 한 교회의 담임 목사이자 흑인 민권 운동에 관심이 많았던 청년 킹 목사는 이 사건에서 힌트를 얻었다. 그리고 흑인지위향상협회 몽고메리 지부의 청년부 책임자이자 자신의 교회 신도였던 로자 파크스와 상의한 뒤 똑같은 사건을 일으켰다.

킹 목사는 이 사건을 널리 알리며 미국 전역으로 흑인 민권 운동을 확산시키는 데 성공했다. 대학생들은 흑인과 백인이 뒤섞여 식당으로 가 백인 종업원에게 주문을 하기도 했고, 함께 버스를 타고 인종 차별이 심한 남부 도시로 여행을 하기도 했다. KKK단을 비롯한 백인 우월주의자들은 흑인을 납치하고 살해했지만, 법원과 경찰은 피해를 입은 흑인에게 어떤 도움도 주지 않았다.

마침내 분노는 흑인뿐만 아니라 양식 있는 백인에게까지 번졌고, 25만 명이 한자리에 모이는 대사건이 일어났다.

KKK단
쿠 클럭스 클랜(Ku Klux Klan)의 약자로 쉽게 '케이케이케이단(團)'이라 부른다. 남북전쟁 후에 미국 남부 여러 주에서 조직된 백인 우월주의적 성향의 백인 비밀 결사로, 흑인을 포함한 흑인 해방의 동조 세력을 적대시했다.

오늘 이 자리를 우리 역사는 자유를 향한 가장 위대한 시위였다고 기록할 것입니다. 그런 자리에 여러분과 함께하게 된 것을 기쁘게 생각합니다. 다섯 세대를 거슬러 올라 백 년 전, 한 위대한 미국인이 노예해방령에 서명했습니다. 지금 우리는 그의 상징적인 그늘 아래 서 있습니다. 이 위대한 선언은 불의의 불길에 고통받던 수많은 흑인 노예에게 희망의 횃불로 다가왔습니다. 그 선언은 어둡고 오래된 노예 생활에 종지부를 찍는 찬란한 빛으로 다가왔습니다.

그러나 그로부터 백 년이 지난 지금도, 흑인은 여전히 자유롭지 못합니다. 백 년이 지났어도 흑인은 여전히 인종 차별이라는 속박과 굴레에 비참하게 묶여 있습니다. 백 년이 지나 물질적 풍요로움은 거대한 바다를 이루었어도 흑인은 그 한가운데 외로이 떠 있는 빈곤의 섬에 갇혀 살아가고 있습니다. 백년이 지났어도 흑인은 여전히 미국 사회의 한 귀퉁이에 유배당한 채 시들어 가고 있습니다. 그래서 우리는 이 비참한 현실을 알리기 위해 오늘 이 자리에 섰습니다.

어떤 의미에서 우리는 수표를 현금으로 바꾸기 위해 이 나라의 수도에 온 것입니다. 미국을 건국한 사람들은 헌법과 독립선언서에 훌륭한 표현을 써 넣었습니다. 그들은 모든 미국인이 상속할 수표에 서명을 한 것입니다. 그들은 모든 사람에게, 백인과 마찬가지로 흑인에게도 '인간으로서 포기할 수 없는, 삶과 자유, 행복을 추구할 권리'를 보장한다고 그 수표에 서명했습니다.

오늘날 분명한 사실은 미국이 유색 인종 국민에게는 그 약속을 지키지 않는다는 것입니다. 미국은 이 신성한 의무를 지키는 대신 흑인에게

는 부도 수표를, '잔액 부족'이라고 찍힌 수표를 돌려주었습니다. 이 나라가 약속한 정의의 은행이 망했다는 것입니다. 그러나 우리는 믿지 않습니다. 이 나라는 우리에게 공평한 기회라는 위대한 가치를 보관한 금고에 돈이 부족하다는 것을 믿으라고 합니다. 우리는 거부합니다. 우리는 이제 이 수표를 현금으로 돌려받기 위해 이 자리에 섰습니다. 당장 자유와 정의를 보장해 달라고 말입니다. 또한 우리는 미국인에게 지금이 얼마나 위급한 순간인지 일깨우기 위해 이 자리에 섰습니다. 진정하라는 사치스런 말을 들을 여유도, 점진적으로 하자는 마취약을 먹을 시간도 없습니다. 지금이 바로 민주주의라는 약속을 실현해야 할 때입니다. 지금이 바로 어두운 인종 차별의 골짜기를 벗어나 햇살이 환한 평등의 길로 나설 때입니다. 지금이 바로 우리나라를 인종 차별이라는 모래성에서 형제애라는 단단한 바위 위에 올려 놓아야 할 때입니다. 지금이 바로 하나님의 모든 자녀에게 정의를 실현시켜 줄 때입니다.

지금 이 절박함을 무시하고 지나친다면, 그것은 이 나라에 치명적인 일이 될 것입니다. 흑인의 정당한 불만이 들끓는 이 무더운 여름은 자유와 평등의 상쾌한 가을바람이 불 때까지 계속될 것입니다. 1963년은 끝이 아니라 시작입니다. 만일 이 나라가 다시 평상을 찾고 흑인이 좀 진정하고 나면 다 괜찮아질 거라고 생각하는 사람이 있다면, 그는 아픈 깨달음을 얻게 될 것입니다. 흑인이 온전한 시민의 권리를 부여받지 못하는 한 미국에는 안정도 평온도 없을 것이기 때문입니다. 정의가 실현되는 날이 오기 전까지 이 나라의 기반을 뒤흔드는 폭동의 회오리바람이 계속 불 것이기 때문입니다.

　하지만 정의의 궁전을 향한 문턱 앞에 선 여러분에게 꼭 해야 할 말이 하나 있습니다. 우리가 정당한 자리를 찾아가는 길에서 나쁜 행동을 하거나 죄를 지어서는 안 된다는 점입니다. 자유를 향한 갈증을 증오로 가득 찬 쓴 잔으로 달래려 하지 맙시다.

　우리의 투쟁은 존엄성과 절제라는 원칙을 계속 지켜야 합니다. 우리는 새로운 것을 창조하려는 우리의 항의를 물리적인 폭력으로 타락시켜서는 안 됩니다. 우리는 물리적인 힘과 영혼의 힘이 함께 만나는 위대한 언덕을 향해 거듭거듭 올라가야 합니다. 이 놀랍고도 새로운 투쟁이 우리 흑인 사회를 사로잡고 있습니다. 하지만 이 투쟁을 백인이 우리를 불신하도록 만드는 핑계거리로 만들지 말아야 합니다. 오늘 이 자리에 함께한 백인이 증명하듯이, 많은 백인 형제 역시 자신의 운명이 우리 흑인의 운명과 이어져 있으며 그의 자유가 우리의 자유와 분리될 수 없다는 것을 깨닫고 있습니다. 우리는 홀로 걸을 수 없습니다.

　우리는 함께 걸으면서 앞으로 나아간다고 맹세해야 합니다. 우리는 되돌아갈 수 없습니다. 인권 운동가에게 "언제 만족하겠느냐?"고 묻는 사람들이 있습니다. 흑인이 경찰의 무지막지한 폭력 앞에 공포에 떨며 희생되는 한 우리에게 만족이란 없습니다. 여행하던 흑인이 고속도로변의 모텔이나 시내의 호텔에서 지친 몸을 누일 방 한 칸도 구할 수 없는 한 우리는 만족할 수 없습니다. 미시시피의 흑인이 투표권을 행사하지 못하고 뉴욕의 흑인이 무엇에 투표할지를 모르는 한 우리는 만족할 수 없습니다. 아니오, 아니오, 정의가 냇물처럼 흐르고 올바름이 강물같이 흐를 때까지 우리는 만족할 수 없습니다.

저는 여러분 중 누군가는 시련을 뚫고 여기까지 온 것을 잘 알고 있습니다. 여러분 중 또 누군가는 답답한 감옥에서 나온 지 얼마 안 되었을 것입니다. 또 자유를 찾다가 도리어 체포되어 두들겨 맞거나 야만스런 경찰의 폭력에 시달려야 하는 지역에서 오신 분들도 있을 것입니다. 여러분은 모두 새로운 것을 창조하려는 과정에서 고통을 달게 받아온 노병들입니다. 그런 고통은 언젠가 보상받으리라는 믿음을 갖고 계속 나아갑시다.

1955년 로자 파크스와 함께 한 킹 목사. 로자는 흑인 민권운동을 불러 일으킨 버스 좌석 사건의 주인공으로 알려져 있다.

미시시피로, 앨라배마로, 사우스캐롤라이나로 돌아갑시다. 조지아로, 루이지애나로 돌아갑시다. 북부 도시의 빈민가로 돌아갑시다. 어떻게든 이 세상은 달라질 수 있고 달라질 것이라는 확신을 가지고 돌아갑시다. 이제 절망의 계곡에 빠져 있지 맙시다.

나는 오늘 여러분께, 동지들에게 말합니다. 우리 앞에 오늘 그리고 내일에도 어려움은 닥치겠지만, 나에게는 아직 꿈이 있습니다. 바로 아메리칸 드림에 깊이 뿌리내리고 있는 꿈입니다.

나에게는 꿈이 있습니다. 언젠가 이 나라가 '모든 인간이 평등하게 창조되었다는 자명한 진리를 받들겠다'는 맹세의 진정한 의미를 새기며 살아갈 날이 올 거라는 꿈! 나에게는 꿈이 있습니다. 언젠가 조지아의 붉은 언덕 위에 옛 노예의 자식과 주인의 자식이 같은 식탁에 둘러앉아 형제애를 나눌 수 있는 날이 올 거라는

아메리칸 드림
미국 사람들이 갖고 있는 이상적인 사회에 대한 꿈으로, 차별 없는 사회와 경제적 번영, 압제가 없는 자유로운 정치 체제 등을 말한다.

꿈! 나에게는 꿈이 있습니다. 언젠가 불의와 억압의 열기에 신음하던 저 미시시피 주조차도 자유와 평등의 오아시스가 될 거라는 꿈! 나에게는 꿈이 있습니다. 네 명의 내 자식이 피부색이 아니라 인격에 따라 평가받는 그런 나라에 살게 되는 날이 오리라는 꿈!

오늘 나에게는 꿈이 있습니다. 악랄한 인종 차별주의자인 앨라배마 주지사는 늘 연방 정부의 법과 정책에 거부할 수 있다는 소리를 입에 달고 삽니다. 그러나 그런 앨라배마 주조차 언젠가 변해 흑인 소년 소녀가 백인 소년 소녀와 형제자매처럼 손을 잡고 함께 걸어갈 수 있는 날이 오는 꿈입니다.

오늘 나에게는 꿈이 있습니다. 언젠가 모든 골짜기가 솟아오르고, 모든 언덕과 산은 낮아지고, 거친 곳은 평평해지고, 굽은 곳은 펴지고, 하나님의 영광을 모든 사람이 함께 지켜보는 꿈입니다.

이것이 우리의 희망입니다. 이것이 제가 남부로 가지고 돌아갈 믿음입니다. 이 믿음이 있다면 우리는 절망의 산을 파헤쳐 희망의 돌을 찾아낼 수 있습니다. 이 믿음이 있다면 우리는 이 나라에 가득 찬 소란스러운 불협화음을 아름다운 형제애의 교향곡으로 변화시킬 수 있습니다. 이 믿음이 있다면 우리는 함께 일하고, 함께 기도하고, 함께 투쟁하고, 함께 감옥에 가고, 자유를 위해 싸울 수 있을 것입니다. 우리가 언젠가 자유로워지리라는 것을 알기 때문입니다.

그날이 오면 하나님의 모든 자녀가 새로운 의미로 노래할 것입니다. "나는 노래하리라. 나의 조국은 자유의 땅, 나의 부모가 살다 죽은 곳, 개척자의 자부심이 깃든 곳, 모든 산에서 자유의 종을 울리리라."

미국이 위대한 나라가 되려면, 이것이 실현되어야 합니다. 그래서 자유의 종소리가 뉴햄프셔의 높은 언덕에서 울려 퍼지게 합시다. 뉴욕의 산에서도, 펜실베이니아의 앨러게니 산맥에서도 자유의 종소리가 울려 퍼지게 합시다. 자유의 종소리가 콜로라도의 눈 덮인 로키 산맥에서도, 캘리포니아의 굽이굽이 뻗은 산에서도 울려 퍼지게 합시다. 또한 자유의 종소리가 조지아의 스톤 산에서도, 테네시의 룩아웃 산에서도 울려

자유의 노래를 모두 함께 부르자며 시위대에게 목청껏 외치고 있는 킹 목사.

퍼지게 합시다. 자유의 종소리가 미시시피의 모든 언덕에서도 울려 퍼지게 합시다. 모든 산에서 자유의 종소리가 울려 퍼지게 합시다.

그날이 올 때, 자유의 종소리를 모든 마을과 모든 부락과 모든 주와 도시에서 울려 퍼지도록 만들 때, 우리는 더 빨리 그날을 앞당길 수 있을 것입니다. 하나님의 모든 자손, 흑인과 백인과 유대인과 이교도 그리고 개신교도와 가톨릭교도가 손에 손을 잡고 옛 흑인 영가를 함께 부르는 그날이.

"마침내 자유! 마침내 자유! 전지전능하신 하나님, 우리가 마침내 자유로워졌나이다!"

미국 흑인의 치열한 권리 찾기

흑인 인권 운동이 몰아치던 1963년 케네디 대통령 정부에서 법무부 장관을 맡고 있던 로버트 케네디가 군중 앞에서 연설을 하고 있다. 그는 흑인 인권 운동의 강력한 지지자였다.

1863년 링컨의 노예해방선언에 이어 '피부색을 이유로 차별하지 않는다'고 못 박은 1870년의 수정 헌법 15조에 의해 미국 흑인은 평등한 시민권을 얻었다. 하지만 그것은 문서상의 말로 정치적 권리는 물론 일상생활에서조차 여전히 심한 차별을 받고 있었다. 특히 인구의 40퍼센트 정도가 흑인이었던 남부에서는 차별이 더욱 심했다. 이들이 자신의 권리에 눈을 뜨고 선거권까지 요구한다면 백인에게는 심각한 위협이 될 것이기 때문이었다. '개와 검둥이는 출입 금지'라는 팻말이 백인 상점마다 붙어 있었고, 학교는 물론 화장실마저 함께 사용할 수 없었다.

선거권 역시 당마다 예비 선거를 실시해 흑인은 아예 후보로 나서지 못하게 했으며, 투표를 할 때도 글을 아는지 시험을 보거나 세금을 매겨 흑인의 참여를 가로막았다.

하지만 모순적이게도 선거권을 비롯한 시민권은 전쟁을 통해 확대된다. 남북

전쟁을 통해 노예해방과 흑인의 권리를 인정했듯이, 제2차 세계대전과 한국전쟁에 동원되어 나름대로의 역할을 인정받은 흑인은 차별에 거세게 저항했다. 그에 맞선 탄압 역시 세질 수밖에 없었다.

하지만 이 흑백 대결은 흑인의 승리로 끝날 수밖에 없었다. 그 당시 국제 사회 분위기는 제2차 세계대전 후 '평등한 사회주의'를 내건 소련의 영향력이 넓게 퍼지던 상황이었다. 자유주의의 고향 미국에서 인종 차별로 내분이 계속된다면, 냉전으로 소련과 대결 중인 미국은 심각한 타격을 받을 수밖에 없었다. 결국 미국은 인종 차별을 법적으로 금지한 '미국 역사상 가장 획기적인' 민권법과 흑인 투표법을 1964년과 1965년에 공포했다.

킹 목사와 같은 시대를 살면서 전혀 다른 흑인 해방 운동을 펼쳤던 또 다른 사람이 있다. 백인 주인이 붙여 줬을 조상의 이름을 거부하고 '알 수 없다'는 의미의 '엑스(X)'라는 성을 스스로 붙인 맬컴 X다. 마틴 루터 킹이 '흑인 소년 소녀가 백인 소년 소녀와 형제자매처럼 손을 잡고 함께 걸어갈 수 있는 날이 오는 통합'을 꿈꿨다면, 맬컴 X는 '백인의 지배를 벗어나 흑인끼리 살 수 있는 분리의 땅'을 꿈꾸었다.

도시에 몰려든 흑인의 소득이나 교육이 전반적으로 높아지면서, 백인과 백인 기업체가 공급할 수 없거나 공급하고 싶어 하지 않는 각종 수요가 생겨났다. 교사, 목사, 의사, 변호사, 이발사, 미용사, 장의사, 보험업, 흑인 신문 같은 분야에서 백인이 흑인에게 서비스를 제공한다는 것은 상상할 수도 없었다. 이 같은 수요를 채워 주기 위해 흑인 전문 직업인 집단과 소규모 기업이 나타났다. 이들이 바로 '중산층 흑인' 또는 '흑인 부르주아'이다. 이 흑인 부르주아는 미국 흑인 사회에 결정적인 영향력을 행사할 수 있기 때문에 백인은 이들의 충성심을 확보할

필요가 있었다. 사실 시내 어느 레스토랑에 백인과 함께 출입할 권리가 필요한 것은 중산층 흑인이지, 다수의 빈민굴의 흑인과는 아무 상관 없는 것이었다. 그래서 백인은 흑백 통합이 이루어지고 있다는 상징으로 대기업과 행정관청의 일자리 일부를 흑인에게 나누어 주고 '흑인향상협회', '인종평등협회' 등의 민권 운동 단체에 자금을 지원하며 영향력을 행사했다. 이것이 '상징 정책'의 이면이다. 흑인 민권 운동 '지도자'들이 맬컴을 그토록 격렬하게 비난하고 맬컴 역시 그들을 '동족의 배반자', '백인화된 흑인'이라고 비난했던 것은 너무나 당연한 일이었다. 맬컴은 할렘 건달 생활을 통해 흑백이 결코 통합될 수 없다는 것을 직관적으로 깨닫고 있었으며 다음과 같이 말했다.

오늘날 엉클 톰(백인에게 복종하는 비굴한 흑인의 상징)은 머리에 수건을 매지 않는다. 이 현대적인 20세기 엉클 톰은 이제 실크 모자를 쓰고 있다. 그는 옷도 잘 입고 교육도 많이 받았다. 세련된 교양의 확신일 수도 있다. 때때로 예일이나 하버드 악센트로 말을 한다. 교수님, 박사님, 판사님, 목사님이거나 무슨 무슨 주교님에다 박사님을 겸하는 수도 있다. 이 20세기 엉클 톰은 '전문직' 흑인이다. 백인을 위해 일하는 흑인 노릇이 그의 전문이란 말이다. 그들은 흑인 몸뚱이에 백인 대가리를 달아 놓은 친구들이다.

맬컴이 '분리'를 주장할 때마다 흑인 '박사님'은 이슬람교도가 백인 인종차별 주의자와 똑같은 주장을 한다고 비판하고, 그가 흑인들로 하여금 "폭력을 쓰도록 선동한다."고 비난했다. 거기에 대해 맬컴은 이렇게 답변했다.

그렇지 않다! 우리는 당신들보다 더 단호하게 '격리'를 거부한다. '분리'는 '격리'와는 명백히 다르다. '격리'는 강한 자가 약한 자에게 억지로 강요하는 것이다. 그러나 '분리'는 평등한 둘이 서로의 이익을 위해 자발적으로 하는 것이다. 우리 미국 흑인이 백인에 종속되어 있는 한 우리는 언제나 백인에게 일자리와 의식주를 구걸해야 할 것이며, 백인은 우리의 생활을 규제하면서 언제든지 우리를 '격리'시킬 힘을 가지게 될 것이다.

기독교 목사인 킹과 이슬람교 지도자인 맬컴, 그 두 흑인 민권 운동가는 서로 다른 꿈을 꾸었다. 또한 킹 목사는 흑인 사회에서 나름대로 출세한 중산층이었고, 맬컴은 빈민가 범죄자 출신이었던 점도 달랐다.

미국 안에서 흑인만의 세상을 만들어야 한다는 맬컴의 주장은 말 그대로 '꿈'이었다. 영국과 전쟁을 치르고 원주민 인디언을 몰아내며 자본주의 본가를 건설한 미국 백인을 상대로 했기 때문이다. 마틴 루터 킹은 인종 차별에 저항한 공으로 1964년 노벨 평화상을 받았고, 일상생활에 남아 있는 차별에 저항하는 운동을 계속하던 중 1968년 암살당했다. 그리고 맬컴 역시 킹 목사가 죽던 해에 암살당했다.

킹 목사와 맬컴 X. 킹 목사의 꿈처럼 흑인 대통령까지 나왔지만, 밑바닥 흑인은 맬컴 X의 말대로 아직 가난에서 벗어나지 못하고 있다.

신이시여,
아프리카를 축복하소서

- 넬슨 만델라
1994년 5월 10일, 프리토리아 정부 청사 앞 대통령 취임사에서

감옥에 수감된 만델라. 젊었던 그의 모습은 사라졌지만, 눈빛만은 변함이 없었다.

1964년 4월 20일, 남아프리카 공화국 최고 법정에 젊은 흑인 변호사가 피고인석에서 죄수복을 입은 채 열변을 토하고 있었다. "나는 평생을 인종주의 투쟁에 바쳤습니다. 나는 백인의 지배에도 맞서 왔고, 흑인의 지배에도 맞서 왔습니다. 나는 모든 사람이 똑같은 기회를 갖고 조화롭게 사는 '자유와 민주 사회'를 꿈꿉니다. 그것이 내 삶의 목적이며 이상입니다. 또한 필요하다면 기꺼이 내 목숨을 바칠 이상이기도 합니다!"

그 흑인은 2년 전에 체포되어 5년 징역형을 받고 감옥에 갇혀 있던 넬슨 만델라였다. 만델라는 백인으로만 구성된 재판부에게 '죽을 때까지 감옥에 있어야 하는' 종신형을 받았다. 그리고 최고의 보안 시설을 갖춘 익명 높은 모벤 섬 감옥으로 보내졌다.

그로부터 26년이 지난 1994년 5월 10일, 남아프리카 공화국 프리토리아에 있는 정부 청사 앞은 전 세계 160여 개국에서 온 축하 사절단과 15만 명의 인파로 뒤덮였다. 그곳에 하얗게 머리가 센 넬슨 만델라가 대통령 취임 연설을 하기 위해 서 있었다!

귀빈 여러분, 그리고 동지 여러분! 오늘 우리는 여기 모여 전 세계의 축복 속에서 새로 태어난 자유의 나라에 영광과 희망을 전하게 되었습니다. 너무나 오랫동안 끌어온 끔찍한 참상 끝에 마침내 인류가 자랑스럽게 생각할 수 있는 새로운 사회가 태어난 것입니다.

이제 남아프리카 공화국 국민으로서 하루하루의 삶은 새로운 남아프리카 공화국을 현실로 만들어 나가는 데 바쳐야 합니다. 이 나라는 고귀한 인간의 정신과 정의에 대한 인류의 신념을 더욱 굳게 하고, 모든 이들에게 영광스런 삶을 주어야 한다는 희망을 지켜 나갈 것입니다. 저는 우리 자신에게, 또 오늘 전 세계인들을 대표해서 오신 분들을 향해 맹세합니다.

사랑하는 동포 여러분, 우리 각 개인은 저 유명한 고지대의 자카란다 나무나 저지대의 미모사 나무처럼 이 아름다운 조국 땅에 뿌리내린 채 살고 있습니다. 우리는 흙을 어루만질 때마다 새롭게 태어나는 기분을 느낍니다. 계절이 변할 때마다 온 나라의 기운도 바뀝니다. 풀이 파릇파릇 돋고 꽃망울이 터질 때면 우리의 마음은 기쁨과 환희로 가득 찹니다.

평범하게 보이는 이 땅에 대해 우리가 얼마나 정신적으로나 육체적으로 하나라고 느끼는지 알면, 그동안 우리가 느꼈던 그 깊은 고통을 이해할 수 있을 것입니다. 우리는 끔찍한 갈등으로 찢기는 조국을 바라봐야만 했습니다. 그릇된 사상과 인종 차별의 대명사로 불리며 전 세계로부터 비웃음을 사고 따돌림을 당하는 모습도 지켜보아야만 했습니다.

우리 남아프리카 공화국 국민은 인간성을 되찾았다는 것에 가슴 벅찹니다. 얼마 전까지 범죄 국가 취급을 당했던 조국 땅에 이제 여러분을 모시는 영광을 누리게 되었습니다. 정의와 평화, 인간의 고귀함을 향한 투쟁에서 승리한 기쁨을 우리 국민과 함께 나누기 위해 멀리서 와 주신 귀빈 여러분께 감사드립니다. 앞으로 우리 남아프리카 공화국 국민이 성별과 인종의 차별을 없애고, 평화와 번영과 민주주의 국가 건설을 위해 도전해 나가는 길에도 여러분이 함께해 주시리라 믿습니다.

오늘 이렇게 되기까지 우리 사회의 모든 곳에서 노력해 주신 각계 지도자 여러분과 국민에게 진심으로 감사드립니다. 특히 그중에서도 존경하는 프레데릭 데 클레르크 전 대통령께 특별한 감사의 뜻을 전합니다. 또한 군과 경찰 관계자에게도 깊이 감사드립니다. 그분들은 아직도 피에 굶주려 민주주의의 빛을 거부하는 세력으로부터 사상 첫 민주적 선거를 통해 민주주의로 이전하는 과정을 지켜 내는 데 눈부신 활약을 했습니다.

프레데릭 데 클레르크 (1936~)
남아프리카 공화국의 제10대 대통령으로, 남아프리카 공화국의 흑백 분쟁을 해결한 업적을 인정받아 1993년 넬슨 만델라와 함께 노벨상을 수상했다.

이제는 상처받은 사람을 치료할 때입니다. 우리 사이를 갈라놓은 깊고 넓은 틈에 다리를 놓아야 할 때가 왔습니다. 이제는 건설을 할 때입니다.

우리는 마침내 정치적 해방을 이루었습니다. 우리는 지금까지 계속되어 온 가난과 궁핍, 고통, 성 차별을 비롯한 모든 차별로부터 모든 사람을 해방시킬 것을 다짐합니다. 우리는 마지막까지 평화를 지키며 자유를 향한 발걸음을 내딛는 데 성공했습니다. 이제 우리는 완전하고 정의

로운 평화를 지키는 데 노력할 것입니다.

우리는 수많은 국민의 가슴에 희망을 심는 데 성공했습니다. 이제 우리는 우리 자신과 세계에 새로운 약속을 합니다. 흑인이든 백인이든 모든 남아프리카 공화국 국민이 인간의 존엄성에 대한 양보할 수 없는 권리를 깊게 믿으며, 평화에 찬 무지갯빛 나라를 향해 두려움 없이 당당하게 걸을 수 있는 사회를 건설하겠습니다. 새로운 나라로 만들겠다는 약속의 표시로 새 임시 정부는 당장 갖가지 죄목으로 감옥에 갇혀 있는 국민에게 사면을 발표할 것입니다.

우리의 해방을 위해 목숨을 내놓거나 희생을 달게 받은 이 나라의 남녀 영웅을 비롯해 전 세계 모든 이에게 오늘을 바칩니다. 그들의 꿈은 이루어졌습니다. 이 자유는 그들의 희생으로 얻은 것입니다.

우리는 남아프리카 공화국 국민 여러분이 보여 주신 영광과 명예를 보며 겸손함과 동시에 자부심을 느낍니다. 저는 민주적이며 인종과 성별에 대한 차별이 없는 통일된 남아프리카 공화국의 첫 대통령으로서 이 나라를 어둠의 계곡에서 끌어낼 것입니다. 자유를 향한 길은 쉽지 않다는 것도 압니다. 누구도 혼자서는 성공할 수 없다는 것도 잘 압니다. 때문에 우리는 민족의 화해와 국가 건설, 새로운 세계의 탄생을 위해 힘을 합해야 합니다.

모든 사람에게 정의를.
모든 사람에게 평화를.
모든 사람에게 일과 빵과 물과 소금을.

　이렇게 얻은 자유가 우리의 몸과 마음과 영혼을 채우기 위한 노력의
출발점이라는 것을 깊이 새깁시다. 결코, 이 아름다운 땅에 사람이 사람
을 억압하는 일이, 그래서 세상에서 따돌림당하는 일이 다시는 일어나
지 않도록 합시다.

　저 태양이 떠오르는 한 인류가 성취한 이 찬란한 업적은 결코 뒷걸음
질치지 않을 것입니다. 자유여, 영원하라! 신이여, 아프리카를 축복하
소서!

세계에서 가장 부유한 도시 요하네스버그의
한 모퉁이에는 아직도 세계에서 가장 가난한
흑인 동네 소웨토가 있다.

차별을 넘어 화합으로

남아프리카 공화국에 존재했던 인종 차별의 뿌리

20세기 전 세계적으로 악명 높은 인종 차별 정책을 자랑했던 남아프리카 공화국은 금의 세계 생산량 60퍼센트를, 다이아몬드 세계 생산량의 20퍼센트를 차지하고 있다. 일찍이 17세기 중반부터 희망봉을 돌아 세계 무역을 하던 네덜란드인을 시작으로 영국인과 독일인이 남아프리카 공화국으로 몰려왔다. 그들은 이곳에 금과 다이아몬드가 대량으로 묻혀 있다는 걸 알게 되었고, 원주민을 동원해 엄청난 돈을 벌어들였다. 남아프리카 공화국 전체 인구의 20퍼센트에 불과한 백인, 그 백인 중에서도 60퍼센트를 차지하는 네덜란드계 백인은 전국의 금과 다이아몬드 광산을 차지하고 나라를 좌지우지했다.

노예나 다름없는 원주민 흑인의 고통은 20세기에 들어와서도 계속되었다. 남아프리카 공화국 흑인이 겪은 비극에 비하면 미국 흑인이 겪은 인종 차별은 우스울 정도였다. 제2차 세계대전이 끝난 뒤 표면적으로나마 전 세계가 자유와 해방의 분위기에 젖어 있을 때 남아프리카 공화국은 시대를 거슬러 달리고 있었다. 1948년 노골적인 인종 차별 정책을 내세운 정권이 들어섰다. 이 정권은 1961년 영국 연방에서 탈퇴하면서까지 새로운 헌법과 법을 만들어 인종 차별을 더욱 강화했다.

악명 높은 인종 차별의 대명사, '아파르트헤이트'

1950년 남아프리카 공화국 정부는 유색 인종을 대상으로 한 '집단 구역법'을

시행했다. 이 법은 유색 인종 국민은 각자 할당된 지역에서만 살 수 있고, 그 안에서만 땅을 갖거나 사고팔 수 있게 하는 법이었다. 이 법으로 인해 백인이 아닌 사람은 정해진 지역에서만 살아야 했다. 반면 백인은 갖고 싶은 땅이라면 그곳이 어디든지 거기 사는 유색 인종을 내쫓고 가질 수 있었다.

그다음 해에 백인 정부는 원주민 대표들을 자기 입맛에 맞는 사람으로 바꿔버릴 수 있는 '반투 당국법'을 시행했다. 그리고 1955년 '홈랜드 시스템'을 만들어서 흑인 거주 지역을 잘게 쪼개 놓고 백인 정부의 허가를 받지 않고서는 흑인의 왕래 자체가 불가능하도록 만들어 버렸다.

반투
아프리카어로 '사람'을 뜻하며 백인이 흑인 사회를 통칭해서 부를 때 주로 쓰였다.

남아프리카 공화국의 백인 정부가 만들어 낸 이 모든 인종 차별 법들을 통칭하는 정책이 바로 '아파르트헤이트'다. 아파르트헤이트는 아프리칸스어로 '격리' 혹은 '분리'를 뜻한다.

> **FOR USE BY WHITE PERSONS**
> THESE PUBLIC PREMISES AND THE AMENITIES THEREOF HAVE BEEN RESERVED FOR THE EXCLUSIVE USE OF WHITE PERSONS.
> By Order Provincial Secretary
>
> **VIR GEBRUIK DEUR BLANKES**
> HIERDIE OPENBARE PERSEEL EN DIE GERIEWE DAARVAN IS VIR DIE UITSLUITLIKE GEBRUIK VAN BLANKES AANGEWYS.
> Op Las Provinsiale Sekretaris

흑인은 금지하고 백인만 가능하다는 표지판들이 식당, 공공장소를 불문하고 붙어 있었다.

차별에 저항해 온 투쟁의 역사

인종 차별에 대한 흑인 저항의 상징은 1925년에 설립된 '아프리카민족회의(ANC)'였다. 만델라 역시 이 단체의 대표를 했던 적이 있다. ANC가 주축이 된 반(反)아파르트헤이트 운동은 특히 1960년대 국제적인 지원과 관심 속에서 더욱 활발하게 진행되었다.

이 과정에서 많은 사람이 희생되었다. 1960년 3월 무장 경찰은 평화 시위를 벌이던 흑인에게 총탄을 퍼부어 69명을 살해했다. 또한 1976년 소웨토 평화 시위에서는 1,300여 명의 사상자가 발생했다. 이 투쟁의 선봉에는 늘 감옥에 갇힌 만델라가 있었다.

20세기 말까지도 오로지 국민의 20퍼센트인 백인의 투표권만 인정한 채 그들만의 선거로 정부를 만드는 이 희한한 나라에게 전 세계는 비난을 퍼부었다. 국제올림픽위원회는 인종 차별 국가인 남아프리카 공화국의 올림픽 출전을 1964년부터 28년 동안 금지했다. 많은 나라들은 남아프리카 공화국과 경제적인 거래를 끊기도 했다. 또한 1974년에는 유엔에서 내쫓기기도 했다.

소웨토 학살에서 최초로 죽은 12살 소년을 누이들이 옮기고 있다. 이 사건 이후 남아프리카 공화국은 전 세계로부터 나치의 독일 이래로 최악의 인종 차별 국가로 낙인찍혔다.

남아프리카 공화국 내에 있는 유색 국민의 지치지 않는 저항과 국제 사회에서의 고립이 겹쳐지자, 남아프리카 공화국의 백인 정부는 결국 1990년 아파르트헤이트를 포기할 수밖에 없었다.

위대한 승리, 보복이 아닌 화해 정책

드디어 1994년 5월 인종 차별을 넘어선 평등한 선거가 남아프리카 공화국에서 처음으로 치러졌다. 1984년 노벨 평화상을 수상한 데스몬드 투투 주교는 그 당시를 이렇게 기록하고 있다.

사람들이 아주 길게 줄 지어 서 있었습니다. 오랫동안 인종 차별을 겪어 온 남아프리카 공화국의 모든 국민인 흑인, 백인, 유색인, 인도인, 농민, 노동자,

교육받은 사람, 교육받지 못한 사람, 가난한 사람, 부자 등 모두가 똑같이 줄을 서서 지난날의 긴 잠에서 깨어나고 있었습니다. 그들은 '여보시오, 우리는 모두 남아프리카 공화국의 동포란 말이오'라고 말하고 있는 것 같았습니다.

넬슨 만델라는 새로운 남아프리카 공화국의 대통령으로 선출되었다. 그리고 '진실과 화해 위원회'를 만든 뒤 이제까지 유색 인종 탄압에 앞장서서 범죄를 저지른 사람이라 할지라도 진실을 밝히면 용서하겠다고 선언했다. 실제로 많은 백인이 자신의 범죄를 고백했고 용서를 받았다. 많은 사람이 그들을 처벌해야 한다고 외쳤지만 만델라는 "우리 조국이 평화를 되찾으려면 그들을 용서해야 한다. 그러나 잊어서는 안 된다."라고 대답했다. 사실 남아프리카 공화국에는 여전히 피부색에 따른 엄청난 빈부 격차가 존재한다. 하지만 민주주의 실현과 인종 간 평등이라는 목표를 향해 열심히 달려 가고 있다.

만델라의 연설에 '인종 차별 금지'와 함께 빠지지 않고 등장하는 것이 '성차별 금지'다. 흑인 사회는 전통적인 가부장제 사회였기 때문에 흑인 남성은 부당한 인종 차별에 대한 화를 흑인 여성에게 풀어 왔다. 결국 남아프리카 공화국의 흑인 여성은 세상에서 가장 비참한 삶을 살아 왔지만, 인종 차별 문제에 밀려 해결의 기미가 보이지 않았다. 만델라가 꿈꿔 왔던 자유와 민주주의는 남아프리카 공화국 내 존재하는 성 차별이 해결되어야 비로소 완벽하게 실현될 수 있을 것이다.

5

나라와 민족의 독립

자유가 아니면 죽음을 달라

- 패트릭 헨리

1775년 3월 23일, 버지니아 주 리치먼드에서 열린 민중 대회에서

1773년 보스턴 차 사건을 그린 석판화. 영국이 식민지 무역업자에게 높은 세금을 매기고, 국가가 운영하는 동인도회사의 차를 들여오자, 인디언 복장으로 변장한 미국인들이 습격하여 차를 바다에 던지고 있다. 이 사건으로 영국이 미국을 탄압하자 독립전쟁이 일어나는 계기가 되었다.
나다니엘 커리어 1846년 작.

나는 미국인의 독립을 결코 용납할 수 없으며 전쟁을 영원히 계속해서라도 그 반란에 벌을 내릴 것이다. 그들의 불만이 마침내 뉘우침과 후회로 바뀔 그 날까지 그들을 끊임없이 괴롭혀 굶주림과 걱정 속에서 살게 할 것이다.

미국 독립전쟁 당시의 영국 국왕 조지 3세가 했던 말이다. 이에 식민지인은 "자유가 아니면 죽음을 달라!"는 말로 대항했다.

17세기부터 유럽의 각 나라들은 전 세계에 식민지를 세우기 시작했다. 18세기에 들어서면서 프랑스는 북아메리카 대륙의 남부와, 지금의 캐나다 지역인 대륙의 북부에 식민지를 세웠고, 영국은 동부에 13개의 식민지를 세워 대결했다. 그리고 식민지 전쟁을 벌여 영국은 라이벌인 프랑스를 누르고 북아메리카 대륙과 인도를 완전히 손에 넣었다.

영국은 경쟁자가 없어진 인도와 북아메리카의 식민지에서 더 많은 세금을 거둬들였고 이에 대항해 식민지는 본격적인 저항을 벌였다. 미국 독립전쟁은 조금 우스운 사건에서 싹텄다. 1773년 영국이 차(茶)에 대한 독점 판매권을 준 동인도 회사가 배에 차를 싣고 미국 보스턴 항에 들어오자, 보스턴의 차 밀수업자들이 인디언 복장으로 위장한 채 정체를 숨기고 습격했던 것이다. 영국은 군대를 보내 항구를 봉쇄하며 피해 보상을 요구했고, 식민지인은 이에 소규모 군대를 만들어 대항했다. 그러던 식민지인은 13개 주 대표자 회의를 열어 단순한 불만을 넘어 독립까지 요구하기 시작했다.

13개 주 대표자 회의가 열린 다음 해, 버지니아의 대표였던 패트릭 헨리는 리치먼드에서 열린 민중 대회에 참석해 영국과의 전쟁을 촉구하는 연설을 했다.

13개 주 대표자 회의
1774년 9월에 북아메리카의 13개 주 대표들이 창설한 미국 독립을 위한 최고 기관으로, '대륙 회의'라고도 부른다.

저는 의회에서 방금 연설한 훌륭한 신사분들의 능력은 물론 애국심을 누구보다 높이 삽니다. 그러나 사람들은 같은 문제라도 저마다 다른 각도에서 보곤 합니다. 따라서 제가 그분들과 정반대의 말을 한다고 그분들이 무례하게 받아들이지 않으시길 바랍니다. 지금은 예의를 따질 때가 아닙니다.

의회가 다루고 있는 문제는 이 나라가 자유를 얻을 것인지, 노예가 될 것인지 하는 지극히 중대한 사안입니다. 그 중요성에 비추어 보아 자유

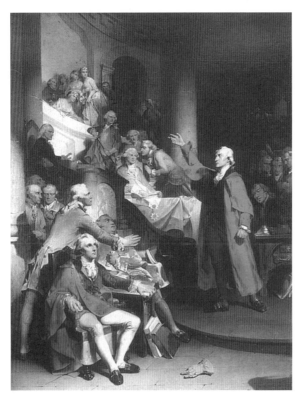

독립전쟁 직전까지 영국 출신의 미국 상류층은 영국에 맞서는 것은 국왕에 대한 반역이라며 주저했다. 패트릭 헨리는 이에 맞서 '영국 국왕의 노예가 될 것인가, 자유인이 될 것인가'를 외쳤다. 피터 로더멀 1851년 작.

로운 토론이 필요합니다. 그래야만 진실에 도달할 수 있고 하나님과 조국에 대해 우리가 짊어진 책임을 다할 수 있을 것입니다. 이렇게 절박한 때 남의 감정을 해칠까 염려해 자기 의견을 숨긴다면, 그것은 조국에 반역하는 것이며 이 땅의 그 어느 왕들보다 더 숭고한 하나님을 배신하는 짓일 것입니다.

어찌 보면 인간이 희망 때문에 환상에 빠지는 것은 당연합니다. 그래서 고통스러운 진실을 보지 않으려고 쉽게 눈을 감고, 저 사이렌의 노랫소리에 귀를 기울이다가 마침내 홀려서 짐승처럼 변하게 됩니다. 이것이 자유를 위한 중대한 투쟁에 나서야 하는 현명한 인간이 할 짓입니까? 눈 감고, 귀 막고, 오로지 한순간에 그칠 구원에만 목을 매는 사람이 되자는 것입니까? 저는 정신적으로 아무리 고통스럽더라도, 진실을 알고 최악의 경우에 대한 대비책을 마련하겠습니다. 제게 앞길을 밝혀 주는 등불은 단 하나, 경험의 등불밖에 없습니다. 과거를 돌아보고 거기서 미래를 비추어 보는 방법 외에 또 뭐가 있겠습니까? 과거를 돌아보면, 지난 10년간 영국 정부가 한 행동 중에 우리가 기대하며 위안할 만한 게 뭐가 있었습니까?

최근 우리가 청원할 때 보았던, 저 음흉스런 그들의 미소일까요? 믿지 마십시오. 그것은 결국 여러분의 발목을 잡을 올가미가 될 것입니다. 달콤한 키스 한 번에 속지 마십시오. 우리의 청원을 정중하게 받아들인다면서 어떻게 그와 동시에 땅과 바다를 시커멓게 뒤덮으며 전쟁 준비를 할 수 있단 말입니까? 함대와 군대가 사랑과 화해에 필요하다는 말입니까? 우리가 화해하려 하지 않아서 우리의 생각을 돌리려고 군대를 불

렸다는 겁니까? 여러분, 우리 자신을 속이지 맙시다. 저 군대는 왕들이 의지하는 마지막 수단, 바로 전쟁과 정복의 수단일 뿐입니다.

여러분께 묻겠습니다. 저 군사적 배치가 무엇을 뜻합니까? 바로 우리에게 굴복을 강요하려는 게 아닙니까? 거기에 다른 어떤 동기가 있을 거라고 말할 수 있습니까? 대영 제국이 이 지역에 해군과 육군을 총동원할 만한 어떤 적이 있다는 것입니까? 아니오, 절대로 없습니다. 그들은 다른 누군가가 아니라 바로 우리를 향하고 있는 것입니다. 그 군대는 영국 정부가 오랜 세월 준비해 온 쇠사슬로 우리를 동여매기 위해 보낸 것입니다. 우리는 그에 맞설 무엇이 있습니까?

논의를 해 보자고요? 여러분, 우리는 지난 10년간 논의를 계속해 왔습니다. 무슨 새로운 제안이라도 있습니까? 아무것도 없습니다. 우리는 그 문제를 가능한 모든 측면에서 다뤄 왔습니다. 그러나 모두 헛수고였습니다. 무릎을 꿇고 애원과 탄원을 계속해 볼까요? 아직 써 보지 않은 수단이라도 남아 있습니까? 여러분, 이제는 제발 헛된 희망을 버립시다.

여러분, 우리는 지금 다가오는 폭풍을 피하기 위해 온갖 노력을 다 해 봤습니다. 진정도 해 보고, 항의도 해 보고, 애원도 해 보았습니다. 왕 앞에서 엎드려 영국 정부와 의회의 무지막지한 탄압을 막아 달라고 호소도 해 봤습니다. 그러나 우리의 청원은 묵살되었고 돌아온 것은 더 큰 탄압과 치욕뿐이었습니다. 왕의 발길에 걷어차이는 모욕만 당한 것입니다. 이런 일을 당하고도 헛되이 평화와 화해의 꿈에 매달리자는 것입니까? 이제는 꿈을 꿀 여유가 없습니다.

　우리가 자유를 바란다면, 그토록 오랫동안 싸워 얻은 귀중한 권리를 지키려면, 우리는 싸워야 합니다! 우리는 오랫동안 투쟁하며 그 영광스런 목적을 달성할 때까지 결코 포기하지 않겠다는 굳은 맹세를 했습니다. 그 고귀한 투쟁을 비굴하게 포기하는 것이 아니라면 우리는 싸워야 합니다! 여러분, 거듭 말씀드립니다. 우리는 싸워야 합니다! 지금 우리가 기댈 수 있는 것은 군대와 하나님뿐입니다.

　이렇게 약한 우리가 저렇게 무서운 적을 어떻게 상대할 수 있냐고 말하기도 합니다. 하지만 우리가 언제쯤 더 강해질까요? 다음 주? 내년? 영국군 보초가 우리의 집집마다 배치되어 우리의 무기를 다 빼앗고 나면 강해집니까? 망설이면서 가만히 앉아 있으면 힘을 모을 수 있을까요? 헛된 희망을 부둥켜안고서 그냥 드러누워 있어도 강력한 투쟁 수단을 얻을 수 있을까요? 이미 그때는 적이 우리의 손발을 꽁꽁 묶어 놓을 텐데요? 여러분, 우리는 약하지 않습니다. 자연을 창조하신 하나님이 우리에게 내려 주신 수단을 잘 활용하기만 하면 됩니다. 우리가 사는 이 나라에는 자유라는 거룩한 뜻으로 무장한 300만의 민중이 있습니다. 그들은 적이 보내는 그 어떤 군사력에도 무너지지 않을 것입니다. 더구나 이것은 우리만 외롭게 벌이는 싸움이 아닙니다.

　국가의 운명을 주관하시는 하나님이 우리에게 지원군을 보내 줄 것입니다. 여러분, 전쟁은 강한 자에게 유리한 것만은 아닙니다. 방심하지 않고 용감하게 적극적으로 움직이는 사람이 유리하기도 합니다. 여러분, 선택의 여지가 없습니다. 우리가 비겁하게 다른 선택을 바란다고 할지라도 물러나기에는 너무 늦었습니다. 물러난다면 항복하고 노예가 될

뿐입니다. 우리를 묶을 쇠사슬은 이미 만들어져 있습니다! 철그렁거리는 쇠사슬 소리가 보스턴 들판에서 들려올 것입니다! 전쟁은 이미 피할 수 없습니다. 전쟁이여, 올 테면 오라! 올 테면 오라!

사태를 낙관적으로 보려 해도 소용 없습니다. "평화! 평화!"를 외치는 사람도 있습니다. 그러나 이미 평화는 없습니다. 전쟁은 사실상 시작되었습니다! 다가오는 겨울이면 북쪽에서 몰아쳐 오는 바람을 타고 무기들이 부닥치는 소리가 들려올 것입니다! 우리 형제는 벌써 전쟁터에 나가 있습니다!

그런데 우리는 왜 여기서 빈둥거리고 있습니까? 무엇을 바라는 것입니까? 그 결과가 어떨까요? 쇠사슬에 묶인 노예가 되어도 좋습니까? 그토록 목숨이 아깝고 평화가 달콤합니까? 신이시여, 그 길을 막아 주소서! 다른 사람들이 어떤 길을 택할지 알 수 없지만, 다만 제게는 자유가 아니면 죽음을 주소서!

뉴잉글랜드(현재의 뉴욕) 일대에서 영국군이 패배하자 분풀이로 1778년에 저지른 와이오밍 학살 사건. 당시 영국의 왕 조지 3세가 지시한 보복의 하나였다. 이때 인디언은 자신들의 생존과 안녕을 위해 일부는 영국 편에서 일부는 미국 편에서 싸웠다. 하지만 그들에게 돌아온 것은 인디언 보호구역으로 쫓겨난 일이었다. 알론조 채플 1858년 작.

그들이 '자유'를 외친 이유

프랑스 함대(좌측)가 미국을 지원하기 위해 미국 서부 체서피크 만에 출동해 영국 해군(우측)에 맞서고 있다. 세계 곳곳에서 영국과의 식민지 경쟁에서 패배한 프랑스는 영국의 기를 꺾기 위해 미국의 독립을 적극적으로 도왔다. 애시당초 프랑스의 지원이 없었다면 미국의 독립은 불가능했을지도 모른다. V. 즈벡 1962년 작.

    미국 독립전쟁이 일어날 당시 영국은 세계 무대에서 떠오르는 해였다. 일찌감치 시민 혁명과 산업 혁명을 거쳐 정치적으로나 경제적으로 성장하면서 당시 유행이었던 식민지 쟁탈에도 제일 적극적으로 나섰고, 식민지도 가장 많이 차지하였다. 그에 비하면 아직 낡은 체제를 가진 영국의 라이벌 프랑스 왕국은 내리막길에 있었다. 미국의 독립전쟁 직전에 벌어진 7년 동안의 식민지 쟁탈 전쟁에서도 승리는 영국의 것이었다. 이런 영국을 상대로 전쟁을 벌이자고 결정을 내리는 것은 정말 힘든 일이었다.

    그럼에도 불구하고 전쟁을 벌일 수 있었던 것은, 직접적으로 식민지인의 경

제적 이익이 달려 있었기 때문이다. 이 전쟁의 원인은 세 가지다.

첫째, 식민지에만 붙이는 각종 세금이 너무 많다는 것.

둘째, 서쪽의 인디언 지역으로 영토 확장을 하려고 해도 영국이 가로막는다
는 것.

셋째, 인기 상품에 대한 거래를 영국에서 특권으로 제한한다는 것.

미국의 독립전쟁에는 '민족의 독립'이라는 말이 등장하지 않는다. 전쟁을 벌
인 자신들조차 원주민을 몰아내고 땅을 차지하기 위해 유럽 특히 영국의 여기저
기서 몰려온 자들이기 때문이다. 이런 전쟁에서 '자유를 얻느냐 노예가 되느냐'
를 명분으로 내세운 점은 뛰어나다고 말할 수 있다.

이 전쟁에서 승리하고 독립한 미국에서 가장 중요한 원칙은 '자유'가 되었다.
1766년 그들이 세상에 내놓은 독립선언서에는 이렇게 적혀 있다.

모든 사람이 평등하게 태어났으며, 신으로부터 생명과 자유, 행복을 추구할
권리를 받았다. 따라서 어떠한 정부든 이러한 목적을 해칠 때는 언제든지 타도
하고 새로운 정부를 세울 권리가 있다.

사실 이 연설은 헨리가 진짜 한 것이 아니라 42년 후에 윌리엄 워트라는 사람
이 새롭게 쓴 것이다. 그는 패트릭 헨리의 전기를 만들면서 그 자리에 있었던 사
람들을 찾아 그들의 희미한 기억을 모았다. 그는 그 공백을 자신의 상상력으로
채우면서, 이 글로 인해 미국 젊은이들이 애국심을 키울 수 있기를 바란다는 소
망을 밝혔다.

2 비폭력에 의한 비협조

– 마하트마 간디

1920년 8월 12일, 마드라스 지방 군중 앞에서

비쩍 마른 몸으로 물레질을 하는 간디. 그의 '부드러운 카리스마'는 결국 총칼에 승리했다.

    1893년 인종 차별이 심하기로 유명한 남아프리카 공화국의 어느 역, 인도 청년 한 사람이 기차에서 끌려 내려와 땅바닥에 내동댕이쳐졌다. 일등석 표를 샀지만 백인이 아니면 탈 수 없다는 이유였다. 이 수줍은 청년은 내동댕이쳐진 그 자리에서 밤을 새우며 고민한 끝에 결론을 내렸다.

"내가 당한 것과 똑같이 보복하면 온 세상은 무법천지가 될 것이다."

그리고 그는 '비폭력 비협조 저항 운동'이라는 새로운 투쟁 방법으로 세상을 바꾸기로 결심했다.

이 청년이 바로 마하트마 간디다. 간디는 남아프리카 공화국에서 인도인 이민자를 위한 투쟁부터 시작해서 '진실을 세운다'의 뜻인 '시티아그라하' 투쟁까지 했다. 그 결과 그곳뿐만 아니라 조국 인도에서도 유명인이 되었다.

22년 만에 고국으로 돌아온 간디는 가난한 노동자와 농민과 함께하며 자본가와 농장주에 대항해 비폭력 저항 운동을 벌였다. 다만 식민지 인도에 자치권을 주겠다는 영국의 약속을 믿고 전쟁 비용을 모금하고, 인도에 있는 청년 병사를 모아 영국에 보내는 데는 협조했다. 하지만 이 전쟁에서 승리한 영국이 준 것은 자치권이 아니라 가혹한 탄압이었다.

마침내 간디는 영국 정부에 대해 비폭력 비협조 운동의 깃발을 들었다. 그리고 1920년 8월 12일 인도 마드라스 지방에 모인 군중 앞에 서서 이렇게 외쳤다.

여러분 비협조 운동이라는 말을 들어 봤을 겁니다. 그게 무엇이며 우리는 왜 비협조 운동을 하려는 것일까요?

나는 비협조 운동이 법에 어긋난다는 말을 들었습니다. 하지만 나는 그 말을 감히 부정하겠습니다. 오히려 비협조 운동은 정당하며 우리 종교의 원칙이라고 주장합니다. 그것은 모든 인간의 타고난 권리이며 법적으로도 맞습니다. 대영 제국의 한 애국자는 "영국 법에서 성공한 반란은 법적으로 정당하다."고 말했습니다. 그렇다고 내가 성공했든 아니든 반란이 합법적이냐 아니냐에 대해 말하려는 것은 아닙니다. 일반적인 의미로 반란은 폭력적인 수단을 써서 억지로 정의를 얻는 것이기 때문입니다. 오히려 나는 폭력이 유럽에서는 어떤 목적으로 사용되든지 간에 인도에서는 결코 도움이 되지 않을 것이라고 계속 말해 왔습니다.

내 동료 중에도 폭력을 원칙으로 삼고, 비폭력주의는 약자나 쓰는 방법이라고 여기는 사람이 있습니다. 하지만 나는 비폭력주의야말로 가장 강한 자의 무기라고 믿습니다. 무장도 하지 않은 채 적에게 가슴을 드러내고 죽을 수 있는 사람이야말로 가장 강한 군인이라고 믿습니다. 비협조 운동의 비폭력적인 측면에 대해서는 이쯤 하겠습니다.

나는 동포들에게 감히 이렇게 말합니다. 비협조 운동이 비폭력을 지키는 한 그 원칙에 어긋나는 것은 하나도 없습니다.

하나 묻겠습니다. 내가 영국 정부에게 "나는 당신을 섬기지 않겠소."라고 말한다면 그게 법에 어긋납니까? 우리 훌륭하신 의장께서 영국 정부로부터 받은 모든 직함을 공손히 되돌려 준다고 해서 그게 법에 어긋

납니까? 어떤 부모가 자기 아이를 국립학교나 정부 보조를 받는 학교에
안 보낸다고 하면 그게 법에 어긋납니까? 법률가가 "법의 힘이 나에게
도움은커녕 품격만 떨어뜨리니 더 이상 법의 힘에 의지하지 않겠다."고
말한다고 법에 어긋납니까? 관리나 판사가 "국민 전체의 의사를 존중하
지 않는 정부에 봉사하고 싶지 않다."고 말한다면 법에 위배됩니까?

또 묻겠습니다. 경찰이나 군인이 자신의 동포를 괴롭히는 정부에 사
표를 낸다고 해서 법에 어긋납니까? 내가 농민에게 "당신이 낸 세금이
당신을 위해서가 아니라 망치는 데 쓰인다면 정부에 세금을 내는 것은
잘하는 짓이 아니다."라고 말하는 게 법에 어긋납니까? 감히 나는 법에
어긋날 게 전혀 없다고 주장합니다. 나는 평생 동안 이런 일들을 해 왔
지만 그게 합법적인지 아닌지 의심한 사람은 아무도 없었습니다.

나는 비협조 운동의 계획 중 그 어떤 것도 법에 어긋날 것은 없다고
말씀드립니다. 오히려 거창하게 법을 만들어 놓고도 안 지키는 이런 정
부에게 인도 국민이 나약하게 굽실거리는 것이야말로 법을 어기는 일이
라고 감히 주장합니다. 그런 정부에게 온갖 모욕을 당하면서도 그것을
참는다면 바로 그것이 법을 어기는 일입니다. 이슬람교에 가해지는 폭
력과 탄압에 7,000만 이슬림교도가 굴복하는 깃이야말로 법에 어긋나
는 일입니다. 펀자브에서 명예를 짓밟히고도 이 부당한 정부에 전 인도
인이 잠자코 따르는 것이야말로 법에 어긋나는 것입니다.

동포 여러분께 말합니다. 여러분에게 명예심이 있다면, 여러분이 대
대로 전해 내려오는 고귀한 전통의 후손이며 수호자로 남기를 원한다
면, 이런 부당한 정부에 대해 비협조 운동을 하지 않고 협력하는 것도

범죄입니다. 나는 영국인을 싫어하지 않습니다. 나는 영국에 반대하지도 않습니다. 나는 어떠한 정부에도 반대하지 않습니다. 그러나 나는 거짓과 속임수와 부정에는 반대합니다. 정부가 부정을 저지른다면 그 정부는 나를 결코 함께할 수 없는 적으로 여겨도 좋습니다.

우리가 정의를 얻지 못하는 한, 저 주저하는 손길과 펜대로부터 우리의 자존심을 되찾지 못하는 한, 협조란 있을 수 없습니다. 나도 인도의 모든 위대한 종교 지도자를 존경합니다만, 그렇다고 반박을 두려워하지도 않습니다. 힌두교 성전에 나와 있는 말씀을 들려 드리겠습니다.

거기서는 불의와 정의 사이에는, 정의롭지 못한 사람과 정의를 사랑하는 사람 사이에는, 진리와 허위 사이에는, 협력이란 있을 수 없다고 가르칩니다. 협력이란 정부가 여러분의 명예를 지켜 줄 때만 의무가 됩니다. 그러기는커녕 정부가 여러분의 명예를 빼앗아 갈 때는 협력하지 않는 것 또한 의무입니다. 이것이 바로 비협조주의의 원칙입니다.

1930년 영국이 소금을 독점하기 위해 식민지 인도인에게 소금 제조에 세금을 매기자, 간디는 직접 소금을 줍기 위해 바닷가로 행진을 시작했다.

'비폭력 비협조'라는 하나의 방식

1918년 제1차 세계대전이 끝나고 전쟁에서 이긴 미국과 영국, 프랑스의 지도자가 파리에 모였다. 이 자리에서 미국의 윌슨 대통령은 '모든 민족은 스스로 정치적 결정을 할 권리를 가진다'라는 민족자결주의 원칙을 발표했다. 모든 식민지는 독립의 꿈에 부풀었다. 일본의 식민지였던 조선에서는 3·1 운동이, 중국에서는 5·4 운동의 불길이 일었다. 인도 역시 마찬가지였다. 인도인은 전쟁 후 독립을 조건으로 영국에 비용과 군대를 지원했지만 돌아온 건 탄압뿐이었다.

영국은 1919년 2월 영국 정책을 비판하는 인도인을 재판 없이 잡아 가둘 수 있는 '로래트 법'을 만들었다. 그리고 그해 4월 펀자브에서 독립을 요구하던 군중에게 총을 난사했다. 그로인해 1,600여 명의 사람들이 죽거나 다쳤다. 또한 영국은 힌두교도와 이슬람교도를 이간질시키기 위해 차별 정책을 펴기도 했다.

이에 간디는 비폭력 비협조 투쟁으로 영국에 맞섰다. 하지만 영국은 계속해서 인도인이 모이는 곳마다 몽둥이를 휘두르거나 총을 쏴 댔다. 그러자 일부 인도인이 폭동을 일으켜 폭력 투쟁으로 맞서기도 했다. 그럴 때마다 간디는 국민의 생명을 긱정해 비폭력을 외치며 비협조 운동을 중단하곤 했다. 그러니 영국은 1922년에 결국 간디를 법정에 세웠다. 그 자리에서 간디는 이렇게 외쳤다.

제가 만약 자유의 몸이 된다면 저는 계속해서 똑같이 위험한 일을 감행하겠습니다. … 저는 폭력을 피하고 싶습니다. 비폭력은 제 신조의 처음이자 마지막입니다. 그런데 둘 중 하나를 선택해야 했습니다. '내 조국에 씻을 수 없는

노벨 문학상 수상자인 인도의 시인 타고르와 함께 한 간디. 그 시대에 두 인물은 국민적 영웅이었다.

해를 끼친다고 생각하는 제도에 굴복하느냐, 아니면 국민이 내게서 진실을 듣고 폭발하더라도 그 위험을 무릅쓰느냐.' 저는 우리 국민이 폭발했던 적이 있다는 것도 알고 있었습니다. 매우 슬프게 생각합니다. 그에 대해서 가장 무거운 중형을 제게 내려 주기를 원합니다.

저는 자비도 동정도 애원할 생각이 없습니다. 법적으로 보면 알고도 저지른 죄이니 제게 가능한 큰 벌을 주십시오. 그것을 달게 받는 것이 시민으로서의 최고 의무라고 생각합니다. 재판장님! 오직 두 길이 있을 뿐입니다. 만약 당신

이 지키라고 하는 제도와 법률이 인도 국민에게 좋은 것이라고 믿는다면, 당신은 저를 엄벌에 처해야 합니다. 그렇지 않으면 당신은 그 자리를 그만두어야 합니다.

간디는 인도 독립의 아버지로 불린다. 그리고 전 세계 평화와 자유를 위한 투쟁에 뚜렷한 모범을 남겼다. 그러나 그의 투쟁 못지않게 폭동 투쟁으로 온몸으로 맞서 싸운 인도의 독립 운동가도 분명히 있었다. 또한 이와 같은 시기에 잔인한 일본 제국주의를 상대로 중국은 철저한 무장 투쟁을 통해 군사적으로 싸웠다. 우리나라에서도 김구는 무장 투쟁을, 안창호는 비폭력 투쟁을 내세웠다.

어떤 길이 최선의 길이었을까?

3 혁명이 아니면 죽음을 달라

– 체 게바라
1964년 12월 11일, 미국 뉴욕 유엔 총회에서

미국은 제1차 세계대전에 참전해 전쟁을 종결시키고 세계 최강의 자리에 올랐다. 그 후 미국은 복잡하게 얽힌 다른 대륙의 식민지를 외면하고 중남미를 지배하는 데 집중했다. 그 방식도 새로웠다. 식민지에 총독부를 설치해 지배하는 것이 아니라, 막강한 자본과 군사력을 바탕으로 중남미 나라들이 친미 독재 정권을 세울 수 있도록 뒤를 봐 주고 경제적 이익을 챙기는 방식이었다.

중남미 나라는 독립을 이루었지만, 그 국민들은 모든 경제적 이권을 미국과 친미 세력에게 빼앗긴 채 가시밭길을 걸어야 했다. 그런 중남미 나라들 중 미국의 코앞인 멕시코 만에 웅크려 미국의 엉덩이를 겨냥하고 있는 섬나라가 있었다. 바로 쿠바였다. 쿠바는 미국의 특별 관리 지역으로 1933년 육군 중사인 바티스타가 쿠데타로 정권을 잡은 뒤 수십 년을 버텨 오던 나라였다. 마침내 그 쿠바에서 혁명이 일어난 것이다.

반정부 봉기를 계획했다가 멕시코로 추방된 쿠바의 영웅, 피델 카스트로가 81명의 동지를 모아 1953년 쿠바에 상륙했다. 그러나 정부군에 발각되어 60명이 죽고 20여 명만 간신히 도망쳤다. 도망친 혁명군은 세력을 불려 5년 만에 다시 공격에 나섰다. 그리고 1959년 1월 1일 26년간 쿠바를 다스렸던 바티스타는 돈과 금붙이를 챙겨서 가족과 측근을 데리고 이웃 나라로 도망쳤다. 그날 카스트로는 당당하게 쿠바의 수도 아바나에 입성했다. 그 옆에는 중남미 혁명의 전설이 된 부사령관 체 게바라가 있었다.

아르헨티나 중산층 가정에서 태어나 의과대학까지 나온 그는 젊은 시절 중남미 각국을 돌면서 원주민의 비참한 생활과 혁명의 움직임에 감명을 받았다. 그는 의과대학을 졸업하고 조국 아르헨티나를 떠나 새로운 혁명을 실험하고 있던 과테말라에 자리 잡고 열렬히 혁명을 지지했다. 그러나 미국의 지원을 받은 군부가 쿠데타를 일으켜 혁명 정부를 무너뜨리자 암살 대상 1호가 된 그는 멕시코로 도망칠 수밖에 없었다. 그곳에서 만난 피델 카스트로!

체 게바라는 쿠바 혁명을 준비하던 카스트로를 따라 쿠바로 향했다. 처음에는 그저 군의관으로 따라나선 길이었지만, 그의 열정과 성실함으로 1년 뒤에는 쿠바 혁명군 2인자의 자리에 오를 수 있었다.

그로부터 5년 뒤인 1964년, 텁수룩한 수염에 혁명군 군복을 입은 한 사내가 뉴욕 유엔 총회 연단 위에 서서 열변을 토해 냈다. 바로 미국이 치를 떨며 미워하던 체 게바라였다. 그의 연설은 장장 4시간 동안 이어졌다.

존경하는 의장님, 그리고 각국 대표단 여러분.

이 총회에 참석한 쿠바 대표단은 우선 새로운 세 나라가 세계의 문제를 논의하는 이 자리에 참석하게 된 것을 기쁘게 생각합니다. 잠비아, 말라위, 말타의 대통령과 수상, 그리고 국민에게 축하드리며, 세 나라가 제국주의, 식민주의, 신식민주의에 대항하는 비동맹 국가의 대열에 처음부터 참여하기를 기대합니다.

비동맹 국가
제2차 세계대전 이후 미국과 소련을 중심으로 한 대립된 군사 동맹체제에서 벗어나 독자적 길을 걷고자 한 신생독립국가들의 모임.

…중략…

이 총회에서 다루어야 할 긴급한 문제들 중에서 모든 사람들에게 의심의 여지없는 해결책을 찾아야 할 것은 바로 사회 경제적 체제가 다른 나라들이 평화적으로 공존하는 문제입니다. 세계적으로 이 문제에 관해서 많은 발전이 있었습니다만, 제국주의, 특히 미 제국주의는 평화적 공존이라는 것을 강대국들의 권한이라고 세상이 믿게 만들려 하고 있습니다. 이 자리에서 우리 대통령이 카이로에서 발표하고 제2차 비동맹 회의 선언에 포함된 내용을 다시 한 번 말하고자 합니다. 평화적 공존은, 각 나라의 크기와 이전의 역사적 관계, 일정 시점에 생길 수 있는 각국 간의 문제에 상관없이 보장되어야 한다는 것입니다.

…중략…

또한 정확하게 규정해서, 평화적 공존은 주권 국가들 사이에서만 이루어지는 게 아니라는 점을 말하고 싶습니다. 마르크스주의자로서 우리는 국가 간의 평화적 공존이 착취하는 자와 착취당하는 자, 짓밟는 자와 짓밟히는 자 사이에는 성립되지 않는다고 주장해 왔습니다. 나아가, 모

든 형태의 식민지 지배로부터 완전히 독립을 누릴 수 있는 권리는 비동맹 회의의 기본 원칙입니다. 그래서 우리는 자유를 원한다는 이유로 무참히 학살당한, 포르투기스 기니와 앙골라, 모잠비크 같은 식민지 나라들의 국민들을 지지하는 것입니다. 그리고 우리는 카이로 선언에 따라 힘닿는 대로 그들을 도울 준비가 되어 있습니다.

…중략…

우리는 쿠바에 관하여 다음과 같은 점을 지적하고 싶습니다. 미국은 올해에 열린 제네바 국제회의에서 제시한 권고도 듣지 않고 쿠바에 대한 의약품 수출까지 금지시켰습니다. 그런 짓은 바로 쿠바 국민들을 고립시키는, 호전적인 태도를 숨기고 있던 인도주의의 가면을 스스로 벗은 셈입니다.

다시 한 번 말하거니와, 각국 국민들의 발전을 가로막아 왔던 식민주의가 남긴 상처는 정치적 관계에만 있는 것이 아닙니다. 이른바 무역 조건의 악화라는 것도 원료를 생산하는 나라들과, 시장을 지배하며 평등한 시장교환이라는 환상을 퍼트리는 산업국가 사이에서 벌어지는 불평등 교환의 결과로 나온 것일 뿐입니다.

…중략…

마지막으로, 대표단 여러분에게 카리브 해 일대에서도 쿠바를 침략하기 위해 군사적 책동이 준비되고 있다는 점을 분명히 밝혀야 할 것 같습니다. 이 책동은 니카라과 해안은 물론 코스타리카, 파나마 운하 지역, 푸에르토리코의 비에케스 섬, 온두라스, 또는 미국 내의 플로리다와 같은 곳에서 준비하고 있는지 모릅니다. 이런 곳에서 쿠바인은 물론 다른

나라사람을 용병으로 훈련시키는 것이 평화적인 목적을 위한 것이 아님은 너무도 명백합니다.

…중략…

잘 아시는 바와 같이 카리브 해 위기라고 하는 엄청난 사태 이후에 미국은 소련과 합의를 했습니다. 플라야 히론에 대한 용병들의 습격 등등 미국의 계속된 침략으로 우리는 합법적이고도 필요한 방어 조치를 위해 쿠바에 설치할 수밖에 없었던 무기들을 철수시키면서까지 이 사태를 해결한 것입니다.

그런데 미국은 유엔을 움직여 우리 영토를 사찰하려고 하고 있습니다. 우리는 단호하게 거절합니다. 쿠바는 미국뿐 아니라 그 어느 나라도 쿠바의 영토 내에 어떤 종류의 무기만 가지고 있어야 한다고 결정할 수 있는 권리를 인정할 수 없습니다. 이 점과 관련해서 우리는 당사자 간에 동등한 의무를 갖는 합의가 있을 때만 따를 수 있다는 점을 밝힙니다.

…중략…

유엔의 우탄트 사무총장은 우리의 입장을 이해해 주었습니다. 그러나 미국은 자기들 마음대로 불법적인 특권을 행사하고 있습니다. 작은 나라라고 해서 영공을 침범하고 있습니다. 우리나라 하늘에는 U-2(정보 수집용 비행기)나 다른 형태의 스파이 비행기가 누비고 다닙니다. 이에 우리는 이러한 영공 침범을 그만두고 관타나모에 있는 우리 초소에

카리브 해 위기
쿠바 혁명 이후 미국의 침략 행위가 계속되자, 쿠바는 소련을 끌어들여 미사일 기지를 세우려 했다. 미국 영토의 엉덩이 밑에 미사일 기지를 짓는다는 것을 첩보기로 파악한 미국은 1962년 10월, 3차 대전을 치르더라도 이를 막겠다고 선언했다. 이 팽팽한 대립은 결국 미사일 기지 철수로 끝을 맺었다.

관타나모
쿠바 남동쪽 끝으로 쿠바 혁명 훨씬 전부터 미국의 해군기지가 있는 곳이다. 미국은 쿠바의 요구에도 이곳을 1세기 동안이나 점령한 채 꿈쩍도 하지 않고 있다.

대한 도발을 중지하도록 할 수 있는 경고를 다했습니다.

…중략…

대표단 여러분, 쿠바는 자유로운 주권 국가로서 그 누구에게도 얽매여 있지 않으며, 우리 영토 내에는 어느 외국 군대의 기지도 없으며, 우리의 정책을 지시하는 식민지 총독부도 없습니다. 우리는 이 총회에서 머리를 떳떳하게 치켜들고 신에게 축복받은 "아메리카 대륙의 자유로운 영토."라고 말하며 정의를 펼쳐 보일 수 있습니다. 우리의 본보기는 전 대륙으로 퍼져나가 결실을 맺을 것입니다. 이미 과테말라와 컬럼비아, 베네주엘라에서는 어느 정도 이루어지고 있습니다.

이들은 더 이상 별 볼일 없는 세력이 아닙니다. 더 이상 고립되어 있지 않기 때문입니다. 하바나에서 열린 제2차 비동맹회의에서 선언된 것처럼, 라틴 아메리카에는 약한 나라가 없습니다. 모두 똑같은 비극을 겪었으며, 똑같은 감정을 품고, 똑같이 더 나은 미래를 꿈꾸고, 이 세상의 모든 정직한 사람들과 굳게 연대하고 있는 2억 명의 라틴 아메리카 사람들이 모두 형제이기 때문입니다.

우리 이전의 역사는 배고팠던 인디언, 땅도 없었던 농민, 착취당했던 노동자의 역사입니다. 이제 고통받는 라틴 아메리카 땅에는 진보적인 대중, 정직하고 현명한 지식인이 넘쳐 나고 있습니다. 앞으로의 역사는 이들이 써 나갈 것입니다. 바로 민중과 이념 투쟁의 역사를! 이제껏 제국주의자에게 경멸당하고 학대받아 온 사람들의 새로운 역사가 시작될 것입니다. 이제껏 무시당했던 민중이 잠에서 깨어나고 있습니다. 제국주의는 우리를 그저 시키면 시키는 대로 하는 약한 무리로 여겨 왔습니

다. 지금 제국주의자는 겁먹기 시작했습니다. 2억 명이나 되는 엄청난 라틴 아메리카인 앞에서 양키의 독점 자본주의는 이제 자신이 끝장나고 있다는 것을 깨달을 것입니다.

지금 라틴 아메리카 대륙에서는 이 끝에서 저 끝까지 모두가 그때가 왔다고 외치고 있습니다. 자신의 명예를 되찾을 때가 되었다고 말입니다. 온 대륙이 슬픔과 절망의 울음소리로 뒤덮였던 암울했던 회색의 땅 라틴 아메리카에서는 이제 민중이 자신의 새로운 역사를 시작하려 합니다. 자신의 피로 쓰기 시작한 그 새로운 역사를 위해서라면 그들은 죽을 각오가 되어 있습니다.

지금 라틴 아메리카의 산과 들에서, 평야와 정글에서, 야생의 땅과 도심의 번화가에서, 강둑과 바닷가에서 움직임이 시작되고 있습니다. 지난 500년 동안 조롱받아 왔던 권리를 찾기 위해, 죽을 각오로 열망의 손길을 앞으로 내뻗고 있습니다. 그렇습니다, 이제 역사는 이 가난한 라틴 아메리카 사람을 무시할 수 없을 것입니다. 착취당하고 천대받았던 라틴 아메리카인, 이제 자신의 역사를 새롭게 쓰기로 결심한 라틴 아메리카인을 말합니다. 이미 자신의 권리를 되찾기 위해 정부를 향해 수백 킬로미터나 되는 길을 행진하는 사람이 날마다 끝없이 줄을 잇고 있습니다.

피델 카스트로와 함께 선 체 게바라. 그에게 피델은 단순한 동지가 아니라 '최후를 맞이하는 순간에 떠올린 사람'이었다.

이미 이곳저곳에서 돌멩이와 막대기, 손도끼로 무장한 채 땅을 점령해 말뚝을 박고 또 그것을 지키기 위해 목숨을 걸고 싸우는 사람이 하루

가 다르게 늘고 있습니다. 표지판과 슬로건이 적힌 깃발이 산과 들에서 펄럭이고 있습니다. 정의를 갈망하며 짓밟힌 권리를 되찾고자 하는 분노의 파도는 라틴 아메리카 땅 전체에 퍼져 나가 결코 멈추지 않을 것입니다. 그 물결은 나날이 커질 것입니다. 그 물결은 어느 곳에서나 대다수의 사람들, 노동을 통해 부를 창조하고 역사의 수레바퀴를 움직이는 사람들이 함께하고 있기 때문입니다. 지금 그들은 길고 끔찍했던 속박의 잠에서 깨어나고 있습니다.

엄청난 무리의 사람들이 "이제 그만!"이라고 외치며 행진을 시작했습니다. 이 위대한 행진은 진정한 독립을 이루기 전까지는 멈추지 않을 것입니다. 이미 수많은 사람들이 목숨을 바쳐 왔습니다. 그들은 피그스 만 플라야 히론에서 죽은 쿠바인처럼 죽음을 각오하고 있습니다. 그들은 진정한 독립, 결코 무릎 꿇지 않을 독립을 위해 기꺼이 희생할 것입니다.

피그스 만 플라야 히론에서 죽은 쿠바인
1961년 4월 17일 미국이 쿠바인 용병들을 조종해서 쿠바 남쪽 해안에 위치한 피그스 만을 침공한 사건을 말한다.

훌륭하신 대표단 여러분, 라틴 아메리카 대륙의 이 모든 새로운 의지는 그냥 생긴 것이 아닙니다. 무기를 든 침략자에 맞서 싸워 물리치고야 말겠다는 결심으로 매일같이 울리는 우리 민중의 함성을 분명하게 선하고자 합니다. 그 함성은 이 세상의 모든 사람, 특히 소련이 이끌고 있는 사회주의 진영의 인민의 이해와 지지를 받고 있습니다. 우리는 이렇게 외칩니다.

"조국이 아니면 죽음을 달라!"

쿠바의 진정한 독립을 위한 혁명

거대 제국 미국의 턱밑에서 살아남은 소국 쿠바

1959년 쿠바 혁명으로 중남미의 분위기는 완전히 달라졌다. 여전히 친미 독재 정권이 버티고 있었지만, 니카라과, 볼리비아, 멕시코 등에서 해방 투쟁 세력의 저항이 거세진 것이다. 미국은 당황했고, 그러한 상황이 전개된 근원인 쿠바 혁명 정부를 무너뜨리기 위해 수단과 방법을 가리지 않았다. 마피아와 CIA를 통해 피델 카스트로와 체 게바라를 암살하려고 시도하는 한편, 1961년 쿠바 피그스 만을 침공하는 작전을 세웠다.

1961년 4월 15일, 미국은 쿠바 국적으로 위장한 비행기를 보내 쿠바 공군 기지를 폭격했다. 4월 17일에는 바티스타를 따르다 혁명 정부가 들어서자 미국으로 탈출한 1,400여 명의 망명자를 무장시켜 피그스 만으로 보냈다. 쿠바 혁명군이 막으면 미군기가 폭격으로 지원할 예정이었다. 그러나 쿠바 유엔 대사가 이 작전이 미국의 공작이라는 증거를 내밀자 궁지에 몰린 케네디 대통령은 더 이상의 지원은 하지 말도록 지시했다. 그 결과 인해 100여 명이 죽고 1,200여 명이 쿠바에 생포되면서 미국의 피그스 만 침공은 실패로 끝나 미국의 치욕으로 남았다.

그 후 쿠바는 소련에 더욱 가까워졌으며, 1962년 소련에서 미사일을 받아들이려다가 미국에게 봉쇄까지 당했다. 지금도 미국은 쿠바와 외교 관계를 단절하고 40년이 넘게 수출입 금지 등을 통해 경제적으로 봉쇄해 왔다. 그러나 쿠바의 혁명 정권은 끝내 살아남았다. 그뿐만 아니라 오늘날 중남미 대륙의 수많은 나

산타클라라 기념관에 우뚝 서 있는 체 게바라의 동상. 그의 유해는 사망한 지 30년 후에야 이곳으로 옮겨졌으며, 기념관 옆 벽에는 그의 활동상을 담은 조각이 새겨져 있다.

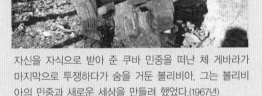

자신을 자식으로 받아 준 쿠바 민중을 떠난 체 게바라가 마지막으로 투쟁하다가 숨을 거둔 볼리비아. 그는 볼리비아의 민중과 새로운 세상을 만들려 했었다.(1967년)

라는 미국의 쿠네타 공작으로 쓰러지고 일어서기를 반복하면서 좌파 징권을 수립하고 있다.

체 게바라의 신념

쿠바의 혁명 정부에서 주요 직책을 맡아 활동하던 체 게바라는 1964년 유엔 연설 다음 해에 작별 편지를 남기고 홀연히 쿠바를 떠났다. 그리고 볼리비아의 산악 지대에서 게릴라 부대를 조직한 뒤 라틴 아메리카 전체의 혁명을 목표로 활동했다. 그러던 1967년 10월 볼리비아 정부군에게 사로잡혀 곧바로 총살당했다. 그의 유해는 총살당한 지 30년 후인 1997년 6월 볼리비아의 공동묘지에서 발견되었다. 그리고 같이 전사한 참모들과 함께 쿠바 혁명 투쟁의 격전지 산타클라라 기념관에 매장됐다. 다음은 체 게바라가 피델 카스트로에게 남긴 작별의 편지다.

피델.

나는 당과 정부, 군에서 받은 모든 고위 직책과 쿠바 시민으로서의 권리를 공식적으로 내려놓겠습니다. 이제 쿠바의 모든 법은 나에게 아무런 구속력이 없습니다. 그럼에도 끊을 수 없는 동지애 같은 본질의 끈만은 남겠죠.

지난 삶을 돌이켜 보면 나는 혁명을 위해 성실하고 헌신적으로 살아왔다고 확신합니다. 내 유일한 잘못이 있다면 시에라 마에스트라 산에서 처음으로 게릴라 투쟁을 할 때 동지를 못 믿은 것과, 혁명가이자 지도자로서 동지의 훌륭한 자질을 재빨리 알아채지 못했다는 것입니다.

나는 영광스런 나날을 보냈습니다. 우리에게 훌륭한 기회였으나 좌절되었던 미사일 위기의 시기에 동지의 곁에서 쿠바 민중과 함께했음을 자랑스럽게 여깁니다. 그런 상황에서 동지처럼 뛰어난 역량을 보인 정치 지도자는 없었습니다. 지켜야 할 원칙과 위험 요소를 가려서 생각하고 판단하는 데 나는 동지와 의견이 일치했고 주저 없이 동지를 따랐던 것을 자랑스럽게 느끼고 있습니다.

그러나 아직도 억압받는 국가가 있고 보잘것없는 내 도움을 필요로 하고 있습니다. 동지는 쿠바 최고 지도자로서의 책임 때문에 직접 참여할 수 없지만

나는 다릅니다. 동지와 내가 헤어져야 할 때가 온 것입니다.

만감이 교차하는 지금의 내 심정을 동지는 잘 알 겁니다. 나는 혁명의 건설자로서 순수한 열정과 사랑했던 것을 이곳에 남기고 떠납니다. 나를 자식으로 받아 준 쿠바 민중의 곁을 떠납니다. 이런 사실은 내 영혼을 슬프게 합니다. 그러나 나는 성스런 임무를 완수해야 할 사명을 가지고 있습니다. 나는 앞으로 우리 민중의 혁명 정신과 동지가 내게 심어 준 신념을 간직한 채 제국주의가 활개 치는 새로운 투쟁 현장에서 싸우겠습니다. 이는 내 힘의 뿌리로, 그것으로 상처받은 자들을 치유할 것입니다.

쿠바는 모든 의무와 속박으로부터 해방되어야 합니다. 비록 나의 최후를 다른 곳에서 맞이할지라도 나는 마지막 순간에 쿠바 민중과 동지를 생각할 것입니다. 동지의 가르침과 동지의 모범에 깊은 감사를 드립니다. 마지막 승리를 위해 충실하도록 노력하겠습니다.

나는 항상 우리의 혁명을 해외로 전하기 위해 살아왔고 앞으로도 변함없을 것입니다. 어디에 있든지 나는 쿠바 혁명의 주역으로서의 책임감을 잊지 않고 행동하겠습니다. 내 가족에게 재산을 남기지 않고 떠나지만, 유감은커녕 오히려 행복할 따름입니다. 정부가 내 가족의 생활과 교육에 필요한 최소한의 호의를 베풀어 준다면 더 이상 바랄 것이 없습니다.

동지와 민중에게 하고 싶은 말이 많지만 이만 줄이겠습니다. 편지로 바라는 모든 것을 표현하기에 충분치 못한 것 같습니다.

영원한 승리의 그날까지! 혁명이 아니면 죽음을!

내 혁명의 열기로 그대를 끌어안으며.

아, 이 어둡고 비통한 순간!

– 살바도르 아옌데

1973년 9월 11일, 칠레의 라디오를 타고

1970년 살바도르 아옌데 대통령 당선을 축하하는 산디아고의 가톨릭 대학의 청년들. 그는 미국과 국제 자본의 지배에 억눌린 칠레 민중의 희망이었다.

찬란한 잉카 제국의 땅, 칠레. 그 땅은 1540년 스페인에 점령되었다가 1810년에 독립을 맞이했다. 그러나 독립한 뒤에도 오랫동안 독재 정권과 외국 자본의 지배에 시달려야만 했다. 그러던 1960년대 후반, 에두아르도 프레이 몬탈바 대통령을 내세워 개혁을 실험했지만, 1퍼센트의 부자와 외국 자본의 저항에 막혀 큰 성과를 내지 못했다. 결국 칠레 국민은 진보적 진영이 단결해 내세운 살바도르 아옌데를 대통령으로 선출했다. 아옌데는 1970년 11월 3일 대통령에 취임하면서 이렇게 말했다.

칠레는 풍요로운 나라입니다. 그러나 그 풍요로움은 국민의 손에 있지 않습니다. 열다섯 살 미만의 어린이 중 절반이 영양실조로 고통받고 있습니다. 60만의 어린이가 단백질 섭취 부족으로 저능아가 되어 가고 있습니다.

칠레는 풍부한 천연자원을 가지고 있습니다. 그러나 우리는 가난합니다. 소중한 우리의 천연자원을 처음에는 스페인 사람이, 그 다음에는 영국인이, 그리고 이제는 미국인이 벌써 400년 넘게 소유하고 있습니다. 미국의 구리 제조 회사가 칠레에서 가져가는 이득은 우리나라 국민 전체 소득과 맞먹습니다. 이 회사들은 칠레 전체를 약탈해 왔습니다. 오늘날 칠레는 반쪽만 남았습니다. 우리는 그들에게 사실상 종속된 식민지 국가이기 때문입니다.

나는 부자가 될 것을 약속하지 않습니다. 오직 우리의 존엄성과 진정한 자유를 향한 희망을 약속할 뿐입니다.

이 말을 한 지 3년이 채 안 된 1973년 9월 11일, 칠레의 몇몇 라디오 방송에 "산티아고에는 비가 내린다."는 아나운서의 목소리가 흘러나왔다. 구름이 있었지만 비는 내리지 않는 맑은 날이었다. 이 말은 바로 미국의 지원을 받은 칠레 군부의 '반아옌데 쿠데타 작전' 개시 암호였다. 그리고 몇 시간 뒤 다른 방송국에서 아옌데 대통령의 목소리가 흘러나왔다.

쿠데타군에 의해 포격당하는 대통령 궁. 미국의 CIA는 1970년 아옌데의 집권을 막기 위해 쿠데타를 준비하면서 칠레의 장군들을 은밀히 접촉했다. 그러나 당시 총사령관인 슈나이더가 거절하자 그를 암살했고, 후일 아라야 장군마저 비슷한 운명을 맞았다. 그리고 CIA에게 최종 선택된 장군들은 피노체트, 메리노, 멘도사였다.

 지금이 분명 여러분께 마지막으로 연설할 수 있는 기회인 것 같습니다. 우리 공군이 라디오 마할라네스 방송국 안테나를 폭격했습니다.

저는 가슴이 아프기보다는 한심하다는 생각을 합니다. 충성의 맹세를 배신한 그자들은 도덕적 심판을 받게 될 것입니다. 칠레의 군인들, 특히 명색이 총사령관이면서 본인 스스로를 해군 참모 총장으로 임명한 메리

노 제독과 어제까지만 해도 정부에 대한 충성을 맹세하고도 스스로 경찰 총장 자리에 오른 저 치사한 멘도사 장군 같은 자들 말입니다.

이런 상황에서 제가 노동자 여러분께 말할 수 있는 것은 오직 이것뿐입니다. 저는 결코 물러서지 않을 것입니다! 이 역사적 갈림길에서 저는 국민 여러분이 보여 주신 충성에 제 목숨으로 보답할 것입니다. 저는 저들에게 이렇게 확실히 말하겠습니다. 우리 수천 수만 칠레인의 소중한 양심에 심어진 씨앗은 영원히 시들지 않을 것이라고 말입니다.

저들은 힘을 가졌으며 우리를 지배할 수도 있습니다. 하지만 어떤 범죄 행위나 무력으로도 사회의 진보는 막을 수 없습니다. 역사는 우리의 것이고, 민중이 역사를 만들어 가는 것입니다.

이 나라의 노동자 여러분, 저는 정의를 세우고자 하는 여러분의 열망을 받아서 헌법과 법률을 존중하겠다고 맹세하고 실천하려 했던 한 명의 대리인에 지나지 않았습니다. 그런 저를 향해 여러분이 지금껏 보여 주신 신뢰에 거듭 감사드립니다. 이 마지막 순간에 제가 여러분께 말씀 드리고 싶은 것은 이 사태의 교훈을 잘 이용하시길 바란다는 것입니다. 국내의 반동 세력은 외국 자본과 제국주의와 결탁해 우리 군대가 스스로 전통을 깨 버리도록 분위기를 만들어 갔습니다. 그 전통은 슈나이더 장군이 가르치고 아라야 사령관이 다시 확인한 것이었습니다. 저들은 그 사람들을 희생시키고, 이제 자신의 이익과 특권을 지키기 위해 외국 세력의 힘을 빌려 권력을 다시 손에 넣으려 하고 있습니다.

여러분, 저는 누구보다도 먼저 이 땅의 신중한 여성들, 우리를 믿고 따라준 여성 농민들, 어린이들에 대한 우리의 관심을 알아준 어머니들에게 말씀드립니다. 또한 자본가 계급만의 이익을 옹호하는 전문 집단의 선동에 맞서, 줄기차게 활동해 온 이 나라의 애국적 전문가들에게 말씀드립니다. 이 투쟁에서 함께 노래하고 기꺼이 자신의 영혼을 바친 젊은이에게 말씀드립니다. 저는 노동자, 농민, 지식인을 비롯한 모든 칠레인에게 말씀드리고자 합니다. 이제 여러분은 탄압을 받을 것입니다. 이미 몇 시간 전부터 이 나라는 파시즘의 손에 넘어가 버렸습니다. 반란을 진압해야 할 자들은 침묵만 지키고 있습니다. 그런 속에서 여러분은 군부 독재의 테러 위협을 무릅쓰고 다리를 폭파하고 철로를 끊으며 석유와 가스 파이프를 파괴하며 싸웠습니다. 그분들은 정말 몸과 마음을 다 바쳤습니다. 역사가 그분들을 평가할 것입니다.

라디오 마가야네스는 곧 끊어질 것이 분명합니다. 그러면 제 목소리도 더 이상 여러분에게 닿을 수 없겠지요. 그런 건 중요하지 않습니다. 여러분은 계속 듣게 될 테니까요. 저는 항상 여러분 곁에 있을 것입니다. 적어도 이 나라에 충성했던 사람들의 기억 속에 함께할 것입니다.

민중은 스스로를 지켜야 하지 스스로를 희생해서는 안 됩니다. 국민 여러분, 여러분은 저들의 총알에 희생양이 되지 않도록 스스로를 지켜야 합니다. 그렇다고 부끄러워하지도 마십시오.

이 나라의 노동자 여러분, 저는 칠레와 그 앞길을 믿습니다. 언젠가 또 다른 사람들이 이 암울하고 가혹한 반역의 순간을 딛고 일어설 겁니

다. 잊지 말고 전진하십시오. 위대한 길이 열리고, 그 길을 따라 더 나은 사회를 세우기 위해 자유로운 인간이 성큼성큼 전진할 날이 언젠가 올 것입니다!

칠레 만세! 민중 만세! 노동자 만세!

이것이 저의 마지막 말입니다. 저는 제 희생이 헛되지 않으리라는 것을, 그리고 제 희생이 결국 대역 죄인과 비겁자, 그리고 반역자를 심판할 도덕적 교훈이 되리라는 것을 확신합니다.

아옌데가 끼고 있던 안경. 마지막까지 저항하던 사람들은 모두 죽었기 때문에 그의 죽음을 둘러싸고 여러 가지 추측이 있지만, 쿠데타군에게 즉결처형 당했다는 추측이 가장 유력하다. 머리에 총을 맞은 듯 그의 안경은 깨진 채 안쪽으로 피가 튀어 있다.

민중을 생각한 대통령과 나를 생각한 독재자

　이 연설이 흘러나온 직후, 반란군 전투기들은 대통령 궁에 폭탄을 퍼부었고, 아옌데는 열아홉 명의 경호원들과 함께 저항하다 죽었다. 죽기 전 아옌데 대통령은 새로운 실험을 진행 중이었다. 세계 최대의 칠레 구리 광산과 은행을 국유화했으며, 어린이에게 무료 우유 배급을 실시했다. 또한 1퍼센트 특권층의 반발에 의해 중단되었던 토지 개혁을 밀어붙였다. 경제적 불평등을 해소해 대다수 민중이 가난으로 인해 고통받는 것을 해결하는 게 목표였다.

　아옌데 정권의 개혁에 대한 반격은 칠레의 경제를 틀어쥐고 있던 외국 자본과 소수 부자들로부터 시작되었다. 칠레의 낙농업을 장악한 세계적인 식품업체 네슬레는 아옌데에게 우유와 분유를 팔지 않겠다고 선언했다. 지금껏 좌지우지하던 구리 광산을 뺏기게 생긴 미국 회사들은 가지고 있던 구리를 전부 시장에 풀어 구리 가격을 곤두박질치게 만들었다. 칠레의 자본가들은 일부러 가축을 죽이고 노동자를 해고하는 등 경제를 난장판으로 만들었다.

　두 번째 반격은 미국 정부로부터 이어졌다. 1970년 당시 미국 대통령이었던 리처드 닉슨은 칠레에 대한 모든 원조를 끊어 버렸다. 또한 국무부, 국방부, CIA 등이 포함된 비상 대책반을 꾸려 전권을 위임하며, 1,000만 달러 이내의 비용으로 어떤 짓을 해도 상관없으니 아옌데 정권을 무너뜨리라고 지시했다. 쿠데타 직전 미국 정부의 노골적인 책동을 보고서 아옌데 정부에서 프랑스 대사를 지냈던 노벨 문학상 수상자 네루다는 이렇게 피를 토했다.

1973년 9월 칠레 스타디움. 쿠데타 직후 쿠데타군은 저항적인 시민들을 잡아와 이 운동장에 가두었다. 이들 중 많은 사람들은 시체로 발견되거나 행방불명되었다.

"여기 우리 5,000명이 모여 있네. 도시의 이 구석 얼마나 많은 사람들이 배고픔과 추위, 두려움, 고통, 긴장, 테러, 광기 속에서 힘겨워하는지…"
– 칠레의 민중 가수 빅토르 하라의 노래 「칠레 스타디움」 중에서

칠레로서는 지금이 비통한 순간이다. 그것은 나의 서재에까지 침입하고 있으며, 이 위대한 투쟁에 참여하는 것 말고는 다른 방법이 없다. 칠레는 포화와 총성 없는 조용한 베트남이다. 다른 한편 국내외에서 칠레를 향해 가능한 모든 무기를 쓰고 있다. 우리는 지금 이 순간 선전포고를 하지 않은 전쟁을 하고 있다.

그리고 비상 대책반의 지원을 받은 칠레의 친미 군부는 쿠데타를 일으켰고 대통령 궁을 포격했다. 당시 칠레군 총사령관인 피노체트가 주도한 쿠데타군은 반란 직후 맨손으로 대항한 칠레 국민을 일주일 동안 무려 3만 명이나 죽이는 대학살을 저질렀다. 반란 후 한 달간 무려 10만 명이 끌려갔고 그중 수천 명은 행적도 없이 사라졌다. 공식 보고서에 따르면, 피노체트가 대통령이 된 이후 16년 동안 사망자 3,197명, 실종자가 1,000여 명에 이른다고 한다. 불법 감금된 뒤 고문당했던 사람은 10만여 명에 이르며, 100만여 명의 국민이 국외로 추방됐다. 반면 모든 외국 자본은 아옌데 이전으로 원상 복귀되었다.

모두를 위해 기도하겠습니다

– 14대 달라이 라마

1989년, 노르웨이 오슬로 노벨상 시상식에서

1950년 국민당 세력을 타이완으로 내쫓고 대륙을 통일한 중국 공산당은 티베트로 쳐들어갔다. 티베트의 가난한 농민을 해방시키겠다는 명분이었다.

티베트는 불교의 우두머리를 부처의 화신으로 여기고 지도자인 '달라이 라마'로 섬기는 불교 국가였다. 군대도 경찰도 무기도 없었다. 국민은 맨

1959년 중국에 대항해 들고 일어섰던 티베트인이 중국군에게 끌려 가고 있다.

몸으로 열다섯 살짜리 14대 달라이 라마를 감쌌고 결국 총칼 앞에 쓰러졌다. 열다섯 소년은 국민을 구하고자 항복했고, 티베트는 중국의 일부가 되었다. 그러나 그것이 끝이 아니었다.

1959년 중국이 달라이 라마를 베이징으로 납치하려고 하자 티

달라이 라마
티베트 종교·정치의 최고 지도자로 '살아 있는 부처'라는 뜻이다. 현재의 달라이 라마는 14대 텐진 가쵸다.

베트 국민은 들고일어났다. 중국군은 총공격을 펼쳐 돌을 던지며 맞서는 1만 5,000여 명의 티베트인을 죽이고 사찰 6,000여 곳을 부쉈다. 스물네 살의 달라이 라마는 히말라야를 넘어 인도로 탈출했고 그를 따르는 티베트인도 국경을 넘었다.

40년이 지난 1989년 노르웨이에서 열린 노벨 평화상 시상식장에 한 늙은 스님이 등장해 차분하게 연설을 시작했다.

 국왕 폐하, 노벨 위원회 위원님, 그리고 형제 자매 여러분.

저는 오늘 여러분과 함께한 이 자리에서 노벨 평화상을 받게 되어 매우 행복합니다. 그저 티베트에서 온 승려에 불과한 저에게 이렇게 중요한 상을 주시니 영광스러우면서도 몸 둘 바를 모를 정도로 감격스럽습니다. 저는 별로 특별한 사람이 아닙니다. 그러나 이 상은 인도와 티베트의 성인과 부처님의 가르침에 따라 제가 실천하고자 했던 진정한 이타주의와 사랑, 자비, 비폭력을 인정해 주신 거라고 생각하겠습니다.

이 상은 세계 어느 곳에서든 억눌리고 자유를 위해 싸우며 평화를 위해 애쓰는 모든 사람에게 주는 것이라고 생각하겠습니다. 또한 변화를 위해 새로운 비폭력 운동의 전통을 몸소 보여 주어 제 삶과 생각을 바꿔 놓은 마하트마 간디에게 이 상을 바치겠습니다. 또한 600만 티베트 국민, 이제까지 고통받아 왔고 앞으로도 고통받을 티베트의 용감한 농부와 여성에게 주신 것이라고 생각하겠습니다. 그들은 티베트라는 국가와 문화를 파괴하려는 교묘하고도 체계적인 술책에 맞서고 있습니다. 이 상을 통해 진리와 용기, 결단력을 무기로 싸운다면 티베트는 해방될 것이라는 우리의 신념을 다시 확인하고자 합니다.

세계 어느 곳에서 왔든지 우리 모두는 기본적으로 같은 인간입니다. 우리는 모두 행복을 찾고 고통에서 벗어나고자 합니다. 우리는 인간의 기본적 욕구에 관심을 갖고 있습니다. 모든 인간은 개인으로서든 국민

으로서든 자신의 운명을 결정할 권리와 자유를 원합니다. 이것이 인간의 본성입니다. 동유럽에서 아프리카에 이르기까지 세계 곳곳에서 일어나고 있는 엄청난 변화가 이것을 분명히 보여 주고 있습니다.

올 6월 중국의 민중 운동은 군홧발에 잔인하게 짓밟혔습니다. 그러나 나는 그 시위가 헛되지 않다고 믿습니다. 왜냐하면 중국인에게도 자유의 정신이 다시 불붙었으니, 이제 중국도 전 세계를 휩쓸고 있는 그 흐름에서 벗어날 수 없기 때문입니다. 용감한 학생과 그 지지자는 중국 지도부와 세계 앞에 그 위대한 민족의 본모습을 보여 주었습니다.

지난주에 있었던 인민재판에서 많은 티베트인은 길게는 19년까지의 징역형을 받았습니다. 아마도 오늘의 이 행사를 앞두고 국민에게 겁을 주려고 했던 것 같습니다. 그들의 '죄'라고는 티베트인에게 퍼져 있는 독립에 대한 희망을 말한 것밖에 없습니다.

지난 40년 동안 점령당한 우리 국민의 고통에 대한 기록은 참으로 많습니다. 우리는 오랫동안 투쟁해 왔습니다. 우리의 투쟁은 정당합니다. 그러나 폭력은 더 심한 폭력과 고통을 낳기에 우리의 투쟁은 비폭력적이었고, 증오심을 갖지 않기 위해 노력했습니다. 우리는 우리 국민의 고통을 끝내려고 노력하는 것이지 남에게 고통을 주려는 것이 아닙니다.

기회가 있을 때마다 제가 티베트와 중국 간의 협상을 제안했던 것은 바로 이러한 생각에서였습니다. 1987년 저는 티베트의 평화와 인권 회복을 위해 다섯 가지 특별 제안을 했습니다. 거기에는 티베트 고원을 비

중국의 민중 운동
이는 '6·4 천안문 사태'를 말한다. 1989년 6월 4일에 중국의 학생들과 노동자 수만 명은 천안문에 모여 '민주! 자유!'를 외쳤다. 그러자 사회주의 체제의 위기를 느낀 보수파 지도자들은 계엄령을 선포하고 천안문을 점거하고 있던 학생과 시민들을 무력으로 진압했다. 이 과정에서 민간인 200여 명이 죽었고, 3,000여 명이 부상당했다.

폭력 지역, 즉 인간과 자연이 평화롭게 함께 살 수 있도록 평화와 비폭력의 성지로 삼자는 안도 포함되어 있습니다.

지난해 저는 스트라스부르의 유럽 의회에서 그 안을 수정해서 제안했습니다. 어떤 사람은 너무 소극적이라고 비판하지만, 그 제안은 모두 현실적이며 합리적이라고 생각합니다. 불행하게도 중국 지도자들은 크게 양보한 저의 제안에 긍정적인 답변을 하지 않고 있습니다. 만약 계속 이렇게 나간다면 우리의 입장을 다시 생각할 수밖에 없습니다.

티베트와 중국 간의 모든 관계는 평등과 존경, 신뢰와 상호 이익의 원칙에 기초해야 합니다. 또한 823년에 티베트와 중국의 현명한 통치자들이 결정했던 협정의 원칙에도 기초해야 합니다. 그 협정문은 라사에 있는 성지 조캉 사원에 서 있는 기둥에 새겨져 있습니다.

티베트인은 위대한 티베트의 땅에서 행복하게 살 것이며, 중국인은 중국의 위대한 땅에 살 것이다.

불교 승려로서 저는 모든 인간을 비롯해 고통을 느끼는 모든 존재에도 관심을 갖고 있습니다. 저는 모든 고통이 무지에서 비롯된다고 믿습니다. 사람은 이기적인 행복과 만족을 얻기 위해 남에게 고통을 줍니다. 그러나 진정한 행복은 마음의 평화와 만족에서 옵니다. 그리고 그것은 남을 위하고 사랑하고 동정하는 마음과 무지와 이기심, 욕심을 버리는 데서 얻을 수 있습니다.

오늘날 우리는 폭력을 부르는 갈등과 자연 파괴, 가난과 굶주림 등의

모든 고통을 물리치며 살아 온 티베트 할머니는 오늘도 자비를 구하며 기도하고 있다.

많은 문제에 직면해 있습니다. 이 문제는 모두 인간이 만들어 낸 것이기 때문에 형제애의 의미를 깨우치고 모든 인간이 노력한다면 해결할 수 있습니다. 우리는 서로에 대한, 그리고 함께하고 있는 지구에 대한 책임감을 키워야 합니다. 제가 믿는 불교는 심지어 적으로 여기는 사람에게까지도 사랑과 동정심을 키우는 데 도움이 되는 종교이기는 합니다. 하지만 종교가 있건 없건 인간은 누구나 선한 마음과 공동에 대한 책임감을 키울 수 있다고 믿습니다.

우리의 삶에 과학의 영향이 커짐에 따라 종교와 정신의 힘은 우리에게 인간애를 일깨우는 데 더 큰 역할을 하고 있습니다. 둘은 서로 모순되지 않습니다. 둘 다 남들을 들여다볼 수 있는 귀중한 눈을 줍니다. 과

학과 부처의 가르침은 모든 존재가 근본적으로 통일되어 있다고 동일하게 말하고 있습니다. 우리가 환경에 대한 세계적인 관심에 기초해서 적극적으로 행동하고자 한다면 이런 인식은 중요합니다. 모든 종교의 목적은 '모든 인간에게 선함을 일깨우고 행복을 주고자 한다'는 것으로 일치한다고 믿습니다. 방법은 다르게 보일지라도 그 목적은 같습니다.

20세기의 마지막 십 년에 들어서 저는 낙관적이 되었습니다. 인류를 지탱해 온 고대의 가치를 통해 우리는 더 자비롭고 행복한 21세기를 준비할 수 있다는 생각을 한 것입니다.

저는, 압제자든 친구든, 모두를 위해 기도하겠습니다. 우리가 함께 인간적인 이해와 사랑을 통해 더 나은 세상을 만들 수 있기를, 그래서 모든 생명의 아픔과 고통을 줄일 수 있기를 말입니다.

2012년 인도를 방문한 달라이 라마. 그는 지금도 세계 곳곳을 돌아다니며 세계의 평화와 티베트의 독립을 위해 노력하고 있다. 또한 종교와 관계 없이 위대한 정신적 지도자로 여겨지고 있다.

티베트의 비극

　제2차 세계대전 이후 세계 지도에는 붉은색으로 상징되는 사회주의 국가들이 급속히 늘어났다. 동유럽에는 소련의 지원을 받은 여덟 개의 사회주의 정권이 들어섰고, 아시아의 몽골에도 사회주의 정권이 들어섰다. 그리고 몇 개 나라들은 아예 소련 영토로 들어갔다.

　제2차 세계대전 이후 사회주의 정권을 세운 중국은 마음이 급해졌다. 그래서 한국전쟁 때 북한에 지원 군대를 파견하는 한편, 가장 가까이 있으며 전쟁은 물론 군대마저 없는 평화의 땅 티베트를 집어삼켰다.

　달라이 라마는 인도 북부 다람살라에 티베트 망명 정부를 세워 민주주의 헌법을 만들고 모든 특권을 스스로 폐지했다. 그리고 전 세계를 떠돌며 강의와 연설로 세계인을 가르치며 오로지 비폭력 운동을 통해 티베트를 독립시키기 위해 노력하고 있다. 그가 고국을 떠난 뒤 티베트인은 무장 단체 '캄파'를 만들어 중국군에 대항하려 했지만, 그는 간곡하게 말렸다.

　유엔은 이미 세 차례나 중국을 상대로 티베트인의 인권과 자치권을 존중하라는 결의안을 채택했고, 노벨 위원회는 1999년 달라이 라마를 노벨 평화상 수상자로 선정했다. 지금도 티베트인은 그를 찾아 히말라야를 넘는다.

　티베트의 고난은 현재까지도 진행 중이다. 2008년 3월, 49년 전에 있었던 봉기를 기념해 라싸에서 봉기가 일어났고, 달라이 라마는 중국군에 의해 100명의 티베트인이 죽었다고 발표했다. 그 고난 속에서도 달라이 라마는 웃음을 잃지 않았으며, 계속 기도하고 있다.

세상이 계속되는 한,

생명이 존재하는 한,

나도 살아

세상의 모든 고통을 물리치리라.

2010년 티베트에서 일어난 학생 시위. 중국 정부가 학교 교육에서 티베트어를 가르치지 못하도록 하자 학생들이 이에 항의해 티베트 독립을 외치며 거리로 나왔다. 중국이 점령한 지 50년이 넘었지만 티베트인의 투쟁은 계속되고 있고, 해마다 3월 봉기 기념일이 다가오면 티베트는 초긴장 상태에 빠진다.

6

다양한 삶

정직한 이익으로 만드는 더 나은 세상

- 조지 야콥 홀리요크
- 댐 파울린 그린

최초의 로치데일 조합을 만든 선구자들 13인과 상점이 있던 건물. '공정과 협동'의 첫 마음은 이제 번듯한 박물관이 되었다.

19세기 영국, 산업혁명으로 자본주의의 신세계를 만들어 가던 그곳에 로버트 오웬이라는 사람이 있었다. 스무 살의 어린 나이에 직원을 500명이나 거느렸던 이 착한 자본가는 가난한 노동자들을 불쌍히 여길 줄 아는 사람이었다. 그는 다른 자본가보다 더 많은 임금을 주면서 일은 더 적게 시켰다. 또한 노동자들에게 교육도 시켰다. 그러자 놀라운 일이 생겼다. 생산성이 올랐고 돈도 더 많이 벌게 되었다. 스스로의 방식에 자신이 생긴 로버트 오웬은 '모든 인간은 평등하게 일하며 서로 돕는 사회를 만들어야 한다'는 목표를 세웠다. 하지만 자본가 천국인 영국에서는 그 뜻을 펼치기 쉽지 않았고, 결국 새로운 땅인 미국으로 건너가 땅을 사들여 협동 사회를 만들기로 했다.

협동조합의 선구자, 로버트 오웬

하지만 사기꾼 동업자를 만난 로버트 오웬은 전 재산을 날렸고, 결국 고향으로 되돌아와 노동자들에게 직접 도움을 청했다. "이 불공평한 자본주의에 대항하기 위해서는 우리가 먼저 단결하여 평등의 원칙에 입각한 '노동자 협동조합'을 만들어 이 사회를 개혁해야 한다!"고 호소했다. 그러자 50만 명 이상의 노동자들이 몰려들었다.

노동자들 중 일부는 월급의 일정 액수를 모아 공동으로 물건을 구입하거나 돈을 빌려 주는 조직을 만들었다. 그리고 1844년 스물여덟 명의 광산 노동자들은 로치데일이라는 작은 마을에 모여 '공정과 협동'이라는 이름의 조직을 만들었다. 이들은 단지 물건을 사거나 돈을 빌려 주는 데 그치지 않고, 사업장을 만들어 함께 일하고 이익을 나누어 갖는 기업체도 운영했다. 로치데일 협동조합은 초기에 숱한 어려움과 실패를 겪었지만, 이를 이겨 내고 영국은 물론 전 유럽으로 퍼져 이상적인 협동조합의 모델로 자리 잡았다.

그 작았던 시작으로부터 48년이 지난 1892년, 영국의 많은 협동조합 대표들은 로치데일에 모여 전국 대회를 열고 세상에 자신들의 존재를 선포했다. 또한 이 선포로부터 약 120년이 흐른 뒤, 유엔은 2012년을 '세계 협동조합의 해'로 선포했다. 이 자리에서 댐 파울린 그린 국제협동조합연맹 대표가 밝힌 현재 세계 협동조합의 규모를 보면 어마어마하다. 협동조합의 정신과 그 규모 및 현황은 두 연설에서 확인해 볼 수 있다.

정직한 이익

- 조지 야콥 홀리요크
1892년, 영국 로치데일에서

어제 저녁에 센트럴 스토어에서 열리는 대회 마지막 연설자로 제가 결정되었다는 말을 듣고 저는 이렇게 말했습니다.

"협동조합 운동이 시작된 로치데일에서 우리 대회가 열리는 걸 보고 죽는 것이 소원이었습니다."

협동조합 선구자들은 이전과는 달리 우리가 상업적으로도 성공할 수 있다는 생명력을 이 운동에 불어넣었습니다. 그뿐만 아니라 그분들은 협동조합 정신에 양심도 불어넣었습니다. 그 길은 물론 이익을 좇을 때보다 빨리 크지는 못하지만, 훨씬 더 명예롭게 오래갈 수 있는 길입니다. 처음 시작했을 당시에는 협동조합이 양심을 지키는 게 쉬웠을지도 모릅니다. 그러나 그 양심을 계속 지켜 나가야 하는 우리의 임무는 결코 쉬운 게 아닙니다. 선구자들의 업적은 단지 더 나은 노동의 대가를 얻는 데 그친 게 아니라 노동의 해방을 위해 노력했다는 것입니다.

그들은 로치데일에서 협동조합 기업을 만들기 위해 최선을 다했습니다. 비록 그들은 실패했을지 모르지만, 그들의 정신과 원칙은 살아남았습니다. 그 정신은 오늘날 헵덴 브리지에서 다시 살아나 러스킨 씨와 조지 톰슨 씨 덕분으로 허더즈필드에서 협동조합을 만들어 냈습니다. 그

정신은 코벤트리 양말 공장에서도, 레
스터의 '이글 브랜드'에서도, 케터링과
다른 곳들에서도 찾아볼 수 있습니다.

　스코틀랜드 협동조합은 공식적으로
도 인정받는 유명한 상표가 되었습니
초기 협동조합 운동가. 조지 홀리요크, 러스킨, 윌리엄 킹

다. 스코틀랜드 협동조합 지도자들이 내건 원칙을 보고 영국 사람들은
'현실을 모르는 감상주의'라고 말합니다. 그러나 노동 해방은 감상이 아
니라 현실이며 협동조합의 일부입니다. 우리가 운영하는 상점에서는 그
원칙을 팝니다. 고객은 단지 그 원칙을 인정하는 게 아니라, 동감해서
우리 물건을 먼저 선택합니다. 그들은 노동자와 이익을 나눈다는 정신
으로 이 운동에 동참하며, 그 정신을 실천하는 것입니다.

　우리는 정직한 상거래를 위해 많은 일을 했습니다. 이제는 정직한 제
조업을 위해서 노력해야 합니다. 불량품이나 바가지요금은 기술자가 형
편없거나 임금이 적어서 나타나는 게 아닙니다. 이제까지 시장에서 값
을 흥정하는 데 노력을 기울였다면, 앞으로는 공장에서부터 노력해야
합니다. 물건 값을 속여 파는 것은 현명한 소비자라면 피해 갈 수 있습
니다. 그러나 물건을 만드는 과정에서 꼼수를 부리는 것은 어쩔 도리가
없습니다. 생계가 걸려 있는 노동자는 아무런 말을 할 수 없습니다. 사
장이 물건을 속여 만들라고 지시하면 노동자는 따를 수밖에 없습니다.
게다가 노동자는 매 시간 감시하에 있습니다. 슈로스는 『산업의 임금』
이라는 책에서 이렇게 말합니다. "서로 시장 경쟁을 하는 공장에서는 사
장이 매일 노동자들에게 최대한의 일을 시키면서 돈은 적게 주려는 궁

리를 한다."

　우리는 소비자뿐만 아니라 노동자들을 위한 운동도 해야 합니다.

　이 근처에 옥수수 독점 공급을 막기 위해 노력했던 브라이트 씨의 무덤이 있습니다. 우리 노동자들에게 옥수수의 독점은 자본이 이익을 독점하는 것에 비하면 약과입니다. 옥수수는 빵 값을 올려놓는 정도이지만 이익은 나라 안 모든 노동자의 임금을 깎아내리기 때문입니다. 자본가들은 노동자들의 임금을 깎아서 더 많은 수익을 내려고 하기 때문입니다. 협동조합은 진심으로 노동의 열매를 노동자들에게 돌려주기로 약속했습니다.

주세페 마치니(1805~1872년)
통일된 공화국을 만들기 위해 투쟁했던 이탈리아의 혁명가.

　이탈리아의 주세페 마치니는 "노동자 협동조합이 자본과 노동을 통일시킬 수 있다. 당신들은 한때 노예였으며 농노를 거쳐 노동자가 되었다. 해결책은 노동자 협동조합을 만들어 각자 일한 만큼 노동의 열매를 나누는 것이다."라고 말했습니다. 무엇 때문에 현재는 이렇게 골고루 나눌 수 없는 것일까요?

　우리 노동자의 처지는 미국의 노예나 다름없습니다. 미국의 헌법을 보면 '모든 인간은 자유롭고 평등하다'고 되어 있습니다. 그러나 그들은 그 말에 색을 입힙니다. 자유란 오로지 백인에게만 해당되는 것으로 해석해서, 그것을 이유로 자기들끼리 전쟁을 벌이기도 했습니다. 우리 협동조합은 '이익이 고용주뿐만 아니라 노동자에게도 돌아가야 한다'는 원칙을 내걸고 있습니다. 그러나 우리는 노동자들을 아직도 그렇게 대하지 못하고 있습니다. 우리는 이 벽을 무너뜨리기 위해 노력할 것이며, 반드시 그렇게 될 것입니다. 웬델 필립스(1811~1884년)와 로이드 개리슨

(1805~1879년)−노예 해방 운동에 가장 앞섰던 사람들−이 흑인 노예의 차별을 없앴듯이, 우리 협동조합은 자본주의에 의해 우리나라 백인 노예들에게 내려진 차별을 없앨 것입니다. 노예 해방에 반대하는 자들도 똑같이 이익을 나누는 것에 반대했습니다. '경제적 예속'이라는 사이비 법으로 말입니다. 그것이 노예제도 옹호론자들이 내건 최후의 이론이었던 것입니다. 그 탐욕스러운 자본주의의 원리가 우리의 운동에도 '경제학'이라는 이름으로 스며들어 있습니다.

호와드, 스미시스, 쿠퍼, 커쇼 등 협동조합 선구자들은 함께 뜻을 세우고 노동자들의 더 나은 미래를 만들기 위해 곳곳을 돌아다니며 수많은 연설을 했습니다. 바로 우리가 우러러보기를 마지않는 이 운동을 만들어 낸 것입니다. 그러나 우리는 그들의 정신을 따르지 못하고 있습니다. 테니슨 경(1776~1831년, 영국 최고의 시인)은 이렇게 말했습니다.

우리가 사는 이 시대의 많은 시스템들 역시 제때가 있다. 그 시기를 지나면 생명력을 잃고 사라지게 된다.

그러나 그 시스템이 우리 사회에 필요하고 정당한 것이라면 사라지지 않습니다. 로치데일 협동조합 시스템은 의지할 데도 없이 놀림을 받아 온 가장 보잘것없는 조직입니다. 이제까지 인류가 만들어 낸 그 어떤 시스템 중 성공 가능성이라고는 찾아볼 수 없는 절망적인 상태였습니다. 그러나 그것은 사라지지 않았습니다. 오히려 계속 자라서 노동자를 위한 영국의 그 어떤 시스템보다 잘 돌아가고 있습니다.

어떻게 우리의 선구자들은 이처럼 할 수 있었을까요? 그들의 꿈이 무엇이었습니까? 그들은 학교 교육을 받은 적도 없었지만, 정직한 사람들에게 가슴을 울릴 수 있는 천재성을 가지고 있었습니다. 웨이틀리 대주교(1787~1863년, 영국의 학자이자 더블린 대주교)의 말처럼 그들은 '진실을 앞세우느냐 그렇지 않느냐'가 이 세상의 모든 차이를 만들어 낸다는 걸 알고 있었던 것입니다. 그들은 이익보다 원칙을 앞세웠습니다. 원칙이 있어야 명예로운 이익을 얻을 수 있다고 믿었기 때문입니다. 그들은 배당금 때문에 이 일을 한 것이 아닙니다. 그걸 받은 적도 없습니다. 그들은 시장 경쟁에서 이익을 얻기 위해 경쟁적으로 벌이는 속임수를 지독히 미워했습니다. 그들은 디오게네스처럼 원칙을 앞세우고 '정직한 이익'을 얻고자 했습니다. 그들은 정직한 협동조합에서 그것을 찾았던 것입니다. 우리는 그들의 방법을 지켜야 합니다. 그래서 그들이 그토록 바라던, 원칙이 우리 운동을 관통하고, 비참하게 고용되어 일하는 노동이 끝장나고, 고용주와 노동자 모두가 이익을 함께 나누고, 대중의 가난이 끝나며, 소수의 손에 더러운 재산이 쌓이지 못하는 그날을 앞당겨야 합니다.

공동의 이익이라는 협동조합의 깃발 아래!

선의와 평등의 깃발 아래!

더 나은 세상을 만들기 위하여

– 댐 파울린 그린

2011년 10월 31일, 유엔 총회에서

존경하는 총회 의장님과 대표자 여러분. 그리고 우리 운동에서 중요한 의미를 갖는 이날을 위해서 전 세계 52개 나라에서 참가해 주신 협동조합 동지들께 인사드립니다.

"협동조합은 경제적 이익과 사회적 책임을 함께 추구하는 것이 가능하다는 것을 전 세계에 일깨워 주는 가늠자다." 이것은 유엔의 반기문 사무총장께서 하신 말씀입니다. 그분은 이 짧은 말로 '더 나은 세상을 만들기 위하여'라는 세계 협동조합의 해 슬로건에 담긴 협동조합의 사업 모델과 그 가능성을 말씀했습니다.

"협동조합은 전 세계 인구 절반의 생활수준을 향상시키는 데 직접적으로 공헌했다." 이 말은 1995년 코펜하겐에서 열린 '유엔 사회 개발 세계 정상회의'의 보고서에 나온 말입니다. 이는 다음과 같은 사실에 기초한 것입니다.

협동조합은 약 200여 년간 전 세계에 일자리를 제공해 왔으며 현재 1억 명의 사람들이 협동조합에 고용되어 있습니다. 또한 협동조합은 경쟁을 부추겨 이득을 얻기보다는 조합원의 요구에 부응하기 위해 노력해

유기 농산물을 싸게 파는 iCOOP생협 자연드림 매장. 협동조합의 불모지 한국에도 이제는 곳곳에서 이런 생협 매장을 찾을 수 있다.

왔습니다. 그 결과 현재 전 세계 10억 명 이상이 협동조합 운동에 참가하고 있습니다. 또한 조합원이 함께 소유하는 사업 모델을 만들어 내는 매개체로서의 역할을 하면서, 이를 통해 국제적인 시민사회를 만들어 나가는 데도 중요한 역할을 해 왔습니다.

협동조합은 올바른 민주주의 원칙 위에서 '자본금을 얼마나 많이 냈느냐'가 아니라 '협동조합을 이용한 금액'을 기준으로 이익을 조합원에게 되돌려 주고 있습니다. 사회 참여 정신은 협동조합의 유전자에 아로새겨져 있습니다.

지난 2세기 동안 우리는 갈등을 줄이고 공동체의 협력을 강화하는 데 힘써 왔습니다. 또한 전문적 기술과 지식을 개발해서 지역의 리더십을

발굴하고자 노력해 왔습니다. 여성이 지역의 경제활동에 참여하고 지도력을 펼칠 수 있도록 돕기도 했습니다. 이런 일련의 활동은 모두 지역 조합원이 소유하고 운영하는 협동조합 기업에서 공동의 노력을 통해 이루어진 것입니다. 협동조합은 조합원 스스로가 협동조합 기업을 세우도록 도움으로써 수많은 사람들을 가난에서 벗어나게 했습니다.

민주주의와 사회적 문제에도 우리의 역할은 조합원 중심의 올바르고 성공적인 사업 모델을 만들어 내는 것입니다. 이 사업 모델은 이익을 좇는 일반 기업과의 시장 경쟁에서 살아남아야 할 것입니다.

오늘 유엔의 세계 협동조합의 해 선언에 맞추어 국제협동조합연맹은 전 세계 수십만 개의 협동조합 중에서 규모가 큰 300개 협동조합을 소개하는 '글로벌 300'을 발표합니다. 이 300개의 협동조합은 1조 6,000억 달러의 가치를 지니고 있습니다. 전 세계 9위에 해당하는 경제 규모입니다. 25개국에 퍼져 있는 이들 협동조합은 각각 금융, 보험, 농업, 소매업, 의료, 공익사업 등 가장 경쟁이 치열한 산업 분야에서 활약하고 있습니다.

우리가 '글로벌 300'을 발표하는 이유는 더 많은 정책 결정자들이나 정치·경제·언론 분야에서 영향력 있는 사람들에게 협동조합이 경제에 미치는 영향의 범위와 규모를 알리기 위해서입니다. 또한 세계 곳곳에서 공동체를 이루어 활동하는 내용과 앞으로의 가능성을 인정받고자 하는 것입니다.

그것이 오늘 아침 이 건물에서 열린 회의에서 나온 첫 번째 메시지입

니다.

　세계 금융 경제의 붕괴로 특히 선진국의 많은 공동체와 가정이 비극적인 결과를 맛보았습니다. 국제노동기구의 보고서를 보면, 금융기관 중 지난 4년간 예금 가입자와 예금 액수가 증가하면서 꾸준히 자산이 늘어나 가정과 기업에 대출을 늘린 부문이 단 하나 있다고 합니다. 바로 협동조합 금융 기업이었습니다. 구조적으로 주주의 최대 이익만을 위해 사업을 하는 경쟁 기업과는 달리, 협동조합은 사람을 중심으로 하는 사업이기 때문입니다.

　이 점은 오늘 아침 '더 나은 세상을 만드는 협동조합: 지속 가능한 발전에 힘 쏟자'라는 주제로 열린 회의에서도 여러 분이 강조했습니다. 토론자들은 모두, 협동조합이 성공하느냐의 문제는 조합원들과의 긴밀하고도 지속적인 관계에 달려 있다고 강조했습니다. 협동조합 기업에서는 믿음과 신뢰가 우선되어야 하며, 그 위에서 조합원이 공동의 이익을 위해 중요한 역할을 해야 합니다. 이것은 은행, 소매업, 보험, 농업에 관련된 전통적인 협동조합이든, 선진국에서 등장한 새로운 급진적 공동체 협동조합이든, 또는 아프리카 작은 마을에 있는 신용 협동조합이든 모두 마찬가지입니다.

　또한 스페인 바스크 지방의 몬드라곤이든 네덜란드의 라보뱅크든 중국의 협동조합이든 모두 같은 과제를 안고 있다고 합니다. 규모와 상관없이 모두 국제적인 발전에 사명감을 가지고 자신들의 몫이라고 판단되면 활발하게 참여하고 있다는 것입니다. 그러나 협동조합 사업 모델의 중요성을 더욱 깊이 생각하고, 다음 세 가지에 초점을 맞춘다면 더욱 쉽

몬드라곤은 1956년 스페인 바스크 지역에 세워진 금융, 제조, 유통, 지식 부문 등의 260여 개 협동조합 기업으로 이루어진 협동조합 그룹으로, 가장 모범적이면서도 규모가 큰 곳이다.

고 생산적으로 활동할 수 있을 것입니다.

첫째, 많은 조합원이 참여하는 협동조합은 규모 면에서도 매우 중요한 사업 모델이라고 할 수 있습니다. 따라서 공공 정책을 세울 때나 법적인 측면에서도 협동조합의 독특한 구조를 충분히 인정받아야 합니다.

둘째, 협동조합은 자신의 가치를 이루기 위해서 사업을 합니다. 우리의 가치는 다른 기업들처럼 그저 해마다 한 번씩 보고서에 '사회적 책임'이라는 말을 집어넣는 마케팅 수단이 아닙니다. 우리의 가치는 사업과 떼려야 뗄 수 없는 것입니다. 그것은 우리의 정체성과 브랜드를 규정하는 기준이며 우리 유전자의 일부라고도 할 수 있습니다. 주식회사 모델뿐만 아니라 협동조합 사업 모델도 장려되어야 합니다.

그리고 셋째, 협동조합의 경영 모델은 사람을 중심으로 합니다. 사람들, 특히 불황으로 고통받는 젊은 세대가 자신들을 짓누르는 현재의 정

치·경제 모델에 냉소를 보내고 있습니다. 미국의 월스트리트에서 그리고 세계 곳곳에서 그들은 목소리를 높이며 충돌하고 있습니다. 이 순간 협동조합은 효과적이고 매우 매력적인 경영 모델이 될 것입니다. 협동조합 사업 모델이 공정한 경쟁을 펼칠 수 있도록 전 세계 경제가 더욱 다양성을 띠어야 합니다.

결론을 말씀드리자면, 협동조합 운동은 말 그대로 하나의 운동입니다. 우리는 유엔이 준 '세계 협동조합의 해'라는 훌륭한 선물에 감사드립니다. 협동조합이 전 세계의 사회·경제적 발전에 커다란 영향을 미치고 있으며, 미래에 더 큰 가능성을 가지고 있음을 인정한 것으로 생각하겠습니다. 이번 '세계 협동조합의 해'를 제안한 몽고 정부와 이것이 실현될 수 있도록 서명한 많은 국가의 관계자들께도 특별한 감사의 말씀을 드리고 싶습니다.

이러한 중요한 연단에 설 수 있어 매우 영광으로 생각합니다. 전 세계 10억 협동조합인을 대신해 이 자리에 섰다는 사실을 자랑스럽게 생각합니다. 또한 더 나은 세상을 만들기 위하여 노력해 온 그들에게 깊은 존경을 표합니다. 협동조합인은 2012년을 협동조합의 이상을 더욱 잘 실현해 낼 수 있는 해로 함께 만들어 내겠습니다. 2012년 12월 31일에는 성공적인 '세계 협동조합의 해'를 발판으로 성장의 시대를 열겠습니다. 감사합니다.

공정한 약속이 대안이다

협동조합은 엄연히 자본주의 사회에 존재하는 기업이다. 또한 협동조합은 일반 기업처럼 기업 주인의 이익을 위해 활동한다. 다른 점이 있다면 일반 기업의 주인이 회사에 자본을 많이 낸 자본가라면, 협동조합의 주인은 가입비를 낸 조합원이라는 것이다. 일반 기업에서 이익을 만들어 내면 주인인 몇몇 자본가가 그것을 가져간다. 그러나 협동조합에서 이익을 내면 대부분 새로운 사업에 투자된다. 그 주인인 조합원은 이익을 나누어 받기보다는 협동조합을 최대한 이용해 안정된 조건으로 물건을 사고파는 데서 이득을 본다. 돈을 누가 많이 냈느냐가 아니라 조합원 각자가 한 표씩만 행사할 수 있기 때문이다.

협동조합은 가난한 자들의 조직이고, 개인의 이익보다는 '같이 잘 사는 것'이 목표이다. 조합에 여유가 생기면 협동조합 밖의 가난한 자들을 돕기도 한다. 자본주의에서는 조금 낯선 풍경이지만 개인의 재산을 인정하지 않는 공산주의와도 분명 다르다. 협동조합은 체제에 의해 움직이는 것이 아니라 조합원들끼리 서로 약속한 만큼만 협동할 뿐이다.

협동조합은 자본주의의 어두운 그림자 속에서 태어났다. 1844년 영국의 로치데일에서 노동자 28명이 협동조합을 만든 이래, 이 운동은 숱한 실패와 좌절을 겪었다. 모순적이게도 개인의 이익을 추구하는 자본주의가 점점 강해지고 퍼질수록 그 운동 또한 널리 퍼져 나갔다. 그리고 자본주의가 황금기를 누리다가 위기에 처할 때면 협동조합은 쑥쑥 성장했다.

협동조합은 수없이 많고, 각자 별개의 단체다. 그러나 이들은 자신들이 하나

한국 iCOOP생협이 충북 괴산에 짓고 있는 대규모 시설의 조감도. 민주적 협동조합의 불모지였던 우리나라에도 불과 10여 년만에 iCOOP생협 등 협동조합 조직이 크게 성장했다. iCOOP생협, 두레생협, 여성민우회, 한살림 등 4대 협동조합의 총 조합원 수는 2011년 기준으로 56만 세대를 훌쩍 넘었고, 그 공급 매출액도 6,000억 원을 넘는다.

로 연결되어 있다고 생각하며 서로에 대한 지원을 아끼지 않는다. 전체 10억 명이 운동이자 기업인 협동조합에 참여하고 있는데 현재 상위 랭킹 300개 매출액 총합만 캐나다의 국민총생산액과 맞먹으며, 고용된 직원 수는 약 1억 명 정도이다. 복지국가로 유명한 북유럽 국가들에서는 협동조합이 전국 소매 매출의 20~40퍼센트를 담당한다. 재정 위기에 처한 스페인과 이탈리아에서도 협동조합은 전국 소매 매출의 20퍼센트 안팎을 감당한다. 스페인의 몬드라곤과 이탈리아의 볼로냐는 협동조합 운동의 중심으로 경제 위기와 불황에도 전혀 흔들리지 않고 있다. 위기는 자본주의의 위기일 뿐, 자본주의 기업이 아닌 이들에게는 해당되지 않기 때문이다.

사랑을 연결하는
작은 고리가 되기로 했다

- 이태석 신부

2001년 1월 13일, 수단에서 한국에 있는 친구에게 보낸 편지

2010년 1월, 많은 사람들은 한 신부의 죽음에 함께 눈물을 흘렸다. 의사가 되어 편안한 삶을 살 수도 있었지만, 그런 삶을 버리고 헌신의 삶을 살다 간 이태석 신부가 세상을 떠났기 때문이다. 1962년 9월에 태어난 이태석 신부는 의과대학을 졸업한 뒤 1991년 하나님의 뜻을 따라 살기로 결심하고 신부가 되었다. 2001년부터 대장암으로 죽음을 맞은 2010년 1월까지 이태석 신부는 수단 남부의 톤즈에서 그곳 사람들을 위해 헌신하는 삶을 살았다.

전혀 다른 곳에서, 전혀 다른 사람들과 함께 즐거워하는 것의 의미를 생각해 볼 때다.

종교적 의미에서 이태석 신부는 지극히 당연한 삶을 살았다. 하지만 모든 종교인이 실제로 모두 그런 삶을 살지는 않는다. 그래서 이태석 신부의 삶은 특별한 감동이 되었다.

2008년 휴가차 나온 한국에서 암 선고를 받는 순간에도 "어서 돌아가 파던 우물을 마저 다 파야 하는데…."라고 걱정했던 이태석 신부, 자신을 낮춰 헌신하는 삶을 살았던 그는 행복했다고 한다.

찬미 예수! 안녕 정효야. 어떻게 지내냐? 가족들 모두 잘 있겠지. 나도 잘 지내고 있다.

작년 12월 초에 여기 수단 톤즈라는 곳으로 들어와 살기 시작했다. 처음에 이곳에 도착하자마자 살레시오 회원이 진료소라고 안내를 해서 갔었는데, 흙과 대나무로 지은 세 칸짜리 움막이었어. 그 건물을 보자마자 눈앞이 캄캄했단다. 들어가는 입구는 허리를 90도 이상 굽혀야 할 정도로 낮고, 안으로 들어간 뒤 30초 정도는 기다려야 뭔가가 보일 정도로 아주 어둡더구나. 찬찬히 살펴보니 그래도 진료소라고 대나무로 얼기설기 엮어 만든 것이라 볼품은 없었지만 침대는 하나 놓여 있었단다.

앞으로 이곳에서 환자들을 봐야 하나 생각하니 막막하기도 했고 서럽기도 했다. 그렇게 허탈하게 서 있기도 잠시, 밖에서 웅성거리는 소리가 들려 나가 보니 서너 명의 남자들이 담요로 싼 환자 한 명을 막 진료소 앞에 내려놓고, 사람 죽어 간다고 도와달라며 난리를 치고 있었어. 그 환자는 임신 5개월에 자연 유산으로 죽은 태아를 분만한 뒤 하혈이 멈추지 않아서 급하게 실려 온 환자였어. 피를 얼마나 흘렸는지 얼굴이 창백하다 못해 거의 백인의 얼굴 같더구나. 보조 간호사라는 직원에게 혈압계를 부탁하니, 어디서 가져왔는지 10분이 지나서야 먼지가 잔뜩 쌓인 구식 혈압계를 맨손으로 먼지를 쓱 훔치며 건네주더구나. 혈압을 측정하라고 부탁한 뒤 맥을 짚어 보니 아득히 먼 약한 맥이었어.

혈압을 재던 간호사가 "Blood pressure is OK."라고 약간 더듬거리며 알려 주었는데, 뭔가 이상하다 싶어 혈압계를 뺏어 들어 직접 재어

보니 혈압이 60도 안 되더구나. 60 이하의 혈압을 정상이라
고 보고하다니…. 하지만 혈압이 너무 낮아 그 간호사에게
화를 낼 틈도 없이 급히 링거 주사를 가져오라고 부탁하고
하혈하는 부분을 검진해 봤어. 태반이 아직 나오지 않아 계
속 피가 나오고 있었고, 자궁의 수축이 있어야 태반이 나올 텐데 자궁의
수축은 벌써 정지된 상태였지. 그러는 사이에 아마 또다시 10분은 흐른
듯했고, 간호사는 먼지와 거미줄로 덮인 포도당 용액을 손으로 닦으며
건네주더구나. 자궁 수축제를 근육주사로 놓고 포도당을 주사하기 위해
토니켓(고무줄 지혈대)을 부탁하니 그것마저 없더구나. 하는 수 없이 다
른 한 사람이 손으로 환자의 팔을 누른 채 혈관을 겨우겨우 잡아 주삿바
늘에 연결했지. 정말 어느 것 하나 제대로 되어 있는 것이 없었다. 눈물
이 날 지경이었다. 상상을 초월하는 엄청나고 황당했던 첫날이었다.

　다음 날 아침 미사 후 진료소 쪽으로 가 보니 일찍부터 많은 환자들이
기다리고 있었는데 정말 또 다른 한숨거리였다. 대부분의 환자는 군데
군데 뜯어지고 때에 절은 누더기 옷을 입은 채 그냥 맨 흙바닥에 앉아
있었고, 몇 달은 씻지 않음직한 사람들도 꽤 있었다. 그 앞으로 지나가
는데 어찌나 악취가 심한지…. 이런 상상을 초월하는 지저분한 사람들
을 손으로 직접 어루만져야 한다고 생각하니 다시 한 번 눈앞이 캄캄해
지더구나.

　결핵으로 오랫동안 고생한다는 한 소년이 있다기에 그가 있는 곳으로
갔는데, 복부 결핵인지 복수 때문에 배는 임신부처럼 불러 있었고 군데
군데서 고름이 철철 흘러나오고 있었다. 하지만 집이 너무 멀어 진료소

60 이하의 혈압
건강한 사람의 혈압은 수
축기에 120 이하이면서 이
완기에 80 이하이다.

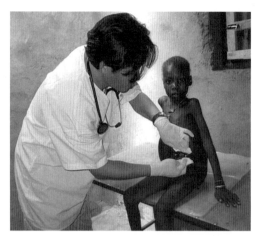
수단에서 진료 중인 이태석 신부.

앞 공터에서 지내고 있더구나.

다시 진료소 마당으로 돌아오는데 나병으로 인해 팔다리가 성하지 않거나, 맹인이 된 몇 명의 환자들이 나를 보며 알아듣지 못할 자기네들 말로 뭐라고 지껄이고 있었어. 아마 자기들의 신체적 불편함에 대해 불평하고 있는 듯했다.

컴컴한 진료실로 들어오니 온몸이 종기투성이인 환자 한 명이 기다리고 있었는데, 여러 관절 부위에 엄청난 양의 고름이 배어 있었지. 메스로 째고 고름을 빼내기 시작했는데 그 양이 1리터 이상은 되는 듯했다.

창고보다 더 지저분한 진료실, 최악의 환경, 역겨운 냄새를 풍기는 지저분한 환자들, 먼지로 가득 찬 채 소독되지 않은 기구들, 뭐 하나 원하는 것이 없는 상황…. 이 모든 것을 예상은 했지만 직접 코앞에 닥치니 무엇을 어떻게 해야 할지, 어디서부터 어떻게 시작을 해야 할지 엄두가 나질 않더구나.

그분께 매달리기라도 하면 조금 나을까 싶어 작은 감실(예수상을 모셔둔 방)이 있는 소 성당으로 가니 전기가 없는 곳이라 감실 전등조차 없어 아무것도 보이지 않더구나. "알아서 하십시오."라고 한마디 기도를 올리자마자 어둠 속 어디서 나타났는지 말라리아모기들이 독기를 품고 팔다리를 공격하기 시작하는데, 사람 환장할 뻔했다. 아니 환장했다.

하지만 얼음은 녹기 마련인 모양이다. 자연 유산으로 하혈하던 아주머니가 혈압이 조금씩 좋아져서 퇴원을 하는데, 남편이 찾아와 죽는 줄 알았는데 살려줘서 고맙다며 날씬한 아프리카 토종 닭 한 마리를 놓고 갔지. 수족 관절의 고름 때문에 걷지 못하던 청년은 상태가 좋아져 제 발로 걸어 집으로 돌아갔고, 복부 결핵으로 배불뚝이였던 아이가 날씬해져 가는 등 조그마한 결실들이 얼었던 나의 마음을 조금씩 녹여 가고 있구나.

어렵기 그지없지만 나의 작은 희생으로 적지 않은 사람들이 기쁨을 맛볼 수 있다고 생각하니 조금씩 힘이 나기 시작했다. 지금은 진료소의 열악함과 필요한 것들의 부족함, 지저분한 환자들에 조금씩 익숙해져 가고 있다. 모든 것을 내 식으로 바꾸기보다 내가 이곳의 상황에 적응하는 것이 훨씬 쉽고 경제적이며 마음도 편한 것 같다. 가끔씩 진료를 받기 위해 30~40킬로미터를 밤새도록 걸어온 뒤, 아침 일찍 진료소 앞에서 꾸벅꾸벅 졸고 있는 환자들을 보면 가슴이 뭉클해지면서 나의 마음을 새롭게 추스를 수 있어 좋다.

지난주에는 흙벽돌과 약간의 시멘트로 두 평 남짓한 그럴싸한 진료실 겸 처치실(치료실)을 만들어 보았단다. 무엇보다도 허리를 굽히지 않아도 되니 좋고, 또 지붕을 투명 슬레이트로 얹어 놓았더니 밝게 볼 수 있어 좋구나. 그리고 대나무로 만든 낮은 진료 침대 대신에 작은 쇠 테이블을 두 개 붙여서 침대처럼 쓰고 있는데 환자들이 올라가도 흔들리지 않고 높이도 적당해서 좋단다. 이곳 사람들의 눈에도 깨끗하게 보이는

지 시키지도 않았는데 환자들이 들어오기 전에는 발바닥에 묻은 흙을 깨끗하게 탈탈 털고 들어오더구나.

이곳에는 나환자들이 700명 정도가 있단다. 자기들끼리 몇십 명씩 숲속에 작은 마을을 이루어 여기저기 흩어져 살고 있는데, 매주 토요일과 일요일마다 미사와 진료를 위해 그곳을 돌아가면서 방문하고 있다. 이곳엔 교통수단이 없기 때문에 우리가 그곳에 가지 않으면 그들이 며칠을 걸어야 하기 때문에 육체적으로 조금 피곤하더라도 매주 차를 몰고 즐겁게 다니고 있어. 우리가 도착하면 얼마나 반가워하는지 모른다. 오랜만에 미사도 드릴 수 있고, 약간의 설탕과 소금, 쌀 등을 얻을 수 있으며 진료도 받을 수 있기 때문이야.

도착해서 경적을 울리면 어디 있다가 나오는지 환호를 지르며 달려오는 아이들, 발가락이 없어 지팡이를 짚고 천천히 걸어오는 사람들, 꼬마들의 긴 지팡이에 안내되어 오는 맹인들 등 모두들 작은 희망으로 바쁘게 걸어 나온단다. 돈으로 따져 보면 500원도 채 안 되는 코프시럽(감기약) 몇 방울, 말라리아 약인 클로로퀸 세 알, 아스피린 세 알을 손가락이 없어 손목으로 받아 들고 얼마나 소중하고 감사히 여기는지 모른다. 그도 그럴 것이 여기 이 지역(남쪽 수단. 반정부군이 거주하는 가톨릭 지역)에는 전기, 전화, 교통수단이 아예 없기 때문에 그들이 간단한 생필품이나 약품들을 접할 수 있는 유일한 통로가 우리들이기 때문이지. 일 년에 몇천 억 원어치의 쓰레기를 만드는 우리나라나 유럽의 여러 나라들을 생각하면, 세상이 불공평해도 너무 불공평하다는 생각이 들어 마음이

여기 이 지역
당시 수단은 여러가지 이유로 정부군과 반정부군이 대립하여 내전을 치르고 있었다. 이태석 신부는 기독교 세력 중심이던 남쪽 톤즈에서 전쟁으로 피폐해진 주민들과 정을 나누었다.

아프더구나. 우리가 버리는 쓰레기의 1퍼센트만이라도 나눈다면, 이들이 얼마나 많은 혜택을 입을 수 있을까 하는 생각이 들 때가 많다.

…중략…

　지난 12월 25일에는 생전 처음으로 간단한 성탄절을 보냈다. 캐럴도 크리스마스트리 장식도 구유 장식도 올 나이트도 없이 자정 미사만 이곳 주민들과 간단히 드렸다. 이들에게 크리스마스의 의미는 단지 '일 년에 한 번 새 옷을 준비하려고 노력하는 날' 정도지. 대부분의 사람들이 한 벌뿐이라 크리스마스 이삼일 전부터 새 옷을 얻으려는 많은 사람들이 우리 수도원에 아침부터 장사진을 이루었다. 말이 좋아 새 옷이지 사실 유럽이나 다른 나라에서 원조로 들어온 헌 옷들이다. 하지만 그들에게는 소중한 새 옷, 그것으로 크리스마스를 기쁘게 지낼 수 있는 소중한 새 옷이란다.

　자정 미사를 24일 밤 10시에 드렸는데, 얼마나 많은 사람들이 왔는지 정말 성당 안에는 발 디딜 틈이 없었다. 전기가 없기 때문에 작은 자가 발전기를 싣고 가서 그것으로 전기를 일으켜 형광등을 켰는데, 생전 처음 전등 빛을 본 사람들이 태반이어서 미사 중에도 형광등만 신기하게 지켜보는 아이들이 많았단다. 그리고 대부분이 새 옷 아닌 새 옷으로 최대한 단장을 하고 와 패션쇼장을 방불케 했지. 아무런 장식도 없는 간단한 자정 미사였지만 손북과 여러 가지 해괴한 악기들에 맞춘 그들의 춤과 노래 덕에 큰 잔치 분위기를 낼 수 있었고, 그들의 기뻐하는 얼굴에서 아기 예수님의 탄생을 느낄 수 있어서 정말 좋았다. 많이 가지고 있음이 행복의 척도가 아니라는 것을 배울 수 있었던 좋은 기회였지.

하지만 굶주림이나 갖가지 질병 앞에서 너무 쉽게 죽어 가는 이곳 사람들, 좋은 병원에서 좋은 약으로 좋은 치료를 받으면 운명을 늘릴 수 있다는 사실조차 모르는, 죽음에 저항하지 않고 오히려 그것을 운명으로 너무 쉽게 받아들이는 이곳 사람들을 볼 때면 또다시 마음 한 구석이 저려 오는 것은 어떻게 할 수가 없구나. 이 병원 저 병원 옮겨 다니며 어렵게 어렵게 죽어 가는 우리의 세상과 비교하면, 해도 해도 너무한 불공평한 세상임을 느낀다.

크나큰 욕심은 버리기로 했다. 단지 남는 세상에서 남은 것의 1퍼센트를 없는 세상으로 연결하는 작은 다리 정도만 되어 보기로 했다. 그리스도교적인, 형제적인 사랑을 연결해 주는 작은 고리 정도만 되어 보기로 했다.

모든 약품을 케냐의 나이로비에서 구입해서 작은 전세 비행기로 실어 날라야 한단다. 이곳 교구에서 책정된 예산이 있지만 너무나 작은 부분이다. 혹시 주위에 도움을 주고자 하는 뜻을 가진 사람들을 알고 있으면 연결해 주길 바란다. 없는데 절대 억지로 찾지 말고.

함께하는 세상

받는 사람에서 주는 사람으로

많은 사람들이 보다 나은 내일을 위해 현재를 열심히 살고 있다. 어른들은 지난 자신의 삶을 통해 얻은 교훈을 가지고 '너는 이렇게 살아야 잘 살 수 있다'라고 자식들을 가르친다. 과연 어떻게 사는 것이 잘 사는 것일까?

기업에서 신입 사원을 뽑을 때 지원자의 봉사 활동 실적에 점수를 후하게 줬던 적이 있다. 나눔을 중요하게 여긴 사회적 분위기 때문이었다. 하지만 이에 대한 반작용으로 '봉사 활동 확인증'을 조작하는 일이 생겨났다. 좋은 취지의 일도 부작용을 낳을 만큼 근본이 전도될 만큼 각박한 세상이 된 것이다.

외교통상부 산하의 정부출연기관인 한국국제협력단이 1991년부터 활동을 시작했고, 많은 구호 및 봉사 단체가 우리나라에 지부를 두고 활동 중이다. 이 기관들은 물질적인 투자로 개발도상국을 지원하기도 하고 봉사단을 파견해 지원하기도 한다.

2010년 9월 통계에 따르면 현재 한국국제협력단을 통해 57개국으로 해외 봉사 활동을 떠난 사람들이 7,473명이나 된다고 한다. 다른 단체와 개인 봉사자를 포함한다면 실제로는 더 많은 사람들이 나눔을 실행하고 있을 것이다. 나누며 함께하는 삶을 살고 있는 것이다.

헌신과 나눔의 의미

헌신으로 나눔을 실천하는 삶에는 다양한 모습이 있다. 유고슬라비아에서 태

현지 아이들과 어울린 생전의 이태석 신부. 그는 그 일대에서 모든 아이들의 아버지였다.

어난 테레사 수녀는 가난하고 병든 사람들을 돌보기 위해 인도의 콜카타에서 평생을 헌신했다. 전태일 열사는 봉제 공장의 재봉사로 일하며 노동자의 권리를 지키는 데 삶을 바쳤고, 최일도 목사는 가난한 사람들을 위해 여전히 밥을 퍼 주고 있다. 이들은 모두 남을 위해 자신의 삶을 던진 사람들이다. 이들을 비롯한 수많은 '헌신하는 삶' 덕분에 세상은 함께 사는 곳이 되고 있다.

 개인적인 삶과 각박한 현실 때문에 마음의 감기라고 하는 '우울증'이 흔해졌다. 현대 의학적 관점에서 보면 의사의 적절한 치료가 필요한 병이다. 하지만 봉사 활동을 하면 보람을 느끼고 행복감이 생겨 우울증으로 인한 자살 확률이 감소된다는 보고가 있다. 이 보고는 나눔의 의미를 다시 한 번 생각하게 한다.

내 인생의 세 가지 이야기

– 스티브 잡스

2006년 6월 14일, 스탠포드 대학 졸업식 축사

지구 상에서 가장 많이 쓰는 전자제품을 만든 사람 스티브 잡스, 그는 어려운 환경 속에서 방황하기도 했고, 세상을 등지고 중이 되려고도 했다. 그때까지만 해도 그는 이 자본주의 세계에서 패배자(Loser)였다. 그러던 그가 다시 일어선 계기는 '생각의 전환' 때문이었다.

스티브 잡스는 어려움을 극복하고 성공한 사람들 중 하나였다. 스티브 잡스는 가장 유명한 기업인들 중 하나였다. 스티브 잡스는 부자들 중 하나였다. 스티브 잡스는 새로운 디자인으로 상품을 포장해서 사람들의 마음을 사로잡을 줄 아는 장사꾼들 중 하나였다. 스티브 잡스는 자신의 재능과 집념으로 만든 제품으로 사람들의 삶을 바꾸어 놓은 위대한 발명가들 중 하나였다.

스티브 잡스는 가장 인색한 기업가들 중 하나였다. 스티브 잡스는 미국 사회에서 기부금을 내놓을 줄 모르는 부자들 중 하나였다. 스티브 잡스는 인터넷 세계에서 가장 폐쇄적인 제품을 만든 기업가였다. 스티브 잡스는 가장 권위적이고 소통할 줄 모르는 기업가들 중 하나였다.

그는 직업이라는 뜻을 가진 Jobs라는 양부모의 이름을 물려받았다. 처음에는 그도 노동자였던 양부모처럼 적당히 그럴듯한 직업을 얻어서 살아갈 길을 찾으려 했는지도 모른다. 그러나 얼마 안 가 그는 주어진 길을 벗어나 늘 새로운 것에 도전했다. '세상을 바꾸겠다'는 게 그의 목표였다. 그러나 그가 바꾸겠다는 '세상'은 모든 이와 함께하는 세상이 아니라, 패배자에서 벗어나 승리자가 되고 싶었던 자신만의 세상이었다. 성공한 후에도 그는 늘 검은색 니트에 청바지 차림이었다. 성공을 하고서도, 그토록 벗어나고 싶었던 패배자의 옷차림을 고집했던 것은 자신의 성공을 극적으로 보이게 만들려는 생각 때문인지도 모른다.

드디어 세상에서 가장 유명하고 부유한 승리자들 중 하나가 되었을 때, 그는 미국에서 가장 잘나간다는 명문 스탠포드 대학 졸업식장에 나타나 '늘 배고프게 살라'는 자신만의 교훈을 던진다.

스티브 잡스와 함께 애플을 세운 창업자 중 한 명인 스티브 워즈니악. 엔지니어인 그는 애플 제품을 만든 실질적 두뇌였다. 그는 끝까지 부와 명예에 집착했던 스티브 잡스와는 정반대로 12년만에 애플을 떠나 자신의 사업을 하면서, 재산의 대부분을 학생들의 교육을 위해 쓰는 자선 사업가로 살아가고 있다.

오늘 세계 최고 대학 중 한 곳의 졸업식에 참석하게 되어 영광입니다. 사실 나는 대학을 졸업한 적이 없습니다. 솔직히 이번이 대학 졸업식에 가장 가까이 와 본 것입니다. 오늘 저는 내 인생의 세 가지 이야기를 들려 드릴까 합니다. 그게 전부입니다. 대단한 것은 아니고 그저 세 가지 이야기일 뿐입니다.

첫 번째 이야기는 점을 잇는 것에 대한 것입니다. 나는 리드 대학을 6개월 다니다 관뒀습니다. 그러나 18개월 정도 대학 안에서 어슬렁거리다가 진짜 그만뒀습니다. 왜 그랬을까요?

이건 내가 태어나기도 전의 이야기입니다. 내 친어머니는 나이도 어린 데다 결혼도 하지 않은 대학생이었기에 나를 입양 보내기로 했습니다. 그녀는 나를 반드시 대학을 졸업한 부부에게 입양 보내고 싶어했고, 미리 어떤 변호사 부부에게 보내기로 약속한 상태였습니다. 그러나 내가 태어나자 그 변호사 부부는 마지막 순간에 딸을 원한다며 마음을 바꿨습니다. 그래서 입양 대기자 명단에 이름을 올려 놓고 기다리던 지금의 나의 부모는 한밤중에 이런 전화를 받았답니다. "우리 부부는 원하지 않는 아들을 낳았습니다. 이 아이를 입양하시겠어요?" 부모님은 "물론이죠."라고 말했답니다. 그러나 나중에 나의 생모는 내 어머니가 대학을 나오지 않았고 아버지도 고등학교조차 나오지 않았음을 알았습니다. 그래서 입양 서류에 사인하길 거부했습니다. 몇 개월 뒤 그녀는 나의 부모님으로부터 나를 꼭 대학에 보내겠다는 약속을 받은 뒤에야 마음을 누그러뜨렸습니다. 그게 내 인생의 시작이었습니다.

그리고 17년 후 나는 대학에 갔습니다. 그러나 나는 순진하게도 여기

스탠포드만큼 학비가 비싼 대학을 골랐습니다. 그래서 노동자에 불과했던 부모님이 저금해 놓았던 돈은 내 학비로 다 나가 버리게 될 지경이었죠. 6개월이 지난 뒤 나는 그럴만한 가치가 없다고 생각했습니다. 나는 인생에서 무엇을 하고 싶은지 몰랐고, 대학이 그 길을 찾는 데 어떤 도움이 될지 알지 못했습니다. 그러면서 부모님이 평생 모은 돈을 써 버리고 있었습니다. 그래서 나는 학교를 그만뒀고 그래도 괜찮을 거라 믿었습니다. 당시엔 좀 무서웠죠. 그러나 되돌아보면 대학을 그만둔 것은 내 평생 최고의 결정들 가운데 하나였습니다. 학교를 그만두자 나는 흥미 없는 필수 과목을 듣지 않아도 됐습니다. 그리고 재미있어 보이는 과목들을 청강했습니다.

물론 그런 생활이 낭만적이진 않았습니다. 나는 방이 없어서 친구들 기숙사 방 바닥에서 자며 5센트짜리 빈 콜라병을 모아서 음식을 사 먹었고 헤어 크리샤 사원에서 일주일에 한 번 주는 좋은 식사를 얻어먹기 위해 일요일마다 11킬로미터나 걸어갔습니다. 그건 정말 좋았습니다. 그리고 그때 호기심과 직관을 따라가다 부딪힌 것들은 나중에 값을 매길 수 없을 만큼 귀중한 자산이 됐습니다. 한 가지 예를 들어 보죠.

당시 리드 대학은 미국에서 가장 뛰어난 서예 교육을 하고 있었습니다. 캠퍼스 내의 모든 포스터와 서랍에 붙은 레이블은 전부 서예로 만들어진 아름다운 글자들이었습니다. 학교를 그만둬서 정규 과목을 들을 필요가 없었기 때문에 나는 서예 과목을 들었습니다. 나는 세리프체와 산세리프체에 대해 배우면서 서로 다른 활자체들 사이의 공간을 바꾸고 무엇이 서체를 훌륭하게 만드는가에 대해 알게 됐습니다. 정말 아름답

고 역사적인 의미를 지녔고, 과학으로서는 잡아낼 수 없는 미묘한 예술적 의미를 담고 있었습니다. 나는 거기에 완전히 빠졌습니다.

그땐 그것이 내 인생에서 어떻게 적용될지 꿈도 꾸지 못했지만, 10년 후 우리가 첫 매킨토시 컴퓨터를 디자인할 때, 그 생각이 다시 떠올랐습니다. 우리는 맥 안에 그 모든 것을 디자인해 넣었습니다. 매킨토시는 아름다운 서체를 가진 첫 컴퓨터가 됐습니다. 내가 그 대학의 전공을 그만두지 않았다면 매킨토시에는 결코 그렇게 다양한 서체가 없었을 것이며, 균형 잡힌 폰트도 얻지 못했을 겁니다. 윈도즈는 매킨토시를 베꼈기 때문에, 어쩌면 PC도 그런 서체를 가지지 못했을 수도 있습니다. 학교를 그만두지 않았다면 서예 과목을 청강하지도 않았을 것이고, PC도 지금 같은 서체를 갖지 못했을 것이라는 말입니다. 물론 대학생 시절에 앞을 내다보며 이런 점들을 이을 수는 없습니다. 그러나 10년 후에 되돌아보면 아주 뚜렷하게 점들이 이어지는 것을 볼 수 있습니다.

다시 한 번 말하지만, 미래를 내다보며 점들을 이을 수는 없습니다. 오로지 뒤를 보며 점들을 이을 수 있을 뿐이죠. 그러므로 여러분은 그 점들이 언젠가 미래에 어떤 식으로든 이어질 것이라고 믿어야 합니다. 여러분은 뭔가 확신을 가져야 합니다. 여러분의 배짱, 운명, 인생, 인연, 뭐든지 말이죠. 이런 사고방식은 한 번도 나를 실망시키지 않았습니다. 그리고 내 인생을 변화시켜 왔습니다. 그 점들이 결국 연결된다고 믿으면, 여러분의 가슴이 비록 잘 닦인 길로 여러분을 이끌지 않더라도 믿고 따를 수 있습니다. 그게 바로 큰 차이를 만들어 냅니다.

두 번째 이야기는 사랑과 상실에 대한 것입니다. 인생에서 하고 싶은

일을 일찍 찾은 것은 저에게 행운이었습니다. 나는 스무 살 때 아버지의 차고에서 워즈와 함께 애플을 시작했습니다. 우린 열심히 일했고 10년 후 애플은 차고 안에서 단 두 명이 출발한 데서 20억 달러 매출에 직원 4,000명을 둔 회사가 되었습니다. 내가 서른 살 때의 일인데, 그 전해에 매킨토시라는 훌륭한 제품을 내놓았을 때의 일입니다. 그리고 나는 바로 해고됐습니다.

어떻게 자기가 설립한 회사에서 자기가 해고될 수 있을까요? 글쎄요, 애플이 성장하면서 우리는 회사 경영에 재능이 있어 보이는 어떤 사람을 고용했고, 그 첫해에는 모든 게 괜찮았습니다. 그러나 미래에 대한 비전이 서로 달랐고 결국 갈라섰습니다. 그러자 애플의 이사회는 그 사람을 지지했습니다. 그래서 서른 살에 나는 쫓겨났습니다. 아주 공개적으로 쫓겨났죠. 성인이 된 뒤 내 인생 전체를 걸었던 것이 사라져 버렸고, 그건 정말 황당한 일이었습니다.

그 뒤로 몇 달간 나는 뭘 해야 될지 몰랐습니다. 내 이전의 기업가 세대들을 내가 물러나게 했고, 그리고 그들로부터 받았던 바통을 또 넘겨 준 것 같은 느낌이었습니다. 나는 데이비드 패커드와 밥 노이스를 만나 엉망진창으로 만든 모든 것을 사과했습니다.

데이비드 패커드, 밥 노이스
휴렛 패커드의 회장과 인텔의 창립자로 실리콘밸리의 1세대들이다.

나의 실패는 무척 공개적인 것이어서 실리콘밸리에서 달아나고 싶을 정도였습니다. 그러나 천천히 앞이 보이기 시작했고 내가 해왔던 것을 아직도 사랑하고 있구나 하는 걸 알았습니다. 애플에서의 일은 내 마음을 조금도 바꾸지 못했습니다. 나는 쫓겨났지만 아직 사랑하고 있었던 겁니다. 그래서 나는 다시 시작하기로 했습니다.

　그땐 몰랐지만 애플에서 해고된 것은 지금껏 내가 겪은 일 중에서 최고의 일이었습니다. 확신은 별로 없었지만, 그로 인해 성공했다는 무거움은 다시 시작한다는 가벼운 마음으로 바뀌었습니다. 그것이 나를 내 인생 최고의 창조적인 시기로 밀어 넣었습니다.

　다음 5년간 나는 '넥스트'라는 회사와 '픽사'라는 회사를 시작했습니다. 그리고 아주 멋진 여인과 사랑에 빠졌고 지금의 아내가 되었죠. 픽사는 세계 최초의 컴퓨터 애니메이션 영화 〈토이 스토리〉를 만들었고, 이제 세계에서 가장 성공한 애니메이션 스튜디오가 되었습니다. 이런 굉장한 성과에 애플은 넥스트를 인수했고, 나는 애플로 되돌아갔습니다. 그리고 넥스트에서 우리가 개발한 기술은 애플이 현재 누리고 있는 부흥의 핵심이 됐습니다. 그리고 로렌과 나는 정말 행복한 가족이 됐습니다.

　내가 애플에서 해고되지 않았더라면 이 모든 일들이 일어나지 못했을 거라고 확신합니다. 그건 정말 쓰디쓴 약이었지만 환자였던 내게는 정말 필요한 약이었습니다. 때로 인생은 당신의 뒤통수를 벽돌로 때립니다. 그러나 믿음을 잃지 마세요. 내가 계속 그 일을 할 수 있게 한 유일한 힘은 바로 내 일을 사랑했기 때문이라고 확신합니다. 여러분들도 사랑하는 것을 찾으세요. 일도 연인이나 마찬가지입니다.

　일은 인생에서 커다란 부분을 차지합니다. 그리고 만족을 느낄 수 있는 유일한 방법은 당신이 위대한 일이라고 생각하는 바로 그 일을 하는 것입니다. 그리고 위대한 일을 할 수 있는 유일한 방법은 당신이 하는 일을 사랑하는 것입니다. 아직 그런 일을 못 찾았다면, 계속 찾으세요. 안주하지 마세요. 그것을 찾으면 가슴으로 그것을 느끼게 될 것입니다.

어떤 훌륭한 관계도 그렇듯이, 시간이 지날수록 그 일도 더욱 잘될 것입니다. 그러니 계속 찾아다니세요. 주저앉지 마십시오.

세 번째 이야기는 죽음에 관한 겁니다. 열일곱 살 때 나는 이런 인용문을 읽었습니다. "만약 당신이 하루하루를 마지막 날처럼 산다면 언젠가 당신은 분명히 옳은 삶을 살 것이다." 매우 인상적인 말이어서, 그로부터 33년간 매일 아침 거울을 보며 내 자신에게 묻습니다. "만약 오늘이 마지막 날이라 해도, 나는 오늘 내가 하려 했던 일을 할까?" 그리고 그 대답이 "아니."였던 날이 너무 오래 계속되자, 나는 뭔가 바꿔야겠다고 생각했습니다.

내가 곧 죽을 수 있다는 걸 기억하는 것은 큰 결정을 내려야 했을 때 의지할 수 있는 가장 중요한 판단 수단이었습니다. 모든 외부의 기대, 모든 자부심, 모든 공포와 참담함 또는 실패, 이런 것들은 죽음 앞에서는 별 볼일 없어지고 정말 중요한 것만 남습니다. 죽는다는 것을 기억하는 것은, 뭔가 잃을지 모른다는 생각의 덫을 피하기 위한 가장 좋은 방법입니다. 여러분은 이미 발가벗었습니다. 마음이 가는 대로 하지 않을 이유가 없습니다.

1년 진쯤 나는 암 진단을 받았습니다. 오진 7시 30분 스캔을 받자, 췌장에 뚜렷히 종양이 보였습니다. 그때까지 나는 췌장이 뭔지도 몰랐습니다. 의사들은 내게 치료할 수 없는 암이 거의 확실하다며 3개월에서 6개월을 못 넘길 거라고 말했습니다. 의사는 집에 가서 주변을 정리하라고 했죠. 그건 죽을 준비를 하라는 뜻이었습니다. 다시 말해 아이들에게 앞으로 10년간 말해 줘야 할 것을 몇 달 동안 다 말해야 한다는 것이

죠. 모든 걸 잘 정리해서 가족들이 사후처리를 쉽게 할 수 있도록 하라는 뜻이고, 작별 인사를 하라는 뜻이었던 것입니다.

그날 나는 하루 종일 그 진단만 생각했습니다. 그리고 그날 저녁 나는 목으로 내시경을 넣어 위와 창자를 거쳐 췌장의 종양에서 조직을 떼어 내는 검사를 받았습니다. 나는 침착했습니다. 그러나 옆에서 의사의 설명을 들은 아내가 나에게 외쳤습니다. "의사들이 난리가 났어! 수술하면 치료할 수 있는, 아주 드문 췌장암이래!" 나는 수술을 받았고, 다행히 이제 괜찮습니다.

이것이 내가 죽음에 가장 가까이 갔던 경험입니다. 그리고 앞으로 몇 십 년 동안에도 그것이 유일한 경험이길 바랍니다. 거기서 살아났기 때문에 죽음을 순전히 지식으로만 알고 유용하게 써먹었을 때보다는 약간 더 확실하게 말해드릴 수 있습니다.

아무도 죽길 원치 않습니다. 죽어서 천국에 가고 싶어 하는 사람들조차 그곳에 가려고 죽으려 하지는 않지요. 그러나 죽음은 우리 모두가 맞을 목적지입니다. 아무도 그로부터 피하지 못하죠. 그리고 죽음이야 말로 생명의 가장 훌륭한 발명품이기 때문에 그래야만 합니다. 죽음은 생명을 교체해 주는 매개입니다. 새로운 것을 만들어 내기 위해 낡은 것을 거두어들이죠. 지금 이 시각, 새로움은 여러분입니다. 그러나 멀지 않은 미래 언젠가, 여러분도 차차 늙을 것이고 사라져 갈 것입니다. 연극 같은 이야기여서 미안하지만, 진실입니다.

시간은 제한되어 있습니다. 그러니 남의 인생을 사느라 삶을 낭비하지 마십시오. 다른 사람들이 생각해 낸 결과에 얽매어 사는 도그마에 갇

혀 있지 마세요. 다른 사람의 의견이 여러분 내면의 목소리를 갉아먹도록 놔 두지 마세요. 자신의 마음과 직관을 따르는 용기를 갖는 것이 가장 중요합니다. 마음과 직관은 여러분이 진정 무엇이 되고 싶은지를 알고 있습니다. 나머지는 모두 그 다음입니다.

제가 어렸을 적에 『지구 카탈로그』라는 굉장한 책이 있었습니다. 제 세대에게는 성경과도 같은 책이었죠. 그 책을 쓴 사람은 여기서 멀지 않은 멘로 파크에 사는 스튜어트 브랜드란 분인데, 시적인 감성으로 그 책을 만들었습니다. 그게 1960년대 후반이니, PC도 있기 전이고 컴퓨터 출판도 없어 오로지 타자기와 가위와 폴라로이드 카메라로 만든 책입니다. 어떻게 보면 책으로 만든 구글 같은 거라고 할 수 있는데, 구글이 나타나기 35년 전에 나온 것입니다. 그 책은 훌륭한 도구와 굉장한 생각으로 가득 찬 이상적인 책이었습니다.

스튜어트와 그의 팀은 『지구 카탈로그』를 여러 편 내놓았고, 모든 것이 완성됐을 때 최종판을 내놓았습니다. 그게 1970년대 중반인데, 그때 제가 여러분 나이였습니다. 그 책 최종판 뒷 표지에는 무전여행 때 히치하이킹을 하곤 했던 이른 아침 시골 길과 비슷한 사진이 있었습니다. 그 밑에 이렇게 써 있었죠. "늘 배고파라. 늘 어리석어라(Stay Hungry. Stay Foolish)." 그것이 그들의 마지막 메시지였던 것이죠. Stay Hungry. Stay Foolish. 그리고 나는 늘 그렇게 소원했습니다. 이제 새 출발을 위해 졸업하는 여러분께 이 말씀을 해드리겠습니다.

Stay Hungry. Stay Foolish.

감사합니다.

성공한 삶이란

2007년 어느 대회장에서 만난 컴퓨터 산업계의 두 거물 스티브 잡스와 빌 게이츠. 두 사람이 걸어온 길은 비슷하면서도 전혀 달랐다.

스티브 잡스는 56세라는 많지 않은 나이에 세상을 떠났다. 세계의 모든 사람들이 그의 천재성과 집념을 떠올리며 그의 죽음을 아쉬워했다. 그가 남긴 자서전은 베스트셀러에 올랐고, 세상 사람들은 그가 남기고 간 재산을 아쉬워하기도 했다.

스티브 잡스와 함께 IT계의 또 다른 신화적 인물이 있다. 바로 빌 게이츠다.

빌 게이츠는 부잣집 아들로 태어나 하버드 대학교를 다니다 나와 일찌감치

프로그램 개발로 뛰어들어, '마이크로소프트'라는 세계 최대 기업을 키웠다. 그러나 그는 45세에 정상에 섰을 때 스티브 잡스와 전혀 다른 길을 택했다. 모든 직책을 버리고 '게이츠 재단'을 만들어 자선사업 자원봉사자로 살기로 작정했던 것이다. 빌 게이츠는 스티브 잡스가 연설을 한 비슷한 시기에 하버드 대학교 졸업식에서 이런 말을 했다.

"과거를 돌이켜 볼 때 저는 크게 한 가지 후회스러운 일이 있습니다. 저는 세계의 지독한 불균형 즉, 수백만 사람들의 생활을 절망에 빠뜨리는 부와 건강 및 기회의 심각한 불평등에 대한 진정한 인식 없이 하버드를 떠났기 때문입니다. (…중략…) 여러분들의 매우 작은 노력으로 삶을 변화시킬 수 있는 어려운 사람들을 돕지 않는다면 양심의 소리에 고뇌하게 될 것입니다. 여러분들은 저희 세대보다 많은 것을 가졌습니다. 그러므로 조속히 시작하시고 그리고 오래도록 지속하십시오."

스티브 잡스는 젊은 시절 애플의 공동 창업자이자 유일한 동료였던 스티브 워즈니악에게 사기를 치는 등 부와 성공에 집착했다. 그리고 그는 성공했다. 하지만 워즈니악은 홀연히 애플을 떠나 교육에 관련된 자선사업에 몰두하며 산다.

인생의 성공은 한 가지 잣대로 잴 수 없다. 다만 '무엇인가 목표를 잡고 바보 같다는 소리를 들을지라도 늘 새로운 도전을 해야 한다'는 스티브 잡스의 교훈만은 기억할 가치가 있다. 다만 그 '무엇'이 문제일 것이다.